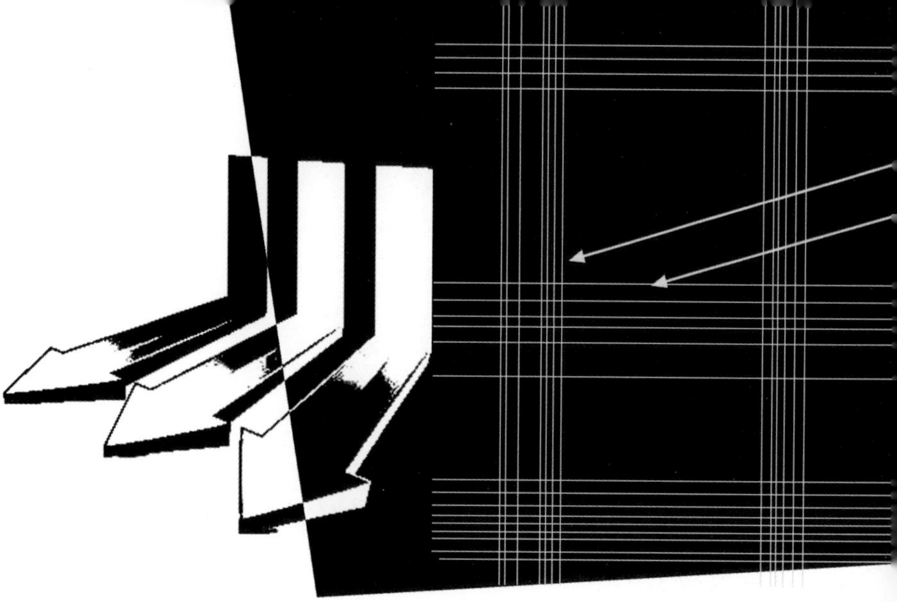

高职高专财经类职业实践型系列规划教材

国际金融实务

Practice of International Finance

王冬吾　陈　雪　主编

暨南大學出版社
JINAN UNIVERSITY PRESS

中国·广州

《国际金融实务》编委会名单

主　编：王冬吾　陈　雪
副主编：郭秀兰　胡惠东　高辉辉　叶启明

总　序

《国家中长期教育改革和发展规划纲要（2010—2020年）》指出："职业教育要面向人人、面向社会，着力培养学生的职业道德、职业技能和就业创业能力。"作为职业教育重要组成部分的高职高专教育，其培养目标也应符合这一根本要求。要适应上述高职高专教育人才培养的要求，教材的建设是个关键。目前，有些高职高专教材基本上是普通本科教材的"简化版"或"缩小版"，在一定程度上影响了高职高专教育目标的实现。因此，教材改革势在必行。

为适应高职高专教育教学改革与发展的要求，广州大学纺织服装学院、广州工程技术职业学院、广州城建学院、广州工商职业技术学院、广州现代信息工程职业技术学院、私立华联学院等相关院校的教师们，在深入实际、充分调查研究的基础上，结合高职高专教育的规律和特点，共同编写了"高职高专财经类职业实践型系列规划教材"，并由暨南大学出版社出版。这一系列教科书包括《经济学基础》、《基础会计》、《市场营销》、《国际金融实务》和《国际贸易实务》等。这套教材具有以下特点：

1. 理论与实践紧密结合

本系列教材之所以称为"职业实践型教材"，是因为该教材充分体现了高职高专教育的基本特点和教育规律，打破了传统的教材构建逻辑和方式。教材以培养学生能力为基本目标，在简述"必需、够用"基本理论知识的同时，充实和强化实务性强、与现实经济生活联系密切及可操作性强的内容。同时，参加本教材编写的人员均为长期从事高职高专教育的第一线教师，其中不乏"双师型"教师，他们除了具有较深的理论修养之外，也具有丰富的实际工作经验。教材中不少内容本身就是他们实际工作的体会与经验总结，具有很强的实践性。

2. 体例结构的实用性

高等职业教育属于大众化教育，学生毕业后绝大多数要直接进入工作岗位或自主创业。同时，高职高专学生的一般逻辑思维能力相对较差，而形象思维能力相对较强，所以，教材的编写应符合高职高专学生的特点。为此，编者对教材体例结构进行了认真的设计，在各章内容中设置了能力目标、导入案例、习题和职业训练等。通过这种体例结构，学生能够很快地将理论知识与实务知识相结合，较快掌握教材内容，提高学习效率，并增强分析问题和解决问题的能力。同时，在系列教材中，各书根据其自身内容的特点，采取更加适合学生学习的体例结构，不强求各书体例上的完全一致。

3. 内容的新颖性与前沿性

进入21世纪，国际国内经济环境发生了非常重大的变化，特别是2008年全球金融危机以来，企业面临的生存与发展环境更加复杂、多变。面对这些变化，企业的经营方针、经营策略、理财策略等必定要做出重大调整。本套教材在讲述基本原理的基础上，将理论方面的前沿信息、最新成果和企业实务中的先进理念、方法等引入其中，使其内容更加贴近经济生活、贴近现实，从而能够不断地激发学生的学习兴趣，培养学生的学习能力和创新能力。

建设适合新形势下高职高专教育教学特点的教材，对我们来说是一个不断探索、创新的过程。为此，我们付出了大量的时间、精力和心血。呈现在读者面前的这套教材，既是我们辛勤劳动的结晶，也是我们对高职高专教育教学改革探索的初步成果。由于我们编写水平有限，研究、探索尚不够深入，本系列教材可能存在不足甚至错误，诚恳希望同行和读者批评指正。

郭银华

2011 年 1 月

前 言

《国际金融实务》一书符合高职教育的编写要求，适用于高职高专经济管理类专业。在内容的编排上，本书淡化了学科性，克服了理论偏多、偏深的弊端，注重理论在具体运用中的要点、方法和技术操作，力求体现“理论够用、突出实践”的原则；通过实际范例的配合，逐层分析、总结，使学生在模仿中掌握策划要领、操作程序和技能要点；章节后的训练项目的设计给学生充分的发挥空间，以培养学生的创造思维与创新能力。

《国际金融实务》还具有以下特点：

1. 理念创新

遵循“理论知识够用、实际操作管用”的原则，以专业岗位技能实训为重点教学内容，以学生就业所需的专业知识和操作技能为着眼点，在学科体系覆盖下，本书注重理论指导下的可操作性，更注意实际问题的解决，在要求学生了解基本理论知识的同时，更加注重实际操作能力的培养。本书不仅适用于高职高专学生，还可供外贸、银行业务人员和广大经济工作者学习和参考。

2. 内容创新

《国际金融实务》内容的创新主要体现在知识面上求宽、求新，注重在知识和技术上的应用和创新，注重与经济效益和社会效益相联系，注重在理论和实践的结合上下工夫，培养学生的创新精神，充分体现高职教材的时代特征，具有先进性、应用性和科学性的特点。根据国际金融最新理论和实务对教材内容及时给予更新，吸取了国际金融方面的最新研究成果和实际操作中的变化，参考了大量的国内外有关国际金融理论与实务方面的书籍和文献，取其精华，并注重将最前沿的知识信息引入其中，加大实践操作内容的比重，注重理论与实践相联系，及时增加科学技术的新成果、新进展，培养学生的学习能力，激发学生的创新思维和求知欲望。

3. 结构创新

《国际金融实务》中的结构创新主要表现为尽量删减过深的理论内容，充实和强化实务性强、与现实经济社会联系密切、具有较强操作性的内容，在各项目内容中设置了知识目标、技能目标、导入案例、项目小结和项目练习与实训等。通过导入案例让读者了解所学项目与实务的密切关系，紧跟当前国际金融发展的前沿趋势；通过知识目标、技能目标和项目小结，引导读者准确掌握本课程的重点内容，提高学习效率；通过项目练习与实训，增强读者分析问题、解决问题的能力，提高其处理实际业务的水平。

4. 体例创新

《国际金融实务》充分体现了高等职业教育的基本特色和教学规律，打破传统的教材体系，构建高职教育自身的教材内容体系。课程建设以任务驱动、项目课程为特点，以典型工作任务为主线，介绍实现一个完整的工作过程（任务）所涵盖的知识和技能，理论与实践一体化，理论与教学一体化。案例示范，项目驱动，仿真模拟，符合教学对象的心理、年龄、智力类型特征，既便于教师教，又便于学生学，有利于培养学生的职业能力和个性发展。

本书由王冬吾、陈雪主编，王冬吾和郭秀兰负责全书构思、统稿和校订工作。各项目具体分工为：项目一和项目二由胡惠东负责，项目三由高辉辉、叶启明负责，项目四和项目五由郭秀兰负责，项目六和项目九由王冬吾负责，项目七和项目八由陈雪负责。

编写本教材也是我们对高职《国际金融实务》教材改革的一种尝试和探索，难免存在不足之处，敬请大家提出宝贵的意见，以便修订。

编　者

2011 年 7 月 3 日

目　录

模块一　国际金融认知篇

项目一　国际金融知识

任务一　国际储备

☞ 知识目标

1. 掌握国际储备的含义、构成和作用
2. 了解国际储备规模管理和结构管理的内容
3. 了解我国国际储备的现状和管理

☞ 技能目标

能分析某国的国际储备状况

☞ 导入案例

每个国家的经济状况都不会永远平稳，总会有波动起伏，作为个体的每个家庭也会因此面临一定的风险。根据历史经验分析，一般普通人家，如果家里藏有10两黄金就可以应对一般性的金融危机和通货膨胀；中等富裕人家，如果家里藏有50两黄金就完全可以轻松应对大规模的世界级金融危机和通货膨胀；少数富裕人家，如果家里藏有200两黄金，则任何规模的金融危机和通货膨胀，都已经无法影响到其生活水平。这就是国内众多黄金企业推出的“家家藏黄金计划”。作为个体的家庭尚且需要储备黄金，那么，从国家角度来看，其重要性就不言而喻了。因此，每个国家都会拥有一定数量的国际储备，以黄金、外币和特别提款权等形式存在。

以中国为例，到2010年末，中国国际储备为2.91多万亿美元。其中，外汇储备余额为2.847 3万亿美元，位于世界第一；国际货币基金组织的储备头寸为16.835 9亿SDRs，约合25.93亿美元；国际货币基金组织特别提款权（SDRs）为80.157 5亿SDRs，约合123.44亿美元；黄金储备338 9万盎司，约合477.97亿美元。

然而，综合各国外汇储备来作一个比较，到2010年末，金砖四国（即中国、俄罗斯、巴西及印度）位居前列，储备总和达到3.663万亿美元，占全球储备40.6%；而G7则只有

1.229 万亿美元，占全球储备 14.4%。在全球十大储备国家中，亚洲地区占有九席。作为 G7 成员国的日本，储备约有 1.04 万亿美元，是储备第二丰厚的国家。至于美国，外汇储备只有 485 亿美元，差不多只是印度尼西亚（927.6 亿美元）的一半。

资料来源：中华财经网

◈ **思考题**

国际储备是不是越多越好，为什么？

一、认识国际储备

（一）国际储备的定义

国际储备（International Reserve）是指各国政府为了弥补国际收支赤字、保持汇率稳定、偿还国际债务，以及应对其他紧急支付的需要而持有的国际上普遍接受的所有流动资产的总称。

世界银行对国际储备所下的定义为："国家货币当局占有的那些在国际收支出现逆差时可以直接或通过有保障的机制兑换成其他资产以稳定该国汇率的资产。"

作为国际储备的资产，一般必须同时具备三个条件：一是官方持有性，即一国金融当局必须具有无条件地获得这类资产的能力，并能随时自由支配使用；二是普遍接受性，即它能在外汇市场上或在政府间清算国际收支差额时被普遍承认和接受；三是充分流动性，即变为现金的能力，可以随时用于弥补国际收支逆差或干预外汇收支。

（二）国际储备的构成

1. 黄金储备

黄金储备是指一国货币当局持有的作为金融资产的货币黄金，非货币用途黄金不属于国际储备资产，如用于工业、艺术的黄金。

黄金作为国际储备由来已久，特别在金币本位制与金汇兑本位时期，黄金一直是主要的国际储备形式。后来，由于黄金开采量有限，不能完全满足国际贸易与投资的需要，加之工业用金量不断增加，1976 年，IMF 废除了黄金与货币的联系，黄金从此退出了流通领域。因此，黄金储备在国际储备中的地位和比重开始下降。但作为价值实体和财富的象征，黄金仍然是国际储备中的重要组成部分。

表 1-1　2010 年各国黄金储备排名

排名	国家（地区）或组织	2010 年数量（吨）	2010 年黄金占外汇储备比例	2009 年数量（吨）
1	美国	8 133.5	73.9%	8 133.5
2	德国	3 401.8	70.3%	3 407.6
3	国际货币基金组织	2 846.7	—	3 005.3
4	意大利	2 451.8	68.6%	2 451.8
5	法国	2 435.4	67.2%	3 453.4
6	中国	1 054.1	1.7%	1 054.1
7	瑞士	1 040.1	16.4%	1 040.1

（续上表）

排名	国家（地区）或组织	2010 年数量（吨）	2010 年黄金占外汇储备比例	2009 年数量（吨）
8	俄罗斯	775.2	6.7%	607.7
9	日本	765.2	3.0%	765.2
10	荷兰	612.5	57.5%	612.5
11	印度	557.7	8.1%	557.7
12	欧洲央行	501.4	27.9%	563.6
13	中国台湾	423.6	4.6%	423.3
14	葡萄牙	382.5	81.1%	382.5
15	委内瑞拉	363.9	52.4%	356.8
16	沙特阿拉伯	322.9	3.0%	302
17	英国	310.3	16.8%	310.3
18	黎巴嫩	286.8	27.6%	286.8
19	西班牙	281.6	38.6%	281.6
20	奥地利	280.0	56.2%	280

资料来源：中国外汇管理局网站 http：//www.safe.gov.cn

2. 外汇储备

外汇储备是指一国货币当局持有的可兑换货币和用它们表示的支付手段和对外流动性资产，是当前国际储备中最重要和最活跃的部分，在一国国际储备中所占比例最大。外汇储备主要包括政府在国外的短期存款或其他可以在国外兑现的支付手段，如外国有价证券，外国银行的支票、期票、汇票等。外汇储备主要用于弥补国际收支逆差，以及干预外汇市场以维持本国货币的汇率。

充当国际储备资产的货币必须具备以下条件：

①这种货币的在国际货币体系中占有重要地位，能为各国普遍接受，在国际结算中使用较多；

②这种货币可以自由兑换成其他储备资产；

③这种货币的价值保持相对稳定，各国中央银行和贸易商对其购买力的稳定性具有信心。

基于上面几点原因，“一战”前，英镑是最主要的储备货币；“一战”后，美元崛起，与英镑一起成为当时主要的储备货币；“二战”后，美元是当时唯一在一定条件下可兑换为黄金的货币，成为各国外汇储备中最主要的储备货币；到 70 年代初，美元不断爆发危机，并不断贬值，加上同时期的日本、联邦德国经济崛起，日元和马克也成为储备货币，从而形成储备货币多元化格局；1999 年，欧元问世，又成为各国储备货币的一员。

表 1－2　2010 年世界各国外汇储备排行

序号	国家（地区）	当前水平（10 亿美元）	占全球比重	占 GDP 比重	最后更新日期
1	中国	2 648.00	29.3%	53.1%	2010－09－30
2	日本	1 041.69	11.5%	20.6%	2010－11－30

（续上表）

序号	国家（地区）	当前水平（10亿美元）	占全球比重	占GDP比重	最后更新日期
3	俄罗斯	463.77	5.1%	37.6%	2010-12-17
4	中国台湾	379.26	4.2%	106.7%	2010-11-30
5	韩国	290.23	3.2%	34.9%	2010-11-30
6	印度	266.25	3.0%	20.3%	2010-12-10
7	中国香港	266.10	2.9%	123.6%	2010-11-30
8	新加坡	217.57	2.4%	119.4%	2010-11-30
9	泰国	161.66	1.8%	61.3%	2010-12-10
10	马来西亚	95.30	1.1%	49.4%	2010-11-30
11	利比亚	95.13	1.1%	152.5%	2010-06-30
12	印度尼西亚	92.76	1.0%	17.2%	2010-11-30
13	加拿大	56.24	0.6%	4.2%	2010-12-15
14	美国	48.51	0.5%	0.3%	2010-11-05
15	英国	47.21	0.5%	2.2%	2010-10-31

资料来源：中国外汇管理局网站 http：//www.safe.gov.cn

3. 普通提款权

普通提款权（GDRs）又被称为在IMF中的储备头寸，是指IMF会员国在IMF普通账户中可以自由提取和使用的资产，主要用于解决会员国的国际收支不平衡问题，但不能用于会员国贸易和非贸易的经常项目支付。IMF对会员国提供的款项，不称“贷款”，而称“提款”。

按照规定，当一个国家加入IMF时，须按一定比例缴纳一笔货币作为入股基金，其中，缴纳份额的25%须以可兑换货币缴纳，剩下75%用本国货币缴纳。当会员国出现国际收支困难的局面时，它有权向IMF申请普通提款，以本国货币向IMF换购所需的外币款项，还款时再以外币购回本国货币。会员国提款的多少与所缴的份额成正比，但最高额度不能超过所缴份额的125%。

4. 特别提款权

特别提款权（SDRs）是相对于普通提款权而言的，它是IMF在1969年9月创造的无形货币，是IMF分配给会员国的一种用来补充现有储备资产的手段，是会员国在IMF的账面资产。1970年开始，IMF按会员国认缴的份额依比例进行无偿分配，会员国缴纳的份额越大，分得的SDRs越多。第一期SDRs的分配，25个发达国家共分得总额的74.8%，其中，美国22.94亿，英国10.063亿，法国4.85亿，联邦德国5.424亿；其他87个发展中国家分得的SDRs仅占总额的25.2%，且多数用于偿还向IMF的借款，有的会员国只分到100多万SDRs。

（三）国际储备的来源

1. 收购黄金

一国收购黄金主要包括两个方面：从国内收购黄金并集中至中央银行；中央银行在国际金融市场上购买黄金。然而，黄金在各国日常经济交易中使用价值并不大，加上黄金产量有限，黄金在国际储备中的比重一般不会增加。

2. 国际收支顺差

一国国际收支顺差主要包括两个方面：（1）国际收支经常项目的顺差，是国际储备的主要来源。该顺差中最重要的是贸易顺差，其次是劳务顺差。在不存在资本净流出时，如果一国经常项目为顺差，则必然形成国际储备；而不存在资本净流入时，如果一国经常项目为逆差，则必然使国际储备减少。（2）国际收支中资本项目的顺差，是国际储备的重要补充来源。当借贷资本流入大于借贷资本流出时，就形成资本项目顺差。如果这时不存在经常项目逆差，这些顺差就形成国际储备。这种储备的特点就是由负债所构成，到时必须偿还，但在偿还之前，可作储备资产使用。

3. 中央银行干预外汇市场取得的外汇

中央银行通过干预外汇市场，同样可以增加国际储备。一方面，当一国的货币汇率受供求影响而有上升的趋势或已上升时，该国的中央银行就会在外汇市场上进行公开市场业务，抛售本币，购进外汇，从而增加本国的国际储备；另一方面，当一国的货币汇率受供求影响而有下降趋势或已下降时，该国就会购进本币，抛售其他硬货币，从而减少本国国际储备。

4. IMF 分配给会员国的 SDRs

IMF 分配给会员国的 SDRs 是该国国际储备的一部分。它在一定程度上适应了会员国对国际储备日益增加的需求。但对各国来说，这种国际储备来源较为被动。

5. 储备资产管理增值

由于国际市场上外汇的汇率和黄金的价格处于不断变化的过程中，一国的储备资产价值也随之不断变动。通过对储备资产的科学管理，在保证储备资产的流动性和安全性的基础上，获得一定的收益，也可以增加一国的国际储备。储备资产的收益包括两个部分：一部分是储备外汇存款利息，作为储备资产的国外债券、国库券等的收益；另一部分是由于汇率的变动所造成的一国外汇储备折成特别提款权或美元的溢价，也包括由于金价的上涨所造成的在黄金储备数量不变的情况下黄金储备价值的增加。

（四）国际储备的作用

国际储备是一个国家经济实力以及该国在国际经济中的地位和参与国际经济活动能力的标志。各国保持国际储备有各种各样的目的，概括起来有以下几方面的作用：

1. 维持国际支付能力，弥补国际收支逆差

当一国发生暂时性的对外支出大于收入的情况时，政府可以运用国际储备来弥补这种暂时性逆差，以保持国际收支平衡，而不必采取影响整个宏观经济的财政货币政策。如果发生长期的、巨额的国际收支逆差，运用国际储备弥补则可以起到缓冲作用。它使政府有时间采取财政及货币政策，避免采用易给经济带来猛烈冲击的调节措施，如直接限制进口的管制、紧缩政策等。

2. 干预外汇市场，稳定本国货币汇率

一国持有储备的多少表现了一国干预外汇市场和维持汇率稳定的能力，政府通常都会利用国际储备建立“外汇平准基金”制度对外汇市场进行干预。外汇平准基金通常由外汇、黄金和本国货币等构成。当外汇汇率上升，本国汇率下降，超出政府的目标界限时，货币当局就可通过“平准基金”进入外汇市场，抛售外汇，平抑汇价；反之，当本币汇率上升，遭受国际资本冲击，货币当局就可通过“平准基金”收购外汇，减少外汇的供给，使本币汇率下降。

3. 增强国际对本币的信心，提高本币地位

一国的国际储备充足，说明该国弥补国际收支逆差、维持汇率稳定的能力强，国际社会对该国货币的币值与购买力也会充满信心，在国际外汇市场上愿意持有该国货币，该国货币就会走向坚挺，成为硬货币，该国货币的地位和信誉也会因此得以提高。

4. 增强国际清偿力，提高向外借款的信用保证

一国拥有国际储备的数量多少是一国国际清偿能力强弱的体现之一，也是国际金融机构和国际银行提供贷款时评估该国风险的重要指标之一。国际储备多，表明该国的国际清偿能力高。如果一个国家国际清偿能力高，无论是国际金融机构、国际银团，还是政府，都会较愿意借款给该国。因此，国际储备充裕可以增强一国的资信，吸引国外资金流入，促进本国经济发展。

二、国际储备的管理

（一）国际储备管理的定义

国际储备管理是指一国政府及货币当局根据一定时期内本国国际收支状况及经济发展的要求，对国际储备的规模、结构及储备资产的运用等进行计划、调整和控制，以实现储备资产规模适度化、结构最优化、使用高效化的整个过程。因此，国际储备管理主要涉及两方面的管理：一是规模管理，即一国应保持多少储备才算合理；一是结构管理，即一国应怎样搭配不同种类的储备货币才能使风险最小或收益最大。

（二）国际储备的规模管理

国际储备的规模是指一国在一定时期内持有的国际储备的总量。而国际储备的规模管理是指在不同的政治经济条件下，对国际储备的规模进行确定和调整，使其数量保持在适度的水平上。如果一国的国际储备过多，则失去了利用这些资金进口国内建设所迫切需要的物资、技术和设备的机会，减缓了发展的速度，降低了发展的质量，并且会加大通货膨胀的压力；同时世界性的通货膨胀和外汇汇率的剧烈波动还会使外汇储备蒙受损失。如果储备太少，意味着对外清偿能力不足，不仅不能应付经常性的国际收支，而且会影响到国家的对外资信，不利于融通国际金融市场的资金。所以，使国际储备保持适度规模，是国际储备资产管理的首要问题。

1. 影响国际储备规模管理的主要因素

（1）国家经济规模的大小与发展速度的快慢。

一国的经济规模大，发展速度快，则该国的投资规模就大，进口需求就可能会增多，所需的国际储备量就较多；反之，所需的国际储备量就较少。

（2）国际收支差额的顺差与逆差状况。

一国的国际收支若出现持续性顺差，对国际储备量的需求就会相应地逐渐减少；反之，对国际储备量的需求就会相应地逐渐增加。

（3）经济对外开放程度和外贸依存度大小 。

一国对外开放程度越高，外贸依存度越大，所需的国际储备量较多；反之，所需的国际储备量较少。

（4）外债总额的大小。

一国外债总额较大，且近期面临偿债高峰，那么外债到期偿还的压力就大，所需的国际

储备量就多；反之，所需的国际储备量就少。

（5）对外资信能力的高低。

一国对外资信度高，在国际金融市场上就容易筹措到各种外汇资金，则所需的国际储备量就少；反之，所需的国际储备量就多。

（6）外汇管制的宽严程度。

一国的外汇管制较严且控制能力较强，则可保持较少的国际储备量；反之，则需较多的国际储备量。

（7）汇率制度和汇率政策的选择。

在固定汇率下，一国的中央银行为了维持汇率的稳定，需要不断地干预外汇市场，需要持有较多的国际储备量；浮动汇率制度下，汇率可以随市场供求自由波动，持有的国际储备量可以少些。

（8）持有国际储备的机会成本的多少。

一国的国际储备代表其对国外资源的购买力，保持国际储备就意味着减少了用于投入国内的资源，客观上牺牲了国内经济发展的资源，从而丧失了一定的国内投资收益率，这些是持有国际储备的机会成本。由于以外国银行存款、政府债券等形式的国际储备可带来一定的利息收益，所以一国持有国际储备的成本等于投资收益率和利息收益率之差。差额大，则成本高；反之，则成本低。成本高，则储备规模小；成本低，则储备规模可加大。

（9）与他国政府或国际性金融组织的协调程度。

一国与他国或国际性金融组织在经济、金融、货币等方面的协调合作较好，并可通过订立某些协议互相支持和帮助，则可减少国际储备量；反之，要增加国际储备量。

（10）是否为储备货币发行国。

一国是储备货币发行国，则该国可直接用本国货币来支付短期逆差，也可对外直接投资去获取更高的投资报酬，从而可降低国际储备量；反之，则要增加国际储备量。当今世界最重要的国际储备货币是美元、欧元、日元、英镑等。其中，美元是21世纪最重要的储备货币，因此，尽管美国的国民生产总值最大，开放度与市场化极高，但其外汇储备并非最多。

2. 国际储备规模管理的方法

（1）国际储备/进口的比例分析法。

该指标最为常用，是目前国际上公认的标准，由美国著名经济学家特里芬（R. Triffin）对1950—1957年12个主要国家的储备变动情况进行实证研究后提出的。特里芬认为，一国的国际储备应与它的贸易进口额保持一定的比例关系，这种比例一般以40%为适度，低于30%需要采取调节措施，而20%则为底线，如按全年储备与进口额的比例计算，约25%较合适，即满足3个月的进口为宜。

然而，这一标准仅是参考值，并非绝对，合理的比例还需进一步探讨。如1981年末墨西哥、巴西和阿根廷的国际储备额分别相当于当年该国2.47个月、3.7个月和6.4个月的进口额，除墨西哥储备略低外，巴西和阿根廷的储备均高于标准，然而这三个国家都陷入了长期的债务危机。

（2）国际储备/国民生产总值的比例分析法。

在开放体制下，各国之间的相互联系更加密切。一般来说，一国的经济规模越大，发展速度越快，对市场的信赖程度也应越大，因此需要更多的国际储备作为后盾；反之，要求的国际储备量就少。

大部分国家的国际储备与国民生产总值比率掌握在4% ~12%之间，其中，国民经济进口依存度较大、对外负债较轻及人均国民收入较高者，这一比率一般较高；反之，较低。

（3）国际储备/外债的比例分析法。

这是反映一国对外清偿能力和资信的指标之一，一般参考标准为50%，即一国的国际储备额占一国外债总额的50%为宜。但在同样规模的外债总额下，由于债务来源结构、利率水平、债务期限及偿还期不同，债务国形成的负担有很大差别，对国际储备量的需求也大不相同。

（三）国际储备的结构管理

国际储备的结构管理是指各国货币当局对储备资产所进行的最佳配置，使各种储备资产之间保持合理的比例。其目的是分散储备资产的风险，充分发挥国际储备资产应有的作用。需要指出的是，由于各国在IMF的储备头寸和特别提款权无法自主增加，且权重较低，调节国际收支的作用较弱，所以不作为结构管理的内容。另外，黄金储备由于产量低、持有成本高和流动性差等因素，其在国际储备中所占比重不断下降。因此，各国的国际储备结构管理的主要内容实际上是对外汇储备币种结构的管理。

1. 国际储备结构管理的基本原则

（1）安全性原则。

安全性是指储备资产有效、可靠和价值稳定。这就要求各国在选择储备资产的存放国家和银行、币种及其汇率走势、信用工具时，要预先做好充分的风险评估，选择将其外汇储备资产放到外汇管制较松的国家、资信卓著的银行，选择价值相对稳定的币种和较为安全的信用工具。

（2）流动性原则。

流动性是指储备资产要具有较高的变现能力，一旦有对外支付和干预市场的需要时，它能随时变现灵活调拨。由于各种外汇储备资产的流动性不同，各国在安排外汇储备资产时，应根据本国对外经济具体情况，作短、中、长不同期限的投资。

（3）盈利性原则。

盈利性原则是指尽可能地使储备资产的收益最大化。由于不同种类的储备货币的收益率高低不同，在选择金融工具时，既要考虑到利率水平，又要重视汇价风险。所以，必须对储备资产的投放进行精心安排，使外汇储备存放于国外银行部分和投资于国外证券部分之间保持适当的比例，实现资产投放的最佳组合，以获得最佳效益。

然而，在实际操作中，上述三项原则是不可能同时满足货币当局的要求的。因为流动性越强的资产，盈利性越低，而安全性越高。鉴于国际储备资产的特殊职能，国际储备结构管理应始终把安全性和流动性放在首位，在充分保证国际储备资产的安全性和流动性的前提下，追求较高的盈利性。

2. 国际储备结构管理的基本方法

（1）储备资产的三级管理制。

由于国际储备的主要作用是弥补国际收支逆差，因而在流动性和盈利性中，各国货币当局更重视流动性。按储备资产变现能力，国际储备可分为以下三部分：

一级储备资产，指最富有流动性的储备资产，如活期和短期存款、短期政府债券，作为货币当局的交易性准备，用于直接弥补国际收支逆差和干预外汇市场。

二级储备资产，指流动性低于一级储备资产，但盈利性略高于一级储备资产的储备资产，如中期政府债券，作为防止一级储备不足时的补充性资产。

三级储备资产，指流动性低于二级储备，但盈利性高于二级储备的储备资产，如长期政府债券，是货币当局追求储备资产收益的资产。

（2）外汇储备货币结构的管理。

如前所述，外汇储备是当前最重要的储备资产。对于一国而言，储备货币的多元化可以减少由于持有单一货币所遭受的汇率变动带来的损失，同时也会因各种货币汇率的升降变动方向不同而减少预期收益，所以各国在确定外汇储备币种及其结构时一般遵循或参考以下原则：

第一，储备币种及其数量必须满足该国贸易与金融性对外支付的需求。即通过对本国对外贸易的地区结构、外贸商品的流向及金融支付所需外币数量、传统支付惯例等要素的分析，力求使外汇储备币种结构与国际支付所使用货币的结构一致，在一定程度上避免兑换风险，节约交易成本。如果一国的主要贸易伙伴是欧洲国家，那么储备币种应以欧元为主。

第二，储备币种及其数量必须满足干预外汇市场的需求。为了保持本币汇率稳定，货币当局必须抛售该种储备货币来换购本国货币以支持本币的汇率，这就要求一国所持有的储备币种的选择应与干预外汇市场所需的外汇一致。如果一国盯住的货币是美元，那么储备货币应以美元为主。

第三，储备币种及其数量应该在满足上述需求之后，尽可能多持有盈利性较高的储备货币以满足储备增值的要求。这就要及时追踪和了解储备货币发行国的经济、金融状况，较准确地预测各储备货币汇价变动的短、中、长期趋势，在掌握对外支付时间的基础上利用外汇交易和衍生金融工具进行保值、增值的交易操作，以避免某些储备货币的贬值风险，扩大储备资产的收益率。

三、我国的国际储备

我国的国际储备资产是指我国中央银行拥有的对外资产，包括黄金储备、外汇储备、GDRs、SDRs。

（一）我国国际储备的特点

1. 黄金储备数量稳中有升

改革开放以来，我国黄金储备除1979年和1980年为1 280万盎司外，到2000年的其余年份均为1 267万盎司。这表明我国执行稳定的黄金储备政策。加入WTO后，我国经济与世界经济更加紧密地融合在一起，对外贸易额和流动的国际资本都有大幅度的增加。为了增强我国经济的抗冲击能力，稳定中国的国际收支，我国的黄金储备额连续两年有所增加，并保持1 929万盎司的黄金储备直至2008年美国次贷危机爆发。由于美元的波动，我国外汇储备的安全受到威胁，2009年开始增加黄金储备额至3 389万盎司。

表1－3　2000—2010年我国的黄金储备

年份	2000	2001	2002	2003	2004	2005	2006	2007	2008	2009	2010
黄金（万盎司）	1 267	1 608	1 929	1 929	1 929	1 929	1 929	1 929	1 929	3 389	3 389

资料来源：中国外汇管理局网站 http：//www. safe. gov. cn

2. 外汇储备增长迅猛

我国外汇储备从进入21世纪开始增长迅猛，其成因可以从国际收支与政策体制两个角度来分析。

（1）国际收支角度。

我国外汇储备增长受经常项目顺差与资本往来项目顺差的双重影响。在经常项目中，主要有对外贸易、非贸易往来（包括货运、港口供应和服务、旅游和投资等）和无偿转让。在对外贸易方面，1994年以后，我国一直保持顺差，特别是1997年顺差的增幅近230%；在非贸易往来方面1993年之后由此前的顺差转为逆差，且每年的数额有所增加；无偿转让的内容主要有与国际组织往来、无偿援助和捐款、侨汇及居民其他收入等，一直表现为顺差，且数额相对较小。因此，我国经常项目顺差的主要原因是对外贸易顺差。

资本往来项目中，主要有长期资本往来（包括直接投资、股票债券和各种中长期借贷款）和短期资本往来（包括短期贷款、延期收付款等）。近10年来，我国资本往来项目一直保持较大的顺差增幅，其措施主要是外商直接投资和举借外债。

与经常项目顺差相比，资本往来项目的顺差占了很大比重，已成为我国外汇储备大幅增长最主要的原因。由于经常项目顺差形成的债权性外汇储备具有良好的稳定性，而资本往来项目顺差形成的债务性储备不稳定，因此我国外汇储备的来源结构存在一定的隐忧。

（2）政策体制角度。

第一，外汇体制改革对外汇储备的影响。《中华人民共和国外汇管理条例》的实施，使境内机构的经常项目外汇收入必须全部结汇，用汇须持有效凭证和商业单据购汇，且外汇指定银行的外汇结算周转实行比例幅度管理，超过周转头寸的外汇必须在外汇市场上卖出。这样企业和外汇指定银行实际上拥有独立处置外汇的权利，中央银行必须被动进行外汇吞吐，表现出外汇储备不断增长的情况；将外商投资企业纳入银行结售汇体系，也大大增加了我国的外汇储备。

第二，由于国内经济快速增长以及国家相继出台一系列鼓励出口的政策，使我国在更大范围、更广领域和更高层次上参与国际经济和技术竞争，进一步扩大了商品和服务贸易。通过实施市场多元化战略，发挥我国的比较优势，巩固传统市场，开拓新兴市场，对外贸易保持高速增长，使外汇储备持续增加。

第三，国家进一步吸引外商直接投资，提高利用外资的质量和水平。通过逐步开放服务领域以及多种形式利用中长期国外投资等措施，使国际资本更加看好中国，促使我国外汇储备保持高速增长。

第四，由于人民币汇率改革，人民币不断升值，使得境内企业和个人持汇意愿明显降低，也使外汇储备增长迅速。

表1－4　2001—2010年我国的外汇储备

年份	2001	2002	2003	2004	2005	2006	2007	2008	2009	2010
外汇（亿美元）	2 121.65	2 864.07	4 032.51	6 099.32	8 188.72	10 663.44	14 969.06	19 460.30	23 887.88	27 678.09

资料来源：中国外汇管理局网站 http：//www. safe. gov. cn

3. 在IMF的储备头寸和特别提款权所占比重较小

目前我国经济实力还不够强大，向IMF缴纳的份额也不多，从而决定了我国持有的在

IMF 的储备头寸与分配的特别提款权数量不大。到 2003 年时，我国持有的在 IMF 的储备头寸和特别提款权在我国国际储备总额中所占比重分别为0.93%和0.27%，合计为1.2%，并且呈下降趋势。

4. 国际储备的作用日益全面化

长期以来，我国国际储备的作用只限于弥补国际收支逆差和作为偿还外债的保证，而没有起到干预资产的作用。从 1994 年 1 月 1 日起，我国实行以市场供求为基础的、单一的、有管理的浮动汇率制度，中国人民银行开始通过向外汇市场吞吐外汇，来保持人民币汇率的基本稳定，使我国的国际储备也具有充当干预资产的作用。

（二）我国国际储备的管理

我国国际储备的管理要坚持这样的宗旨：既要防止储备过少，造成支付困难，又要避免储备过多，造成资金积压和浪费。因此，本着安全性、流动性至上，兼顾盈利性的要求，我国国际储备的管理应遵循以下原则：

（1）在外汇储备结构上应坚持国际储备多样化，以分散汇率变动的风险。例如，随着能源的进一步紧缺，国际石油价格的上扬，作为国际储备的一种形式，可以适量增加石油进口，建立石油储备。

（2）在外汇储备投向结构上应兼顾流动性和盈利性的原则，既满足对外支付的需要，又要获得最大收益，必须加强外汇储备经营管理，积极探索和拓展外汇储备使用渠道和方式，合理安排外汇储备资产投资的短期、中期和长期结构。

（3）外汇储备资产要实行分散化，不能过于集中于一两个国家或一两家银行，以防止外国政府冻结资金或银行倒闭。对外汇储备头寸的管理要运用金融技术和手段，以远期、期权、掉期等方式进行保值。

（4）应根据国际黄金市场和国际金融形势的变化及时调整黄金储备。虽然中国增加了部分黄金储备，但其在整个储备资产中所占比例仍不到2%，而发达国家黄金在外汇储备中的比例普遍在40%～60%之间，欧元区国家黄金在外汇储备中占比达到了60.8%。所以，我们应增加黄金储备的份额，以应对外汇储备缩水和减轻人民币升值的压力。

任务二　国际货币体系

☞ 知识目标

1. 掌握国际货币体系的概念
2. 领会国际货币体系的演变原因及其特点
3. 掌握国际货币体系的本质与作用

☞ 技能目标

对国际货币体系发展趋势的理解和判断能力

☞ 导入案例

1967 年，芝加哥一家银行拒绝向一位名为米尔顿·弗里德曼的大学教授提供英镑贷款，因为他意图利用这笔资金卖空英镑。弗里德曼先生察觉到当时英镑对美元的比价过高，想先卖出英镑，然后等英镑下跌后再买回英镑来偿还银行，从而能够迅速大捞一笔。这家银行拒绝提供贷款的依据是1944年确立的《布雷顿森林协定》。此协定固定了各国货币对美元的汇率，并将美元与黄金的比价规定为35美元对每盎司黄金。然而，到了20世纪70年代末牙买加体系确立后，这种外汇交易已经成为不可能。特别是进入80年代后，随着计算机及相关技术的问世，跨国资本流动加速，将亚、欧、美等洲的市场连成一片，外汇交易量迅速攀升。

1997年，国际金融投资者（金融大鳄索罗斯）对泰国的泰铢发动了试探性攻击，此后的5月和6月又发动了更大规模的攻击，最后泰国中央银行在将耗尽外汇储备而又无力固守固定汇率防线的情况下，被迫宣布实行有管理的浮动汇率制，泰国国内货币危机爆发。随后，东南亚金融危机全面爆发，继而演变为亚洲金融危机。对此，索罗斯辩解道："苍蝇不盯无缝的鸡蛋……泰国经济自身存在缺陷……""我只不过是在合法的市场做了合法的交易，如果和别人有什么不同，那只是我交易的数额比别人大了一点。"

资料来源：根据《国际金融》(何璋主编，中央广播电视大学出版社，2002年）和新浪博文"金融大鳄"整理

◈ 思考题

1. 为什么要建立国际货币体系？
2. 泰国金融危机爆发的原因是什么？
3. 你怎样看索罗斯的辩解？

一、认识国际货币体系

（一）国际货币体系的定义

国际货币体系是指在国际经济关系中，为满足国家间交易的需要，各国政府对货币在国家间的职能作用与有关国际货币金融问题制订的协议、规则和建立的相关组织机构的总称。

（二）国际货币体系的内容

1. 国际储备资产的确定

国际储备在调节国际收支平衡，保持内部和外部平衡中起着非常重要的作用。该用什么作为国际储备及用什么样的货币作为国际支付货币不但取决于各国本身的经济状况，而且取决于国家间的协调程度和国际社会的普遍接受程度，需要国际性的规则和制度。

2. 汇率制度的安排

由于国际交往而产生国际支付的需要，货币在执行世界货币职能时，各国之间的货币一定要确定一个比价，即汇率。围绕汇率的确定，各国政府一般还规定货币比价确定的依据、货币比价波动的界限、货币比价的调整以及维护比价所采取的措施等内容。如何构建一种较为稳定的、为各国共同遵守的国际汇率制度，成为国际货币体系需要解决的核心问题。

3. 国际收支及调节机制

世界各国国际收支的平衡发展是国际货币体系正常运转的基础。在某些情况下，需要各国之间的国际收支调节政策彼此协调，有效帮助和促进国际收支出现严重失衡的国家进行调节，并使各国在国际范围内能公平承担国际收支调节的责任。

4. 国际货币事务协调管理

由于国际收支调节机制、国际汇率制度安排和国际储备制度等问题涉及各国经济利益与货币主权，确定和实行过程中充满矛盾和冲突，于是产生了国际货币事务协调与管理问题，其实质是协调各国之间的国际货币金融政策。这种国际货币事务的协调与管理，通常需要建立国际货币金融组织机构，由其主导制定若干共同接受的规则、惯例和制度，充当国际金融执法人。

二、国际货币体系的演变

（一）国际金本位体系

19 世纪 80 年代，世界主要资本主义国家先后在国内实行了金本位制，这样就形成了历史上第一个国际货币体系——国际金本位制。国际金本位制是以一定量黄金为本位货币，并建立流通中各种货币与黄金间固定兑换关系的货币制度。金本位制共有三种类型：金币本位制、金块本位制和金汇兑本位制。

1. 国际金本位体系的内容与特点

（1）黄金充当国际货币，是各国主要的国际储备资产。

这一时期的国际金本位制的特征是金币可以自由铸造、自由兑换以及自由输出和输入。由于黄金可以自由进出口，从而保证了本币汇率的稳定。

（2）长期稳定的固定汇率制度。

各国用含有一定重量、成色的黄金金币作为本位币在市场上流通，而各国货币都按所含的黄金量来确定彼此间的比价。西方主要国家货币的汇率在 1880—1914 年间一直没发生变动，从未升值或贬值。

（3）自动的国际收支调节机制。

在金本位制下，由于黄金的自由输出和输入使得各国国际收支可以实现自发调节机制。当一国发生国际收支逆差，会引发黄金输出，从而导致本国货币供应减少，物价降低，这样会促进出口，抑制进口，恢复国际收支平衡。然而，实现国际收支自动调节机制，各国必须遵守三项原则：一是要把本国货币与一定数量的黄金联系起来，并随时可以兑换黄金；二是黄金可以自由输入和输出，各国金融当局应随时按官方比价无限制买卖黄金和外汇；三是货币发行必须持有相应的黄金准备。

2. 国际金本位体系的评价

国际金本位体系对世界经济发展的积极影响表现在：

（1）保持汇率稳定，促进国际贸易的发展。

长期稳定的汇率制度便于生产成本核算及国际支付，国际投资风险小，推动商品生产、国际贸易和对外投资的极大发展。

（2）自动调节各国国际收支平衡。

在金本位制下，只要各国遵循金本位制度下的货币流通规则，一国的国际收支就可以通过黄金的流动和物价的变动而引起本国的进出口的变化，从而自动达到平衡。

（3）促进国际资本的流动，有助于各国经济政策的调整。

实施金本位制的国家一般考虑国内平衡服从于对外平衡，即把汇率的稳定和国际收支平衡当做经济政策的首要目标；其次考虑国内物价、就业和国民收入等情况，从客观上创造了一个较为宽松的外部环境，促进国际资本的流动，也有助于各国调整其经济政策。

国际金本位体系本身也存在着一些缺陷：

（1）黄金储备不平衡使清偿手段受限。

黄金产量的增长速度远远落后于各国经济贸易的增长速度，由此造成的清偿手段不足，难以维持稳定的汇率，严重制约各国经济的发展。由于资本主义经济发展的不平衡，使得世界黄金存量越来越集中在少数强国手中，削弱了其他国家实施金本位制度的基础，同时造成了资本主义货币信用制度和国际金融领域的危机。

（2）金本位制的自动调节机制受限。

金本位制的自动调节机制要求各国货币当局遵守游戏规则，不干预经济，但资本主义国家政府职能发展到一定阶段后，便不可能让国民经济完全任凭市场摆布，违反游戏规则现象时有发生。它们通常利用国际信贷、利率和公开市场业务等手段解决国际收支困难，而不愿黄金频繁流动。

（二）布雷顿森林体系

1944 年 7 月，44 个同盟国家的 300 多位代表出席了在美国新罕布什尔州布雷顿森林召开的国际货币会议，会议通过了以美国提出的“怀特计划”为基础的《国际货币基金组织协定》和《国际复兴开发银行协定》，总称《布雷顿森林协定》，开始实行新的国际货币体系——布雷顿森林体系。

1. 布雷顿森林体系的内容与特点

（1）建立了一个永久性的国际金融机构——国际货币基金组织（IMF）。

IMF 是“二战”后国际货币制度的核心。布雷顿森林体系赋予 IMF 监督、磋商和融通资金三项主要职能，即监督成员国货币的汇率、审批货币平价的变更等货币政策问题；协调各国重大的金融问题，以促进国际金融的合作；为成员国管理基金，对国际收支逆差的成员国融通资金。IMF 的这三项职能在一定程度上维持着国际金融形势的稳定。

（2）实行美元—黄金本位制的固定汇率制。

在布雷顿森林体系中，建立了美元—黄金本位制，具体表现为“双挂钩”制度，即美元与黄金挂钩，其他货币与美元挂钩。美元按每盎司黄金兑换 35 美元的官价与黄金挂钩，美国政府承担用黄金按官价兑回各国官方持有美元的义务。在此，黄金是基础，美元是最主要的储备资产。汇率决定的基础是各国货币所代表的含金量之比，汇率波动被限制在法定比价上下各 1% 的范围内。

例如，布雷顿森林体系规定 1 美元纸币的含金量为 0.888 671 克，英国政府规定 1 英镑纸币的含金量为 3.581 34 克，则美元与英镑的汇率为

GBP 1 = USD 3.581 34/0.888 671 = USD 4.03

汇率波动的幅度为

上限 GBP 1 = USD 4.03 × （1 + 1%） = USD 4.070 3

下限 GBP 1 = USD 4.03 × （1 − 1%） = USD 3.989 7

（3）取消外汇管制。

IMF 协定第八款规定成员国不得限制经常项目的支付，不得采取歧视性的货币措施，要在兑换性的基础上实行多边支付。其目的就是努力消除阻碍多边贸易和多边清算的外汇管制，以保障国际结算与国际支付的自由，促进世界经济的发展。但有三种情况可以例外：一是 IMF 允许对资本移动实施外汇管制；二是允许会员国采取过渡性安排，推迟履行货币可

兑换性的义务；三是会员国有权对“稀缺货币”采取歧视性货币政策，进行临时性兑换限制，可限制进口该国的商品和劳务，从而迫使“稀缺货币”发行国采取调节国际收支的措施。

（4）调节国际收支。

布雷顿森林体系明确了国际收支调节机制有两方面的内容：第一是短期资金通融，即由IMF向国际收支逆差国提供短期资金通融的方式，协助其解决国际收支困难。会员国在需要贷款时，可用本国货币向IMF按规定程序购买一定数额的外汇，将来在规定的期限内，以用黄金或外汇购回本币的方式偿还借用的外汇资金。会员国在IMF的借款能力，一般同其缴纳的基金份额相当。第二是汇率调整，即会员国发生国际收支根本性不平衡，可采取调整汇率平价方式进行调节。

（5）设立稀缺货币条款。

布雷顿森林体系还规定国际收支顺差国也应与逆差国一样承担起调节国际收支的责任，为此设立了稀缺货币条款。该条款规定：当一国的国际收支持续出现大量顺差时，逆差国对该顺差国货币的需求将明显、持续增长，并会向IMF借取该顺差国货币，这将使顺差国货币在IMF的库存急剧下降。当库存下降到该顺差国份额的75%以下时，IMF可以将该顺差国货币宣布为“稀缺货币”，并按逆差国的需要进行限额分配，逆差国也有权对“稀缺货币”采取临时的兑换限制措施。这一条款旨在建立顺差国和逆差国共同调节的责任。

2. 布雷顿森林体系的评价

布雷顿森林体系对二战后世界经济的恢复和发展发挥了一定的积极作用，主要表现在：

（1）促进了国际贸易和世界经济的发展。

汇率制度的相对稳定，大大减少了国际经济往来中的外汇风险，有利于国际贸易、国际投资和国际信贷的发展，使战后国际贸易和国际投资的发展速度都显著超过世界生产的增长速度。

（2）保证国际货币金融关系的相对稳定。

在布雷顿森林体系下，美元是主要的国际支付和储备货币，弥补了国际清算能力的不足，解决了黄金生产远远不能满足世界经济发展需要而使国际储备供应不足的问题。

（3）有助于国际资本流动和生产国际化的发展。

汇率的相对稳定，降低了国际资本流动的汇率风险，有助于各国资本的输出和输入；取消外汇管制，为国际融资创造了良好的环境，有助于银行业和国际金融市场的发展，也为跨国公司和生产国际化的发展创造了条件，有利于各国对外开放程度的提高，并使市场机制更有效地在全球范围发挥其资源配置的功能。

（4）促进了国际货币事务的协作。

通过建立永久性的IMF，监督各国汇率变动，调节国际收支，给会员国提供各种类型的短期贷款和中长期贷款，监督会员国财政货币政策等，促进了国际货币事务的协作，缓和国际收支危机和债务危机，稳定金融局势，推进世界经济的稳定增长。

要维持布雷顿森林体系正常运作，必须具备三个基本条件：第一是美国国际收支保持顺差，美元对外价值稳定；第二是美国有充足的黄金储备，以保持美元对黄金的有限兑换性；第三是黄金价格维持在官价水平。然而，三个条件的具备取决于美国的经济实力，一旦这三个条件无法满足，布雷顿森林体系则必然处于危机之中。可见，该体系本身也存在固有的缺陷：

（1）内在矛盾难以克服“特里芬难题”。

美国耶鲁大学教授罗伯特·特里芬在《美元与黄金危机》中指出，美元同时承担了相互矛盾的双重职能，即为世界经济和贸易发展提供清偿能力和保持各国对美元的信心，维持美元按官价兑换黄金。为满足世界各国对美元储备的需要，美国只能通过对外负债的形式提供美元，即国际收支逆差。而国际收支长期逆差又必定产生美元信心危机，即美元必须贬值而不能按官价兑换黄金。为保持美元汇率稳定，美国就应保持国际收支顺差，那么各国将因缺乏必要的国际清偿手段而降低生产和贸易发展速度。美元的双重身份和“双挂钩”制度是这一体系的根本缺陷，这一缺陷如不克服，布雷顿森林体系终将走向瓦解。事实表明，正是美元危机动摇并瓦解了布雷顿森林体系。

（2）缺乏有效调节机制。

布雷顿森林体系虽然允许汇率调整，但调整的幅度非常有限，只有出现国际收支的“根本性不平衡”时，有关国家才可以大幅度变更平价，这样使各国在一般情况下不能有效利用汇率随时对国际收支进行调节，不能发挥汇率调节国际收支的经济杠杆作用。

（3）外部平衡代价过大。

布雷顿森林体系的稳定性来源于成员国以牺牲内部平衡为代价的外部平衡。由于各国不能有效利用汇率杠杆及时调节国际收支，为了维持国际收支平衡和稳定汇率，不得不采取有损于国内经济目标的经济政策，造成国内经济不稳定。对于国际收支逆差的国家而言，由于货币趋于贬值，其央行必须在货币市场上抛出美元购入本币，以维持固定汇率，尽管国际收支得到一定的调节，但在公开市场上减少国内货币供应量，会导致经济的衰退和国内的失业；反之，国际收支顺差的国家往往因此导致国内通货膨胀。因此，各国为了自身的利益，始终存在着突破固定汇率制的内在动因。

（4）美元霸权导致利益分配不平等。

布雷顿森林体系赋予了美元特殊地位，美国因此获得了许多特殊利益。例如，美国只要开动印钞机，就可以用美元纸币换取相当于美元纸币面值的其他国家的实际资源，取得货币面值与造币费用之间差额的好处；美国还可以用美元负债来弥补其国际收支的逆差，而不需要像其他国家那样为平衡国际收支必须以牺牲国内平衡来换取外部平衡，调节国际收支的责任主要落在其他国家身上。这些做法最终造成各国利益分配不合理，激化了美国与各国的矛盾冲突，不利于开展国际货币合作。

（三）牙买加货币体系

布雷顿森林体系崩溃后，国际金融形势动荡不安。1976 年 IMF“国际货币制度临时委员会”在牙买加首都金斯敦召开会议，并达成“牙买加协议”；同年 4 月，IMF 理事会通过了国际货币基金协定的第二次修正案，从而形成了新的国际货币体系——牙买加货币体系，并延续至今。

1. 牙买加货币体系的内容与特点

（1）浮动汇率合法化。

会员国可自由选择适合本国的汇率安排，可以是某种形式固定汇率制度，也可以是浮动汇率制度，但会员国的汇率政策必须接受 IMF 监督，并与 IMF 协商，防止各国采取损人利己的汇率政策。在国际经济条件具备时，可考虑逐步恢复固定汇率制的计划。

（2）黄金非货币化。

废除黄金条款，取消黄金官价。各会员国央行可按市价自由进行黄金交易，取消会员国相互之间以及会员国与 IMF 之间须用黄金清算债权债务的义务，各会员国原来需以黄金缴纳的基金份额改为以外汇缴纳，IMF 逐步处理其持有的黄金。

（3）提高 SDRs 的国际储备地位。

修订了 SDRs 的有关条款，使 SDRs 逐步取代黄金和美元进而成为国际货币制度的储备资产。SDRs 可以作为各国货币定值的标准，可以供参加这种账户的国家用来清偿对 IMF 的债务，也可以用 SDRs 进行借贷。

（4）扩大了对发展中国家的资金融通。

IMF 出售了其会员国所缴纳的 1/6 的黄金作为“信托基金”，对最不发达国家以优惠条件提供援助，帮助它们改善国际收支状况。同时，IMF 扩大信用贷款总额，由占会员国份额的 100% 增加到 145%，并扩大“出口波动补偿贷款”，所占份额由原来的 50% 提高到 75%。同时，IMF 放松贷款的条件，延长偿还的期限，资助持续发生国际收支逆差的国家。

（5）增加会员国在 IMF 中的基金份额。

会员国对 IMF 缴纳的份额，由原来的 292 亿 SDRs 增加到 390 亿 SDRs，比原来增加了 33.6%。各会员国应缴份额所占比重也有所改变：除发展中国家维持不变外，主要西方国家份额均有所降低，石油输出国组织的份额提高了 1 倍。增加基金份额，目的是提高 IMF 的清偿能力。

2. 牙买加货币体系的评价

牙买加货币体系形成之后，对维持国际经济运转和促进世界经济发展具有积极的作用：

（1）解决了“特里芬难题”。

美元已经不是唯一的国际储备货币和国际清算及支付手段。即使美元贬值，也不会从根本上影响到其他国家货币的稳定。加上美元与黄金脱钩，即使出现美元可能贬值的征兆，各国也不可能用自己的美元储备向美国挤兑黄金，基本上解决了布雷顿森林体系下基准货币国家与依附国家相互牵连的弊端。

（2）浮动汇率的安排适应了多变的世界经济形势。

各国根据自身情况选择适合自己的汇率制度，一国央行不再承担维持汇率波动界限的义务，使汇率对经济调节的杠杆作用得到了较好发挥，不必实行紧缩或扩张的宏观经济政策来维持汇率，从而能够保持国内经济政策的连续性，使宏观经济政策的力度和范围得到保障，市场效率更高。

（3）多种调节机制共同调节国际收支。

牙买加货币体系下对国际收支的调节，采取了多种调节机制相互补充的办法，除了向 IMF 贷款、变动外汇储备、运用财政政策和货币政策工具以外，还可以采用变动汇率、向国际金融市场融资等方法。这些方法可以单独使用，也可以结合运用进行相互补充，在一定程度上缓解了布雷顿森林体系调节机制失灵的问题，对世界经济的正常运转和发展起到了一定的促进作用。

然而，随着复杂多变的国际经济关系的发展，该体系的缺陷也随之显现出来：

（1）汇率体系不稳定。

在牙买加货币体系中，全球 1/3 国家实行独立浮动制和管理浮动制汇率，其余国家实行盯住汇率制度。汇率波动频繁不利于国际贸易和投资的发展。第一，汇率的变动不定，在国际借贷关系上不是债权方蒙受损失，就是债务方负担加重，甚至引发债务危机；第二，汇率频繁波动使进出口商难以核算成本和利润，面临着巨大的外汇风险，不利于国际贸易的发展；第三，汇率可以不受限制向下浮动，容易引起通货膨胀；第四，浮动汇率制助长了外汇投机活动，加剧了国际金融市场的混乱和动荡。

（2）国际货币缺乏统一的货币标准。

牙买加货币体系下，国际储备资产出现了多元化趋势，储备货币发行国仍然可以享受“铸币税”等特权，各国间储备货币缺乏统一、稳定的标准，形成货币体系内在的不稳定性，储备资产管理难度加大，对发展中国家极为不利。

（3）缺乏行之有效的国际收支调节机制。

牙买加货币体系虽然有多种机制调节国际收支，但各种调节手段都有其自身的局限性：汇率机制在调节中经常失灵；国际收支中资本项目的变动和进出口弹性干扰了它的运行；利率机制有副作用，影响了本国的出口和经济的发展；IMF 能力有限，贷款不足且无力指导和监督国际收支的双向调节，调节国际收支不平衡的责任往往完全落在逆差国身上，逆差国不得不诉诸国际货币制度以外的力量，实行各种形式的贸易保护主义来强制平衡国际收支，严重影响了国际经济的发展。

三、国际货币体系改革

（一）亚洲金融危机和美国次贷危机引发的国际金融危机

1. 亚洲金融危机

1997 年 7 月 2 日泰铢兑换美元的汇率下降 17%，泰国外汇及其他金融市场一片混乱。泰国政府宣布放弃固定汇率制，实行浮动汇率制，引发了一场遍及东南亚的金融风暴。在泰铢波动的影响下，菲律宾、印度尼西亚、马来西亚的货币相继成为国际炒家的攻击对象。同年 10 月下旬波及我国的台湾和香港，接着韩国也爆发金融风暴，日本一系列银行和证券公司相继破产。东南亚金融风暴演变为亚洲金融危机。

2. 美国次贷危机

美国“次贷危机”从 2006 年春开始显现，到 2007 年 8 月席卷美国、欧盟和日本等世界主要金融市场。

“次贷危机”又称次级房贷危机，是发生在美国，因次级抵押贷款机构破产、投资基金被迫关闭、股市剧烈震荡引起的金融风暴。次级抵押贷款是指贷款机构把资金贷给那些因信用记录不好或偿还能力较弱而被银行拒绝提供优质抵押贷款的人去购买住房，从中收取比一般抵押贷款高很多的贷款利息。

美联储从 2001 年初开始减息，到 2003 年 6 月共降息 13 次，利率的持续下降带动了美国房产市场的持续繁荣，次级贷款的按揭数量越来越多。在房价高涨的时候，由于房子这一抵押品价值充足，贷款不会产生问题。

但是从 2004 年 6 月起，美联储低利率政策开始逆转，到 2005 年 6 月共调高利率 13 次，连续加息提高了房屋借贷成本，抑制了住房需求，引起房价下跌及按揭违约风险大量增加。房价一旦下跌，抵押品价值就不再充足，贷款者就无力还款，面临着贷款违约、房子被银行收回的处境，进而引起按揭提供方（即贷款机构）的坏账增加，按揭提供方的倒闭数量增加，银行、金融和投资市场的系统风险不断增加。加上部分美国金融机构利用房贷证券化的操作，把有问题的按揭贷款打包到证券化产品中，向投资者推销，美国金融市场的影响力和投资市场的开放性吸引了美国及欧亚其他地区的投资者，全球主要商业银行和投资银行均参与了美国次级贷款衍生产品的投资，且投资金额巨大。最终，次贷危机引发美国和全球范围的金融危机。

（二）金融危机与当前的国际货币体系

从1997年的亚洲金融风暴到2007年的因美国次贷危机引发的国际金融危机，反映出当前的国际货币体系存在着严重缺陷，主要表现在：

1. 国际货币体系与国际金融合作机制严重滞后于经济全球化和金融一体化进程

20世纪90年代以来，在现行的国际货币体系所奉行的金融自由化的环境下，国际资本流动大幅度增加，促进了世界经济的发展。但越来越多的资本流动和外汇买卖，严重脱离了生产和贸易活动，加上东道国的管制少，国际游资挟巨资左右着金融市场，进一步助长了经济泡沫的产生和增多，加剧了市场的波动。IMF和对稳定汇率负有重大责任的发达国家，没有形成有效的机制和方法去控制资本跨国流动带来的风险。

另外，现行的国际货币体系下，虽然国际储备多元化了，但从全球角度看，美元依然是储备中所占份额最高的货币，约有60%，所以“特里芬难题”并没从根本上解决。美元稳定与否，是各国的国际储备稳定的关键。各国不得不受美国经济政策的左右，特别是盯住美元的亚洲国家，在某种程度上对美国存在着依赖。

2. 国际货币体系中缺少信息预警体系

多年来，IMF始终重视事后监督，轻视甚至忽视事前监督。IMF只有在会员国国际收支失衡，向它提出贷款申请时，才针对其国内的财政政策和货币政策提出建议，责令其调整经济结构。IMF对会员国金融信息的统计申报制度缺乏完善、科学的规定，所得信息统计标准不一致，提供单位不一致，信息内容也不涉及金融隐患，这样，难以对会员国的金融运行情况和潜在的深层次问题进行符合实际的分析与预测。美国次贷危机引发的国际金融危机也与没有建立严格的信息体制有密切关系，更谈不上利用信息监督各国的金融状况。

3. 对衍生金融工具市场疏于监管

衍生金融工具在国际金融市场上大量使用，虽能减少企业和金融机构的金融风险，但其本身也存在着严重隐患。由于衍生金融工具结构和原理复杂，投资者能以较少投资操作大额交易，并能获得巨额利润，一些金融组织在利益的驱动下大规模操作。由于业务风险集中，出现问题后便迅速蔓延，形成的连锁反应影响巨大，在金融危机中表现得尤为突出。美国次贷危机爆发后，大量资金从衍生金融工具上撤走，引发大量金融机构和相关企业倒闭。可是，各国政府和国际金融组织事先并未意识到这个危机，也没有对此进行有效的监管。

4. IMF支持有限，未在危机初级阶段将其化解

东南亚金融危机发生初期，泰国向IMF求援，但IMF信息不畅，缺乏应对泰国危机的对策。由于欧美发达国家没有积极参与，资金准备不足，IMF在救援行动上迟缓无力，直至泰国危机爆发后一个月，IMF才提供了40亿美元的贷款。

（三）国际货币体系改革的方向

国际货币体系的改革及前景取决于以下两个问题的解决：

1. 国际储备货币问题

从长远来看，应实现统一的世界货币，但这要求非常密切的国际货币合作，并且要求各国放弃一部分国家的主权和国内经济政策的自主权，难度很大，因而，储备货币多元化的局面会继续维持下去。

2. 汇率制度问题

从目前来看，实行固定汇率制的条件不具备，只有通过各国之间的政策协调和共同干预来稳定汇率。国际汇率制度的发展前景，一方面取决于各主要国家之间货币合作的密切程度，另一方面还取决于国际储备货币发行国的经济实力。

任务三　国际金融市场

☞ 知识目标

1. 掌握国际金融市场的概念、种类和形成的条件
2. 了解国际金融市场构成要素
3. 掌握国际金融市场的构成及其各自的主要业务情况
4. 掌握欧洲货币市场的概念、类型与特点

☞ 技能目标

1. 能够根据金融市场运作分析金融现象
2. 能够分析国际金融工具的特性及其相互关系

☞ 导入案例

美国进攻伊拉克的“沙漠风暴”计划于1991年1月17日实施。在这之前的一个月内，围绕美国究竟会不会进攻伊拉克的猜测，全球外汇市场的价格趋势忽上忽下、大起大落。每当英国政府态度强硬表示要采取军事行动时，美元就会在一天内大涨一波；而听到法国、德国等出面调解的传闻，问题似乎可以和平解决时，美元就会下跌。在战争爆发的那一天，美元一开始也是猛涨。英镑兑美元的汇价跌到1:1.899 0。但当美国很快控制局势，稳操胜券的新闻出现时，市场便开始抛售美元，英镑兑美元的汇价猛升到1:1.935 3。

2007年10月美联储作出了降息25个基点的决定，这是自美国次贷危机第三季度集中爆发以来，美国第二次下调基准的联邦基金利率。降息决定宣布后，各大市场普遍作出积极回应：美国道指收盘大涨138点，欧洲、亚太股市也纷纷走强；欧元兑美元突破1:1.45关口，英镑兑美元突破1:2.08，加拿大元兑美元突破1:1.06；纽约原油期货单日飙升至创纪录的94.53美元；国际金价也一举突破800美元。

资料来源：根据雅虎网“政治和新闻对外汇的影响”和腾讯网“美联储二度降息救市，金融市场再演一日疯狂”等资料整理

◈ 思考题

1. 影响国际金融市场价格波动的因素是什么？
2. 如何看待国际金融市场一体化？

一、认识国际金融市场

（一）国际金融市场的定义

国际金融市场是指发生多边资金借贷关系形成的资金交易场所和网络，是国际贸易和国际借贷关系发展到一定阶段的产物，有广义和狭义之分。

广义的国际金融市场是指在国际范围内进行资金融通、证券买卖及相关的金融业务活动的场所，由经营国际货币信用业务的一切金融机构所组成。它是国际货币金融领域内各种金融商品交易市场的总和，包括国际货币市场、国际资本市场、国际外汇市场、国际黄金市场以及金融衍生工具市场等。

狭义的国际金融市场是指从事国际资金借贷和融通的市场，因此也称国际资金市场，包括短期资金市场（货币市场）和长期资金市场（资本市场）。

（二）国际金融市场形成的条件

一国国内金融市场的发展达到一定条件时可以成为国际金融市场，这些条件包括以下几方面的内容：

1. 稳定的经济和政治环境

这是最基本的条件。因为国际金融市场的建立，意味着一个连接各国金融交易者的业务网络的形成，市场所在国或地区的政治、经济局势稳定与否，对投资者的利益能否得到保障、业务能否持续稳定发展、交易风险和费用能否降低都有着直接的影响。投资者需要在一个稳定的政局下进行投资，来保障自己的利益。

2. 健全完备的金融体系

为保障国际金融活动高效率、高质量地进行，需要有一个高度成熟发达的国内金融市场予以支持，还要有从事国际金融业务活动的专业人才，具有组织起相当规模的金融资产交易的能力，以及一套完善、健全的信用制度、金融管理制度及法律法规。

3. 宽松的外汇管理制度

国际金融市场需要国际资金能自由出入，吸引外国投资者，从而成为国际资金的集散地。这就要求有一个开放的外汇市场，实施宽松的外汇管制，如货币能自由兑换、没有资金流动和信贷控制、金融管理较松、非居民参加金融业务活动享受与居民同等待遇等。

4. 现代化的通信设施与优越的地理位置

国际金融市场所处的地理位置优越，时区适中，能吸引各地各种的投资者的参与。现代化的通信设施能保证国际信息通畅，更适应国际金融业务活动的发展。

（三）国际金融市场的构成要素

1. 交易主体

交易主体即金融市场的参与者，主要有个人、企业、金融机构、政府及经纪人。其中，金融机构是金融市场的主导力量，主要有各国央行、商业银行、其他储蓄机构、投资银行、信托投资公司、各种基金、保险公司和国际金融机构；企业单位是金融市场运行的基础；家庭和个人是金融市场上资金的供应者；政府部门是金融市场上资金的需求者，同时也是金融市场上的管理者；经纪人是为交易双方提供交易服务的专门人员。

2. 交易对象

国际金融市场上的交易对象是货币资金，但在不同场合表现出不同的形态。如在信贷市场上，交易对象是货币资金；在证券市场上，交易对象表现出来的是股票或债券；在黄金市场上，交易对象则是黄金等。

3. 交易工具

国际金融市场上的交易工具是证明金融交易金额、期限和价格的书面文件，包括存单、债券、期货合约、远期利率协议、互换等。

4. 交易价格

国际金融市场上的交易价格是指交易对象的价格，也就是货币资金的价格，因交易对象的形态不同而不同。如借贷市场上，交易价格是借贷利率；在证券市场上，交易价格是有价证券的价格；在外汇市场上，交易价格是汇率等。

（四）国际金融市场的作用

国际金融市场作为国际金融活动的交易中心，对全球一体化的发展发挥着越来越重要的作用。

1. 积极作用

（1）促进国际贸易和国际投资的发展。

“二战”后，各国都在发展经济建设，国际借贷业务、外汇买卖、证券投资等业务模式不断创新，使国际金融市场获得快速发展。国际金融市场的融资、结算和资金调拨等方式，又促进了国际贸易和投资的发展。

（2）调节各国国际收支，促进经济平衡发展。

国际收支顺差国和逆差国都可以通过国际金融市场较好地解决国际收支平衡问题。顺差国可以将其外汇资金盈余投放到国际金融市场，获得相应的投资回报；逆差国到国际金融市场上举债或筹资，从而能更灵活地规划经济发展，在更大程度上缓解国际收支失衡的压力。越来越多的国家，除了运用自身的国际储备外，越来越多地依靠国际金融市场的信贷资金来调节国际收支。

（3）推动生产和资本国际化的发展。

资本国际化主要表现在跨国公司和跨国银行的出现和发展上，而跨国公司和跨国银行的出现和发展又推动着国际金融市场的发展。国际金融市场是跨国公司获取外部资金的最重要来源，并为其进行资金调拨提供了便利的条件；同时，跨国公司又将闲置资金投放到国际金融市场，为跨国银行的贷款活动提供了条件。两者相互作用，促进了国际资本的重新分配，加速了生产和资本的国际化。

2. 消极作用

（1）国际金融交易日益与实际经济相脱节，加大了金融风险。

为了追求利润，成千上万亿的国际投机资本在国际金融市场上交易和流动，与实际经济脱节，资金调拨的频繁，对金融市场价格的波动起着推波助澜的作用，极易增加投资风险，加剧了国际金融市场的动荡性。

（2）国际金融市场一体化使金融风险随全球化而扩展。

国际金融市场引导着资本在国家间充分流动，当大量国际资本同时流向一个国家时，必然导致流入国货币供应增加，引发通货膨胀和经济衰退。在开放经济情况下，国际金融市场对通货膨胀和经济衰退常常在各国传递作用下，发生“多米诺骨牌”效应，给整个世界带来通货膨胀的压力。

（3）增加了国际债务危机的几率。

国际金融市场融资的便利性与无限性，让借债变得越来越容易。若一国大量举借外债，对国际金融市场过分依赖，一旦出现不能偿还的情况就会引发债务危机，还可能埋下国际债务危机的隐患。

二、国际金融市场的构成

（一）国际货币市场

1. 国际货币市场的定义

国际货币市场是指居民与非居民之间、非居民之间进行的期限在一年以下（含一年）的短期资金借贷和融通市场。这个市场的短期资金包括活期存款、短期政府债券、商业票据、银行承兑票据和可转让银行定期存单等。

作为国际短期资金交易的场所，货币市场具有期限短、资金周转速度快、数额巨大、金融工具流动性强、有较强的货币性、价格波动小、投资风险较低等特点。

2. 国际货币市场的组成

（1）同业拆借市场。

同业拆借市场是指由各类金融机构之间短期互相借用资金所形成的短期借贷市场。金融机构由于进行存贷款和票据清算业务活动，总会有一些机构发生头寸不足，而另一部分机构则可能出现头寸多余的情况。为了相互支持对方业务的正常发展，并使多余资金产生短期收益，需要进行短期资金融通，这种融通在金融术语上称为“拆借”，意为拆借别人的资金补己之不足。

同业拆借市场具有以下特点：一是参与者是商业银行或经营性金融机构；二是拆借时间短，一般为1天到7天；三是利率较低，低于央行再贴现利率而高于存款成本；四是交易金额大，如伦敦同业拆借市场每笔以25万英镑为最低限额；五是交易手续简便，银行同业拆借凭信用进行，不需签订协议，贷款也不必担保，每天通过电话来进行资金的拆借。

（2）短期信贷市场。

短期信贷市场是指银行等金融机构对客户办理一年之内的短期资金借贷业务的场所，主要是为了解决工商企业的季节性、临时性的短期流动资金需要。因此，银行在提供短期信贷时，比较注意资金的安全性，以减少金融风险。银行通过对客户资信、财务状况、款项用途等情况的了解来控制贷款数量，以保证贷款按时收回。

（3）票据贴现市场。

票据贴现市场是指经营贴现业务的短期资金市场，即银行购买未到期票据，并扣除自贴现日至到期日的利息的市场。票据贴现是国际货币金融市场融通资金的一种重要方式，对于持票人来说，等于提前获得未到期的款项；对于贴现公司来说，等于为持票人提供了一笔相当于票据票面金额的贷款。可用于贴现票据有政府短期债券、商业承兑汇票、银行承兑汇票和其他商业票据等。

（二）国际资本市场

1. 国际资本市场的定义

国际资本市场是指经营1年期以上的国际性中长期资金借贷和证券业务的国际金融市场。一般1~5年为中期，5年以上为长期。

2. 国际资本市场的构成

国际资本市场的参与者主要有银行、公司、证券商及政府机构等，其融通资金的形式主要有银行中长期贷款和证券交易两种，因此，国际资本市场又分为国际信贷市场、国际证券市场两类。

（1）国际信贷市场。

由于贷款人的不同，国际信贷市场业务又可分为国际金融机构贷款、政府贷款和国际商业银行贷款。

国际金融机构一般是指从事国际金融管理及国际金融活动的超国家性质的组织机构，包括全球性的国际金融机构和区域性的国际金融机构两种。国际金融机构的贷款对象仅限于会员国政府，贷款具有目的性。

政府贷款是以双边国家政府的名义提供和接受的贷款。政府贷款的特点是条件优惠，期限较长，且利率较低，但受贷款国国民生产总值、国际收支及财政收支制约，贷款数额不大，并附带一定的条件。

国际商业银行贷款是指一国借款人在国际金融市场向外国银行借入货币资金。根据贷款对象不同，外国商业银行贷款划分为企业贷款、银行间贷款、对外国政府和中央银行贷款。国际商业银行贷款的特点是资金来源广泛、手续简便、方式灵活，但成本高、风险大，利率视行情和借款人信誉而定。

（2）国际证券市场。

国际证券市场是指证券发行与流通的场所，即一国筹资者通过在国外发行债券和股票来筹集资金的市场。按照证券的种类可以分为国际债券市场和国际股票市场。

国际债券市场是国际债券发行和转让的场所。国际债券是一国政府、金融机构、企业为筹措外币资金，而在国外发行的以外国货币计价的债券。

国际股票市场是指在世界范围内发行并交易股票的市场。因此，股票市场分为股票的发行市场和股票的交易市场。

（三）国际外汇市场

国际外汇市场是指进行国际性货币兑换和外汇买卖的场所或交易网络，是国际金融市场的核心。目前，随着先进通信技术手段的广泛运用，世界各国的外汇交易大多是通过现代化通信工具来进行的，形成了以各外汇市场为中心，以全球为整体的世界性外汇市场，外汇交易也由局部或地区交易扩展为全国性及全球性交易。

（四）国际黄金市场

国际黄金市场是指世界各国集中进行黄金交易的场所，是国际金融市场的特殊组成部分。黄金交易的去向主要是工业用途、私人贮藏、官方储备、投机商牟利等。目前世界上有五大国际性黄金市场：伦敦、苏黎世、纽约、芝加哥和香港，它们都可以进行现货和期货交易，但各有侧重，黄金交易可以在24小时内不停地进行。

影响黄金市场价格变动的因素有：

（1）美元汇率走势。

美元是主要的国际结算货币、干预货币和储备货币。在国际黄金市场上，黄金买卖仍以美元计价，美元的汇率走势直接影响着黄金的价格。美元汇率下降时，人们抛出美元抢购黄金，黄金需求增加，金价上涨；美元汇率上升时，人们抛售黄金购买美元，黄金需求减少，黄金价格下跌。

（2）通货膨胀率。

在通货膨胀时期，一般商品价格水平上升，货币贬值，人们会寻求保值的资产，黄金的价格会随着需求量的增加而上涨；当通货膨胀得到控制，纸币币值稳定时，黄金保值优势不明显，人们就会减少黄金储备，黄金价格会随着需求量的减少而下降。

（3）石油价格。

石油价格一直以美元标价，石油价格的变动对美元汇率的走势，进而对黄金的供求有着重要的影响。如果石油价格上涨，产油国将卖石油所得的美元投资于黄金，从而导致黄金价格上涨；如果石油价格下降，产油国为平衡国际收支，会抛售黄金，从而导致黄金价格下降。

（4）利率水平。

市场利率较高时，人们会因高利率导致的借入成本提高而减少借款，同时，人们会更愿意将资金存入银行，获取较高的利率收益，对黄金的需求量必然减少，黄金的价格就会下降；反之，黄金价格上升。

（5）股市行情。

股市是经济的晴雨表，如果现实经济状况良好，人们又看好未来的经济前景，会把大量的资金投入股市，而不会购买黄金保值，反之，则购买黄金。黄金价格与股市价格成反向变动。

（6）国际重大政治事件。

黄金市场也是金融市场，有时国际重大政治事件会影响到黄金生产国的生产，从而使黄金供给减少，黄金价格上涨。如最大产金国南非国内的种族冲突、罢工等都会影响到黄金的生产，进而影响黄金的价格，还有“9·11”恐怖事件也使金价一度飙升。

（五）金融衍生工具市场

金融衍生工具市场也称派生市场，是相对于商品市场、资本市场、证券市场等基础市场而言的，是以各种衍生金融工具为交易对象的场所，既包括标准化的交易所场内交易，也包括场外交易（柜台交易），即 OTC 交易。根据金融衍生工具的类型不同，金融衍生工具市场又分为金融期货市场、期权市场、互换市场、远期合约市场等。金融衍生工具是一种交易者为转嫁风险的双边合约，是当代金融创新最重要的成果之一，其价值取决于基础市场工具或资产的价格及其变化。

三、欧洲货币市场

（一）欧洲货币市场的概念

欧洲货币市场是离岸金融市场的核心组成部分，经营对象是欧洲货币，又称境外货币，是在货币发行国境外被存储和借贷的各种货币的总称。它并非指欧洲国家的货币，“欧洲”一词也不是地理意义上的概念，而被赋予了经济上的含义，是“境外”、“离岸”和“在货币所在国管辖之外”的意思。最早出现的欧洲货币是欧洲美元，即境外美元，后来扩展到欧洲英镑、欧洲马克、欧洲日元、欧洲瑞士法郎等。

欧洲货币市场由欧洲短期资金信贷市场、欧洲中长期资金信贷市场和欧洲债券市场构成。

（二）欧洲货币市场的类型

1. 内外混合型

内外混合型是指离岸金融市场业务和所在国的在岸金融市场业务不分离。这一类型的市场允许非居民在经营离岸金融业务的同时也可以经营在岸业务和所在国的国内业务。这类市场典型的地区是伦敦和香港。

2. 内外分离型

内外分离型是指离岸市场业务与在岸市场业务严格分离，这种分离可以是地域上的分离，也可以是账户上的分离，目的在于防止离岸金融交易活动影响或冲击本国货币金融政策的实施。

美国纽约的离岸金融市场是一个典型代表，其主要特征是存放在离岸银行账户上的美元视同境外美元，与国内美元账户严格分开。此外，东京、新加坡也接近美国离岸市场的类型。

3. 分离渗透型

分离渗透型与内外分离型有相似的特征，它是在严格内外分离的基础上，允许部分离岸资金渗透到国内金融市场上来，目的在于利用地理优势更好地利用外资。马来西亚的纳闽岛和泰国的曼谷就是分离渗透型市场的典型代表。

4. 避税港型

避税港型是指在不征税的地区，只是名义上设立机构，通过这种机构在账簿上开展境外与境外交易。实际上资金的提供和筹集并不在那里进行，一些国际银行只是在那里开立账户，目的是为了逃避管理和征税，所以称为避税港型的离岸市场，又称“账面上的离岸金融市场”。

避税港型离岸金融市场大多位于北美、西欧、亚太等经济发达或投资旺盛、经济渐趋繁荣的地区附近，大多数国家原来是发达国家的殖民地或附属国，这类离岸金融市场的典型地区是加勒比海的巴哈马、开曼以及百慕大、巴拿马和西欧的海峡群岛。

（三）欧洲货币市场的特点

1. 资金规模大、币种多

欧洲货币市场资金规模极其庞大，这是因为它的资金来自世界各地，打破了资金供应者仅限于市场所在国的传统界限，从而使非市场所在国的资金拥有者也能在该市场上进行资金放贷，同时，借款人也不受国籍限制。而且该市场上所提供的资金不仅不限于市场所在国货币，几乎包括所有西方国家的货币，从而为借款人选择借取货币提供了方便。

2. 不受任何国家金融法规和税制的限制

由于欧洲货币市场几乎不受任何国家的管制，所以经营非常自由，投资者和筹资者可以自由进出，而且贷款条件灵活、贷款期限多样、贷款用途不限，允许免交存款准备金，是一种超国家或无国籍的资金市场。

3. 独特的利率体系

欧洲货币市场的利率一方面与各发行国国内利率有密切联系，另一方面又不受法定准备金和存款利率限制，它以伦敦市场的银行同业拆借利率为基础，存款利率略高于货币发行国的存款利率，贷款利率略低于国内的贷款利率，存贷利率有时甚至低于0.125%。

4. 资金调度灵活、手续简便

欧洲货币市场具有广泛的银行网络，银行机构林立，业务经验丰富，电信联系发达，且银行机构各种服务费平均较低，手续简便，资金调拨非常方便。

5. 交易额大，是批发交易市场

欧洲货币市场是个“批发市场”，进入这个市场进行融资的主体基本上都是一些大客户，主要有跨国公司、各国商业银行和中央银行、官方机构以及一些国际性组织。这些客户的每笔交易额少则几十万美元，多则数亿甚至数十亿美元。

6. 借贷关系发生在非居民之间

欧洲货币市场在借贷关系上与传统国际金融市场相比，体现的是非居民之间的借贷关系。其市场活动是在外国投资者与外国筹资者之间进行的，且多为银行同业间的资金拆借，银行同业间的资金拆借占整个市场业务总额的2/3。

（四）欧洲货币市场对世界经济的影响

1. 积极影响

（1）欧洲货币市场推动了“二战”后世界经济的恢复和发展。

首先，欧洲货币市场资金充足，规模巨大，资本流动速度快，为战后欧洲经济的复兴，日本经济的高速增长以及发展中国家民族经济的起飞注入了大量资金。

其次，欧洲货币市场大规模的融资活动，加速了战后国际贸易的发展。欧洲货币市场对国际资本流动的推动作用是其他国际金融市场无法相比的，其规模和速度在国际资本流动发展史上也是空前的。

再次，欧洲货币市场对缓解全球性的国际收支不平衡发挥了很大作用。欧洲货币市场为资金的短期流动提供了方便的途径，使资金盈余国家和资金短缺国家可以通过欧洲货币市场调剂资金需求，也促进了石油美元的回流，从而缓解了许多国家国际收支不平衡状况。

（2）欧洲货币市场推动了国际金融市场一体化。

欧洲货币市场的产生和发展打破了传统的国际金融市场相互分割的状态，遍布世界的离岸金融市场通过现代化通信设备使不间断的交易活动联系起来，适应了世界经济一体化以及生产国际化发展的需要，并促进了国际金融市场全球一体化的进程，使国际金融市场的各种潜力得到最大限度的发挥。

（3）欧洲货币市场加速了金融创新的进程。

欧洲货币市场的产生本身就是20世纪最重要的金融市场创新，同时欧洲货币市场由于没有管制，交易自由，为金融创新提供了良好的外部环境。50年代至今金融创新都非常活跃，金融工具创新层出不穷，如欧洲债券、平行贷款、浮动利率票据、票据发行便利、远期利率协议等都出现在欧洲货币市场。

2. 消极影响

（1）欧洲货币市场对国际金融体系的稳定带来不利影响。

欧洲货币市场具有独特的运作机制，国际信贷方式主要是借短贷长，利率不受任何国家政府法令限制，资金通过银行的多次转存，形成极为复杂的连锁关系。若个别欧洲银行发生清偿困难或倒闭时，就会引起连锁反应。因为欧洲货币市场没有一个中央银行作最后融资的支持者，所以这对国际银行体系的安全运转埋下了隐患。

（2）欧洲货币市场在一定程度上削弱了各国货币政策的效力。

欧洲货币市场的基准利率是LIBOR，完全由市场供求关系决定。各国在实施货币政策时，重要工具之一是调整利率，但措施往往因欧洲货币市场利率的影响受到很大干扰。例如，当国内为抑制通货膨胀而采取货币紧缩政策，调高国内利率时，国内银行和企业都可以轻松地从利率低的欧洲货币市场获得资金；同时，欧洲货币市场上的国际游资也会大量涌入进行套利，从而削弱了国内货币政策的效力。

（3）欧洲货币市场的外汇投机活动加剧了汇率波动。

欧洲货币市场资金流动不受管制，非常自由，这为外汇投机活动提供了方便，容易造成国际金融市场汇率的波动，影响国际金融市场和各国货币金融的稳定。

任务四　国际金融机构

☞ 知识目标

1. 掌握国际金融机构的概念和特点
2. 了解国际货币基金组织、世界银行、亚洲开发银行的产生、宗旨和组织机构
3. 掌握国际货币基金组织、世界银行、亚洲开发银行的主要业务

☞ 技能目标

能描述各国际金融机构的贷款条件和程序

☞ 导入案例

IMF 对会员国的贷款申请始终是很慎重的，对那些已陷入危机而需巨额援助的会员国，更会附上严厉的贷款条件。1997 年 8 月，IMF 对泰国贷款 170 亿美元，主要贷款条件是：①实行紧缩的财政政策，进一步削减财政开支，提高税收，将增值税税率从 7% 提高到 10%；②全面改革金融体制，关闭 56 家金融机构，加强资本充足率管理；③同意全额偿债；④进行自由化改革，发展外向型经济，包括降低关税、私有化、去除外国投资障碍等。

亚洲开发银行一直支持我国西部城市发展建设，目前，我国利用亚行贷款的 70% 投向中西部地区，广西是利用亚行贷款的重点省区，2008 年 6 月 10 日，亚行向广西提供 5.5 亿美元贷款，用于支持广西边境城市发展、梧州城市发展、南宁至昆明铁路扩能等 3 个建设项目。亚行贷款偿还期长达 25 年，利率约为 4%，较国内银行人民币贷款优惠。

资料来源：根据百度文库“国际货币基金贷款条件”和商务部驻南宁特派员办事处网“亚行在广西贷款重点投向港口交通城建三大领域”等资料整理

◈ 思考题

1. 贷款对受贷国来说，到底是利还是弊？
2. 国际金融机构在国际金融事务中起了什么样的作用？
3. 我们该如何更好地利用这些组织？

一、认识国际金融机构

（一）国际金融机构的概念

国际金融机构又称国际金融组织，是指从事国际货币关系的协调、管理或国际金融业务

的经营，以促进世界经济发展的具有超国家性质的各类金融组织。

国际金融机构有以下几个特点：

①国际金融机构是超国家性质的，对任何国家而言都是非居民；

②国际金融机构的经营管理不以盈利为目的，其主要目标是协调国际货币关系，促进国际经济合作，推动全球经济发展；

③国际金融机构不按某一国家的法律或惯例建立并运作，有自己独特的运营方式。

（二）国际金融机构的发展

1930 年 5 月，为了处理第一次世界大战后德国对协约国的战争赔款业务和协约国之间债权债务的清算组建的国际清算银行（BIS）是世界上最早的国际金融组织。

“二战”后，商品、资本和劳动力的跨国流动日益频繁，一系列国际金融组织相继出现。这些国际组织既包括像国际货币基金组织（IMF）和世界银行集团这样的全球性政府间国际金融组织，还包括像亚洲开发银行、非洲开发银行、泛美开发银行这样的区域性国际金融组织，另外还有像阿拉伯货币基金组织、西非开发银行、中非国家开发银行和加勒比国家开发银行这样的由某些国家和地区建立的国际金融组织。

二、国际货币基金组织

（一）国际货币基金组织成立背景与宗旨

鉴于“二战”前金本位制崩溃后国际货币体系的长期混乱及其严重后果，恢复国际货币体系成为战后重建经济的一项重要目标。经过几年的酝酿和反复争议，参加联合国会议的 45 国代表，于 1944 年 7 月 1 日在美国新罕布什尔州的布雷顿森林召开了具有历史意义的联合国货币与金融会议，通过了“国际货币基金协定”。1945 年 12 月 27 日，29 个国家的代表在美国华盛顿举行仪式，正式签署了基金组织协定。1946 年 3 月国际货币基金组织宣告成立，1947 年 3 月开始办理放款业务。

国际货币基金组织的宗旨是：

①成立一个永久性的国际货币机构，促进货币合作；

②促进国际贸易的扩大和平衡发展，借以提高和维持就业与实际所得于较高的水平之上，并开发各会员国的生产资源；

③促进汇率之稳定，维持会员国之间的正常汇兑关系，避免竞争性的货币贬值；

④协助会员国建立国际收支中经常业务的多边支付制度，并消除阻碍国际贸易发展的外汇管制；

⑤在适当的保障下，基金组织对会员国提供资金，树立改善国际收支失调的信心，从而避免采取有损于本国或国际繁荣的措施；

⑥缩短成员国国际收支失衡的时间，减轻失衡的程度。

在其宗旨中，向会员国提供短期贷款，以平衡国际收支的暂时不平衡和监督汇率稳定，消除外汇管制又是其最基本的内容。

（二）国际货币基金组织的组织架构

国际货币基金组织的组织机构由理事会、执行董事会、总裁和若干业务职能机构组成。

1. 理事会

理事会是 IMF 的最高权力机构，它由 IMF 每一成员国任命一位理事和一位副理事组成，任期5年，其任免由会员国本国决定。理事通常由各国财政部长或中央银行行长担任，副理事只有在理事缺席时才有投票权。

理事会的主要职权是批准接纳新会员国，修订基金条款与份额，决定会员国退出IMF，讨论决定有关国际货币制度等重大问题。

2．执行董事会

执行董事会是IMF负责处理日常业务工作的常设机构，由执行董事和总裁组成。其中，执行董事会由指定的执行董事和选举产生的执行董事组成，共有4人，任期2年。持有基金份额最多的美、英、德、法、日、沙特各指派1名；中国和俄罗斯为单独选区，可各自指派1名执行董事；另外16名执行董事由其他成员国和地区推选产生。

执行董事会的主要职权是：接受理事会委托定期处理各种政策和行政事务，向理事会提交年度报告，并随时对成员国经济方面的重大问题，特别是有关国际金融方面的问题进行全面研究。

3．总裁

总裁由执行董事会推选，并兼任执行董事会主席，任期5年。总管基金组织的业务工作，是最高行政领导人。

4．业务机构

业务机构分为5个地区部和5个职能部以及资料、统计、联络、行政、秘书、语言服务部。5个地区部为亚洲部、非洲部、欧洲部、中东部和西半球部。5个职能部是汇兑与贸易部、财政事务部、法律部、调研部和资金出纳部。此外，还有2个永久性的海外业务机构，即欧洲办事处（设在巴黎）和日内瓦办事处，并在纽约联合国总部派遣1名特别代表。

（三）国际货币基金组织的资金来源

1．会员国的份额

会员国的基金份额是基金组织资金的主要来源。会员国应该缴纳的份额的大小，按其国内生产总值、经常账户交易、黄金外汇储备、平均进口额、出口变化率和出口额占国民收入的比例等变量计算得出，作为理事会确定会员国最初份额的依据。至于其份额的最后确定，则需由IMF理事会和成员磋商，每隔5年重新审定一次，并对个别国家的份额进行调整。

份额的单位原为美元，后改为SDRs计算。基金组织创立时，会员国认缴的份额总值为76亿美元。在1975年以前，会员国份额的25%以黄金缴纳，其余部分以本国货币缴纳，存放于本国的中央银行，基金组织需要时可以随时动用。自1976年牙买加会议后，基金组织废除了黄金条款，份额的25%改为以SDRs或自由兑换货币缴纳。会员国在IMF的投票权按照其缴纳份额的大小来确定。根据平等原则，每个会员国有250票基本投票权，此外再按各国所缴纳的份额，每10万SDRs增加一票，两者相加，就是该会员国的实际投票权。美国在基金组织认缴份额最多，它拥有20%左右的投票权，所以它在IMF的各项活动中，始终起着决定性的作用。

2．借款

向会员国借款是基金组织资金的另一个来源，主要是用于对会员国提供资金融通。基金组织可选择任何货币和任何来源寻求所需款项，既可以向会员国政府借款，也可以向私人组织（包括商业银行）借款。

3．信托基金

这是一项特殊的资金来源。IMF于1976年决定，将它所持有的1/6黄金即2 500盎司分

4 年按市价出售，黄金所得利润（共 46 亿美元）中的一部分作为信托基金，向最贫穷的会员国提供优惠信贷。

4. 业务收入

国际货币基金组织以服务费、承诺费和特别收费等形式，从借款国得到收入，包括：对从普通资金账户拨付的每笔贷款收 0.5% 的一次性服务费；对备用贷款和中期贷款收取可返回的承诺费；信贷得到使用时，按提款的比例返还承诺费；对逾期不到 6 个月的逾期本金和利息收取特别费用。

（四）国际货币基金组织的主要业务

1. 汇率监督与政策协调

为了使国际货币制度能顺利运行，保证金融秩序的稳定和世界经济的增长，IMF 要检查各会员国以保证它们与基金组织和其他会员国进行合作，以维持有秩序的汇率安排和建立稳定的汇率制度。

2. 储备资产的创造

IMF 在 1969 年的年会上正式通过了“十国集团”提出的 SDRs 方案，决定创设 SDRs 以补充国际储备的不足。SDRs 于 1970 年 1 月正式发行，会员国可以自愿参加 SDRs 的分配，目前除个别国家外，多数会员国都是 SDRs 账户的参加国。

3. IMF 的贷款业务

根据 IMF 协定，当会员国发生国际收支暂时性不平衡时，IMF 向会员国提供短期信贷。IMF 的贷款提供给会员国的财政部、中央银行或外汇平准基金等政府机构，贷款限于贸易和非贸易的经常性支付，贷款的额度与会员国的份额成正比。贷款的提供方式采取由会员国用本国货币向 IMF 申请换购外汇的方法，一般称为购买，即用本国货币购买外汇；会员国的还款方式是以外汇或特别提款权购回本国货币，贷款无论以什么货币提供，都以 SDRs 计值，利息也用 SDRs 缴付。

IMF 主要有以下几种贷款：

(1) 普通贷款。

这是 IMF 最基本的贷款，又称为基本信用设施，是 IMF 利用各会员国认缴的份额所形成的基金对会员国提供的短期信贷，期限不超过 5 年，利率随期限的增长而递增，会员国借取普通贷款的累计数不得超过其份额的 125%。IMF 对普通贷款采取分档政策，即将会员国的提款权分为储备部分贷款和信用部分贷款，后者又分为四个不同的档次，并对每个档次规定不同的贷款条件。

（2）补偿与应急贷款。

其前身是 1963 年设立的出口波动补偿贷款。当一国出口收入下降或因谷物进口增加而发生临时性国际收支困难时，可向 IMF 申请普通贷款以外的这项贷款。出口收入减少或谷物进口支出增加的贷款额各为其份额的 83%，但两者同时借取则不得超过其份额的 105%。1989 年 1 月 IMF 以“补偿与应急贷款”取代“出口波动补偿贷款”，贷款最高额度为其份额的 122%，其中应急贷款和补偿贷款各为 40%，谷物进口成本补偿贷款为 17%，其余 25% 由会员国任意选择，作为以上二者的补充。

贷款条件是出口收入下降或谷物进口支出增加应是暂时性的，而且是由会员国本身无法克服的原因造成的，同时借款国还必须同意与 IMF 合作执行国际收支的调整计划。

（3）缓冲库存贷款。

缓冲库存贷款是1969年5月设立的以帮助初级产品出口国建立缓冲库存以稳定价格为目的的一种贷款。认定适用缓冲库存贷款的初级产品有锡、可可、糖、橡胶等。会员国可以使用该贷款的数额为其份额的45%，贷款期限为3～5年。

（4）中期贷款。

中期贷款又称扩展贷款，是1974年9月专门为解决较长期结构性国际收支赤字，而所需资金量又比普通贷款所能借取贷款额度大的会员国的困难而设立的贷款。其最高借款额可达借款国份额的140%，期限为4～10年，备用安排期为3年。但此项贷款与普通贷款两项总额不得超过借款国份额的165%。

（5）补充贷款。

补充贷款设立于1977年8月，总计为100亿美元，其中由石油输出国提供48亿，由盈余的7个工业国家提供52亿。在会员国遇到严重国际收支赤字，借款总额已经达到普通贷款高档信用部分而仍需大额和更长期限资金时，可以申请此项贷款，最高借款额可达会员国份额的140%。补充贷款提供完毕后，1981年5月又实行了扩大贷款政策，其目的和内容与补充贷款一样。

（6）信托基金。

IMF建立了一笔信托基金，按优惠条件向低收入的发展中国家提供贷款。该贷款自提取5年后开始偿还，到第10年结束，年利率为0.5%。

（7）临时性信用设施。

IMF除设立固定性的贷款项目外，还根据需要设置特别临时性的贷款项目，其资金来源由IMF临时借入。如1974年至1976年间设置的石油贷款，就是用于解决因石油价格上涨而引起的国际收支失衡的临时贷款。其资金来源由IMF向盈余国（主要是石油输出国）借入，再贷给赤字国家，贷款的最高额度，1974年为其份额的75%，1975年又提高为125%，贷款期限为3～7年。石油贷款于1976年5月届满，共有55个会员国利用这一项目获得了69亿SDRs的资金。

（8）结构调整贷款。

结构调整贷款于1986年3月设立，资金来自信托基金偿还的本息，期限为5～10年。1987年又设立了“扩大结构调整贷款”，贷款最高额度为其份额的250%。

（9）应急贷款。

应急贷款于1987年设立，实行分阶段提取，每次不得超过份额的25%。申请此项贷款必须具备的条件是：首先，只有接受了普通信用贷款的备用安排或中期贷款的成员国才有资格申请；其次，必须是无法控制的不利因素造成的国际收支中融资净需求增加。

（10）制度转型贷款。

制度转型贷款于1993年4月设立，主要目的是为了帮助前苏联和东欧国家克服从计划经济向市场经济转变过程中出现的国际收支困难。这困难包括：第一，由计划价格向市场价格转变引起的收支困难；第二，由双边贸易向多边贸易转化引起的收支困难；第三，由游离于国际货币体系之外到融入该体系之内引起的收支困难。此项贷款最高额为份额的50%，期限为4～10年。成员国要获取该项贷款，必须制定一项经济稳定与制度改革方案，包括财政货币制度改革和货币稳定计划，控制资本外逃计划，经济结构改革计划以及市场体系培育计划等，而贷款能否全部得到，还须借款国与IMF充分合作，并作出切实有效的努力。

（五）国际货币基金组织面临的问题

1. 贷款资金的规模有限

在信贷资金的提供方面，自20世纪70年代以来，IMF为发展中国家提供了大量短期资金融通。1978年以前，IMF贷款的50%左右提供给发展中国家，1979年后，几乎所有贷款都提供给了发展中国家，这对缓和发展中国家的国际收支失衡起了重要作用。从理论上说，发展中国家对资金的需求，既可以向IMF贷款，也可以向国际金融市场上的商业银行进行贷款。但自1982年爆发债务危机以后，国际商业银行提供给发展中国家的贷款大大减少，只有少数发展中国家能够利用国际金融市场上的短期信贷资金；对于大多数发展中国家来说，IMF实际上成了它们最重要的，有时是唯一的短期信贷资金来源。而自20世纪80年代以来，发展中国家的国际收支失衡严重，对信贷资金的需求激增，这使得IMF的资金显得严重不足。为此，IMF采取了一些措施来扩大资金来源，如多次扩大基金的份额、与工业化国家和一些石油输出国进行双边安排来扩大资金来源等。

2. 贷款基金在分配方面存在不合理之处

由于IMF的贷款是按份额分配的，而工业化国家占有份额的最大比重，最需要资金的发展中国家却只占很少份额，这使它们在贷款方面遇到了更多的困难。另外，从1983年IMF第8次增资后，美国等发达国家就提出要降低各国在普通贷款以外借用扩大贷款的限额，由于受到广大发展中国家的反对，双方暂时达成了妥协，但围绕这一问题的争论并没结束。

3. IMF提供贷款时附加的限制条件是导致发展中国家与其关系紧张的主要原因

IMF贷款的限制性条件是指会员国在使用其贷款时必须采取一定的经济调整措施，以便在IMF贷款项目结束时能够恢复对外收支的平衡并保证贷款的偿还。在IMF创立初期，协定中并没有这些限制性条件，它们是后来在美国的提议下加进去的，发展中国家作为IMF贷款的使用者，同时也是这些苛刻的限制性条件的承受者，由此引发了发展中国家与IMF关系紧张。当然，IMF同其他金融机构一样，在发放贷款时必须考虑资金的回收问题，以保证其资金的循环使用。就此而言，IMF发放贷款时附加一些限制性条件是必要的，问题的关键是这些限制性条件必须真正有利于借款国国际收支的调整和经济发展。

三、世界银行

（一）世界银行成立背景与宗旨

世界银行又叫国际复兴开发银行，是1944年布雷顿森林会议以后与IMF同时产生的两个国际金融机构之一，也是联合国的专门机构。根据布雷顿森林会议的有关协议，世界银行于1945年12月宣告成立，并于1946年6月开始营业活动。

世界银行的宗旨是：

①通过对生产事业的投资，协助成员国经济的复兴与建设，鼓励不发达国家对资源的开发；

②通过担保或参加私人贷款及其他私人投资的方式，促进私人对外投资，当成员国不能在合理条件下获得私人资本时，可运用该行自有资本或筹集的资金来补充私人投资的不足；

③鼓励国际投资，协助成员国提高生产能力，促进成员国国际贸易的平衡发展和国际收支状况的改善；

④在提供贷款保证时，应与其他方面的国际贷款配合。

实际上，成立世界银行的最初目的是资助会员国，主要是西欧各国，使其从被战争破坏的经济中得到恢复和发展，所以它对会员国提供的是中长期贷款，以促进各会员国经济的恢复与重建。目前世界银行的主要目的是向发展中国家提供开发性贷款，资助其兴办特定的长期建设项目，以促进其经济增长与资源开发。

（二）世界银行的组织结构

世界银行的总部设在美国首都华盛顿，根据布雷顿森林协议，只有 IMF 的会员国才能够申请加入世界银行，目前世界银行共有会员国 180 多个。

1. 理事会

理事会是世界银行的最高决策机构，理事会由各会员国选派 1 名理事和 1 名副理事组成，任期 5 年，连选可以连任，副理事只有在理事缺席时才有投票权。各会员国一般都由其财政部长，中央银行行长或与其地位相当的高级官员担任理事或副理事。理事会的主要职权是：批准接纳新会员国、决定普遍地增加或者调整会员国应缴股本、决定银行净收入的分配以及其他重大问题。

2. 执行董事会

执行董事会是负责办理日常事务的机构，现有执行董事 24 人，任期 2 年，其中 5 人是常任执行董事，由持有股份最多的美、英、德、日、法 5 国指派，其余 19 名董事由其余会员国按地区联合推选产生。执行董事会设主席一人，由世界银行行长兼任。

执行董事会的主要职责是：对财务计划和业务计划以及行政预算进行年度监督，决定下一年度资金和工作人员的分配；通过对具体政策建议的审查，决定各自政策的方向；审查世界银行对其各项工作的评价，保证世界银行和各会员国从已有的经验教训中受益等。

3. 行长

行长为世界银行的行政首脑，任期 5 年，并可以连选连任，下设若干副行长，协助行长工作。行长可参加理事会会议，但无投票权，只在执行董事会表决中双方票数相当时，才可以投决定性的 1 票。行长的主要职责是：根据执行董事会的指示，负责领导银行总部和办事机构的日常工作；任免银行的高级职员和工作人员等。

（三）世界银行的资金来源

世界银行的资金主要来自三个方面：会员国缴纳的股金、在国际金融市场上发行债券和出让银行的债权。

1. 会员国缴纳的股金

世界银行成立之初，法定资本约 100 亿美元，以后又多次增资，到 1999 年底，理事会决议所规定的法定认缴股本为 1 882. 20 亿美元，但会员国并不是按认缴资本缴付股金的。按原来规定，会员国参加时先缴付股金的 20%，其中 2% 以黄金或美元交纳，18% 以本国货币支付，其余 80% 则等待必要时缴纳。

2. 在国际债券市场上发行中长期债券取得借款

在 60 年代以前，世界银行的债券主要在美国市场上发行，以后随着西欧和日本经济势力增强，逐渐推广到德国、瑞士、日本和沙特阿拉伯等国家。世界银行发行债券的方式主要有两种：一是直接向会员国政府、政府机构或中央银行出售中短期债券；二是通过投资银行、商业银行等中间包销商向私人投资市场出售长期债券。世界银行借款的宗旨是保证银行借款资金来源的可靠性，并使银行与其借款国家的资金来源成本最小化。为完成这一目标，近年来世界银行除主要借入美元资金外，还广泛地借入欧元、日元、瑞士法郎等货币资金；世界银行还利用自身较大规模的流动资产作为缓冲，支持灵活的借款安排，采用多种方式谨慎地选择借款市场和时机。

3. 出售银行债权

为了提高资金的周转能力，世界银行将贷出款项的债权转让给私人投资者，主要是商业银行，从而提前收回一部分资金，以扩大银行的资金周转能力。商业银行也借此利用世界银行的能力，获得比较安全的投资渠道。这种方式的资金来源，在80年代其业务中很普遍。

另外，世界银行的利润收入也是其资金来源之一，1989年底其净收益为11亿美元。

（四）世界银行的业务活动

1. 发放贷款

（1）项目贷款。

项目贷款是世界银行对会员国工农业生产、交通、通讯，以及市政、文教、卫生等具体项目所提供的贷款的总称。

（2）非项目贷款。

非项目贷款是世界银行为支持会员国现有的生产性设施需进口物资、设备所需外汇提供的贷款，或是支持会员国实现一定的计划所提供的贷款的总称。

（3）“第三窗口”贷款。

“第三窗口”贷款是除世界银行原有的两种贷款（世界银行的接近市场利率的一般性贷款和国际开发协会的优惠贷款）之外，再增设的一种贷款，其贷款条件宽于世界银行的一般性贷款，但优惠条件不如协会贷款，而是介于这两种贷款之间。

（4）技术援助贷款。

技术援助贷款是完全从事技术援助的项目提供的资金贷款。

（5）联合贷款。

联合贷款是世界银行同其他贷款者一起，共同为借款国的项目融资，以有助于缓和世界银行资金有限与发展中会员国不断增长的资金需求之间的矛盾。

2. 世界银行的贷款条件

第一，世界银行贷款对象只限于会员国的政府、政府机构或国有或私有企业。除借款人就是会员国政府本身以外，会员国国内的公私机构向世界银行借款时，都必须由会员国政府或其中央银行及其他世界银行所认可的机构提供担保，保证偿还贷款的本金、利息和其他因借款而应付的费用。

第二，世界银行原则上只对会员国的特定建设项目发放贷款，即所谓的项目贷款。申请世界银行贷款的项目，必须是在经济上和技术上都经过论证是可行的，同时对该国经济发展来说，又是应该优先发展的。但在特殊情况下，世界银行也发放非项目贷款，以解决借款国进口物资设备的外汇需求或克服自然灾害的资金需要。另外，它有时发放贷款，目的是使借款人能够实施某项总的发展计划。

第三，申请世界银行贷款的国家和项目，只有当世界银行确认它不能按合理的条件从其他渠道获得资金时，才有可能得到贷款。

第四，世界银行贷款一般只提供为实施某个项目所必须进口的商品和劳务所需要的外汇开支，一般不提供与该项目配套的本国货币资金。但在特殊情况下，如借款人不能按合理条件筹得为实施该项目所需本国货币时，它也可以提供适当数额的当地货币作为贷款的一部分。

第五，世界银行提供的都是中长期贷款，期限都在5年以上，最长的可达30年，一般还有数年只付息不还本的宽限期。它提供贷款的利率在早期是固定的，自80年代以来，浮动利率最为普遍。利率随金融市场行情变化，每季度调整一次，基本上是按其筹措资本的成本再加息0.5%计算。世界银行的贷款是分批提供的，所以它只对已提取的部分收取利息，对未提取的部分只收取一定的手续费和承诺费。

四、亚洲开发银行

（一）亚洲开发银行成立背景与宗旨

亚洲开发银行（简称“亚行”）是亚洲和太平洋国家与地区同部分西方国家合办的一个区域性政府间金融开发机构。1963年3月，联合国亚洲及远东经济委员会（简称“亚经会”）在马尼拉召开大会，日本提议设立“亚洲开发银行”。同年12月，亚经会在马尼拉召开第一次亚洲经济合作部长级会议，各国代表原则同意建立亚洲开发银行。1965年底，第二次亚洲经济合作部长级会议在马尼拉举行，一致通过了银行章程。1966年11月，在东京举行了第一次亚洲开发银行董事会，标志着亚洲开发银行正式成立。同年12月该行正式营业，总部设在菲律宾首都马尼拉。

亚洲开发银行的宗旨是：为亚太地区发展中国家的经济发展筹集资金，提供技术援助，协调成员国在经济、贸易和开发事务方面的政策，以促进亚太地区的经济增长。

亚洲开发银行有四个方面的基本职能：一是向发展中会员国发放贷款和股权投资；二是为开发项目和规划的准备与实施提供技术援助，并提供咨询服务；三是促进并协助用于开发目的的公共和私人投资；四是根据发展中会员国的要求，帮助协调发展政策和计划。亚行也通过和国际各专门机构合作，协调会员国在经济、贸易和发展方面的政策，促进亚太地区的经济繁荣。

（二）亚洲开发银行的组织结构

亚洲开发银行的会员国不限于亚洲地区的国家，凡是亚经会会员和准会员，以及参加联合国或联合国某一专门机构的地区外的经济发达国家均可加入该行。该行成立之初有34个成员国，其中本地区会员22个，地区外会员12个，我国于1986年2月恢复在亚洲开发银行的席位，香港、台湾作为地区也是该行的成员。

1. 理事会

理事会是亚洲开发银行的最高权力机构，由亚洲开发银行每个会员国指派理事和副理事各1名组成，理事会每年举行一次年会。亚洲开发银行的每个会员国均有78票基本投票权，另外，每增加认股1万美元增加2票。

2. 董事会

理事会下设董事会负责亚洲开发银行的日常经营活动。董事会由理事会选举产生，任期两年，由12名董事组成，其中本地区会员国选举8名，在非本地区会员国选举4名。会员国共分为12个选区，其中，日本、美国、中国、印度单独构成选区，各选董事1名，其余8个选区由会员国自愿结合而成。

3. 行长

亚洲开发银行的行长由理事会选举产生，并担任董事会主席。行长必须是本地区会员国的公民。行长是亚洲开发银行的最高行政负责人，负责亚洲开发银行的日常业务。

（三）亚洲开发银行的资金来源

1. 会员国认缴的股本

亚洲开发银行属股份制企业性质的金融机构，凡成员国均须认缴该行的股本。亚洲开发银行法定资本原为10亿美元，分为10万股，每股面值1万美元。1978年4月1日，每股改按1万特别提款权计算，随着业务的发展和会员的增多，亚行曾多次增资。中国自1986年以来，是除日、美之外的第一大认股国，在亚行的业务活动中发挥着越来越重要的作用。

2. 借款

从1969年起，亚洲开发银行开始从国际金融市场上筹措资金，筹措资金的方式主要有三种：一是在主要国际资本市场以发行债券形式借款；二是同有关国家政府、中央银行及其他金融机构直接安排债券销售；三是直接从商业银行借款。

会员国认缴股金和借款两项资金合称普通基金，是亚洲开发银行最主要的资金来源，主要用于硬贷款。

3. 亚洲开发基金

该基金创建于1974年6月，用于向亚太地区贫困会员发放优惠贷款，其来源主要由工业发达的会员国捐赠。

4. 特别基金

该基金建立于1967年，主要是帮助发展中会员国提高人力资源素质，加强执行机构的建设及其他特殊用途。其来源有二：一是各成员国认缴股本以外的投资；二是从认缴股本中提取10%，作为该基金的一部分。

（四）亚洲开发银行的业务活动

1. 提供贷款

亚洲开发银行对本地区各成员国政府、政府附属机构、公私企业以及与开发本地区有关的项目提供长期贷款，它是亚洲开发银行最主要的业务活动。

贷款的形式有两种：一是普通贷款，即用普通基金发放的贷款，期限为12～15年，利率随金融市场的变化而调整，属于硬贷款，主要贷给比较富裕的发展中国家；二是特别基金贷款，期限为25～30年，贷款年利率为1%～3%，属于软贷款，主要贷给比较贫穷的发展中国家，具有经济援助的性质。

2. 股权投资

股权投资是指通过购买私人企业股票或私人开发金融机构股票等形式，对发展中国家私人企业融资。亚洲开发银行于1983年开办这一业务，目的是为私营企业利用国内外投资起促进和媒介作用。

3. 向成员国提供技术援助

亚洲开发银行技术援助的内容较多，包括咨询服务、派遣长期或短期专家顾问团、与各国或国际组织进行合作、协助拟订和执行开发计划等。具体可分为四类：一是项目准备技术援助，用于帮助成员国立项或项目审核，便于亚洲开发银行或其他金融机构对项目的投资；二是项目执行技术援助，用于帮助项目执行机构（包括开发性金融机构）提高金融管理能力；三是咨询性技术援助，用于机构建设、人员培训、研究和制定国家发展计划及部门发展政策与策略等；四是区域活动技术援助，用于重大问题的研究、开办培训班、举办涉及整个区域发展的研讨会等。

项目小结

每个国家都有国际储备，并会对其规模、结构及储备资产的运用等进行计划、调整、控制，以实现储备资产规模适度化、结构最优化、使用高效化。在国际储备的四个组成部分中，以外汇储备所占份额最大，而能够作为储备货币的往往是经济强国的货币，但各国货币及货币制度之间存在着相当大的差异，于是，国际货币体系应运而生，并经历了金本位制、布雷顿森林体系、牙买加体系等过程。

国际金融市场是为各国提供各种金融业务活动的场所，各国在国际货币市场上进行国际短期资金交易、在国际资本市场上进行着国际中长期资金借贷和证券业务、在外汇市场上进行着国际货币兑换和外汇买卖、在黄金市场上进行着黄金交易、在金融衍生工具市场上进行着各种衍生金融工具的交易、在欧洲货币市场上进行着境外货币存储与贷放业务。为了稳定和发展世界经济，一系列国际金融组织相继出现，尤其是以国际货币基金组织和世界银行为代表，它们在特定的方面和特定的领域的国际金融活动中发挥着越来越重要的作用。

基本概念

国际储备　国际货币体系　国际金融市场　国际金融机构

项目练习与实训

知识练习：

一、单项选择题

1. 国际储备最基本的作用为（　　）。

A. 干预外汇市场　　B. 充当支付手段

C. 弥补国际收支逆差　　D. 作为偿还外债的保证

2. （　　）储备是国际储备的典型形式。

A. 黄金　　B. 外汇　　C. 在基金组织的头寸　　D. 特别提款权

3. 国际货币基金组织的主要资金来源是（　　）。

A. 贷款　　B. 信托基金

C. 会员国向基金组织交纳的份额　　D. 捐资

4. 当前国际债券发行最多的是（　　）。

A. 外国债券　　B. 美洲债券　　C. 非洲债券　　D. 欧洲债券

5. 非居民相互之间以银行为中介在某种货币发行国国境之外从事该种货币存贷业务的国际金融市场是（　　）金融市场。

A. 美洲国家　　B. 对岸　　C. 离岸　　D. 国际

6. 国际贷款最重要的基础利率是（　　）。

A. LIBOR　　B. 纽约银行同业拆借利率

C. 美国优惠利率　　D. NIBOR

7. 一国外汇储备最主要的来源为（　　）。

A. 资本项目顺差　　B. 经常项目收支顺差

C. 官方储备增加　　D. 错误与遗漏减少

8. 欧洲货币市场是经营（　　）业务的国际金融市场?

A. 欧洲各国货币的存放和贷放　　B. 境外货币的存放和贷放

C. 市场所在国货币的存放和贷放　　D. 部分自由兑换货币的存放和贷放

9. 欧洲货币是指（　　）。

A. 欧洲各国的货币

B. 境外货币

C. 国际金融市场上各种信贷货币的泛称

D. 欧洲货币就是欧元

10. 1980 年代中期以后，（　　）已取代国际银行贷款成为国际融资的主渠道。

A. 国际债券　　B. 国际证券　　C. 国际股市　　D. 政府债券

二、多项选择题

1. 目前，国际储备的来源有（　　）。

A. 国际收支顺差

B. 中央银行针对本国货币升值而对外汇市场进行的外汇干预活动

C. 国际货币基金组织分配提款权

D. 中央银行购买黄金

E. 一国政府或中央银行向国外借款的净额

2. 一国货币能充当储备货币，则该货币必须（　　）。

A. 是可兑换货币　　B. 为各国所普遍接受

C. 价值相对稳定　　D. 与黄金保持固定的比价

E. 与特别提款权保持固定的比价

3. 股票发行市场又称为（　　）。

A. 初级市场　　B. 一级市场　　C. 次级市场　　D. 二级市场

4. 欧洲货币体系的主要内容有（　　）。

A. 创建欧洲货币单位　　B. 建立多重的中心汇率制

C. 建立双重的中心汇率制　　D. 建立欧洲货币基金

E. 建立欧洲货币合作基金

5. IMF 会员国份额的作用有（　　）。

A. 决定会员国的国际地位

B. 作为 IMF 发放短期信贷的资金来源

C. 决定会员国从 IMF 借款或提款的额度

D. 决定会员国投票权的多少

E. 决定会员国分的 SDR 的多少

6. 如果一国的国际收支出现巨额顺差，则可能（　　）。

A. 导致本国货币贬值　　B. 导致本国货币供应量增加

C. 导致本国货币汇率上升　　D. 引起失业问题

E. 加剧国际摩擦

7. 国际储备的作用有（　　）。

A. 充当干预资产　　B. 弥补国际收支逆差

C. 作为偿还外债的保证　　D. 充当结算手段

E. 充当支付手段

8. 布雷顿森林体系的内容有（　　）。

A. 其它国家货币同黄金挂钩　　B. 其他国家货币同美元挂钩

C. 美元同特别提款权挂钩　　D. 美元同黄金挂钩

E. 以上都不是

9. 下列关于我国现行的外汇管理体制说法正确的有（　　）。

A. 取消外汇留成和上缴

B. 实行银行结汇、售汇和人民币经常项目可兑换

C. 取消境内外币计价结算，禁止外币在境内的流通

D. 实行人民币金融项目的自由兑换

10. 广义的国际金融市场包括（　　）。

A. 货币市场　　B. 资本市场　　C. 外汇市场　　D. 黄金市场

E. 商品市场

三、简答题

1. 国际储备总量是否越多越好？

2. 如何理解欧洲货币市场？它具有哪些与传统的国际金融市场不同的特点？

3. IMF 贷款的特点有哪些？种类有哪些？

技能实训：

美国 A 公司打算把一笔 1 亿美元的资金存入欧洲货币市场，存期 3 个月。A 公司通过电话询问了几家欧洲银行的存款利率，决定将该笔资金存入利率最高（10%）的英国 B 银行。A 公司向银行开出接受承兑的凭证，B 银行则向公司提供确认。在存款的起息日，A 公司委托美国的一家银行把资金转到 B 银行的账户上。B 银行接受 A 公司的存款时，就得到了一笔 3 个月的资金。假设这时没有借款人需要这笔资金，而 B 银行又认为利率将降低，则 B 银行可把这笔资金在银行同业市场贷出。它面临两种选择：直接打电话联系其他银行，谈判这笔交易；或者通过欧洲货币存款经纪人联系另一家银行。若使用后一种方案，业务程序为：B 银行通过电话询问经纪人："3 个月存款什么价？""1/16，3/16，巴黎地区银行。""好，1/16，1 亿美元。""好，你的交易对象为 D 银行。"B 银行确认交易后，经纪人就立即转告 D 银行，B 银行以 10.062 5% 的利率贷给它 1 亿美元，期限为 3 个月。当天交易结束时，该经纪人分别同两家银行作出确认，B 银行与 D 银行也直接对交易进行确认。月底，经纪人将收到这笔交易的佣金（一个百分点的 1/32 左右）。

注：上述经纪人回答的 1/16 和 3/16 是指存款利率和贷款利率分别为 10% 加上一个百分点的 1/16 和 3/16，其中 10% 是双方共知的"大数"，因此无须报出。

阅读案例，并分析说明欧洲货币市场的经营特点。

职业拓展实训：

世界银行批准贷款一亿美元提高黑龙江奶农生活水平

世界银行执行董事会于2006年1月24日批准向中国提供一亿美元贷款，用于提高黑龙江省部分地区奶农的生活水平，进行减少奶场温室气体排放技术试点。

黑龙江省的牛奶产量占中国的20%左右，但由于牛奶质量不稳定，奶场受到效率低和价格波动的高风险影响。黑龙江省牛奶产量的70%～80%是由平均拥有2～5头奶牛的小养殖户生产的。

这些小养殖户以及其他可能加入养殖户行列的农户无法通过正规渠道取得贷款来进行奶业生产投资。为期6年的黑龙江奶业项目将针对这个问题，通过以奶农和牛奶生产基地为基础的生产规划，帮助扩大黑龙江省的牛奶生产规模、效率和质量。项目还将通过改进基因基础来提升奶牛群的质量。

此外，该项目将进一步促进发展农民专业协会，在这个牛奶加工企业占主导的行业保护农民的利益。意大利中国环境信托基金为该项目提供550万美元赠款，用于实验减少奶场温室气体排放，增加碳截存的创新技术。

国际复兴开发银行一亿美元贷款还款期为20年，宽限期5年。

项目评估文件目录

1. 战略背景与理由
   A. 国家与部门问题
   B. 世行参与的理由
   C. 本项目的更高目标
2. 项目的描述
   A. 贷款的工具
   B. 项目发展的目标及关键指标
   C. 项目的组成部分
   D. 项目设计中反映出来的以往的教训
   E. 所考虑的其他选择以及拒绝的理由
3. 项目的实施
   A. 合作伙伴的安排
   B. 制度和实施的安排
   C. 对结果的监督与评估
   D. 可持续性
   E. 重要的风险和可能有争议的方面
   F. 贷款条件与合同
4. 评估的总结
   A. 经济与财务分析
   B. 技术分析
   C. 委托采办分析
   D. 社会分析

E. 环境分析

F. 防护政策

项目的统计数字

1. 项目总费用（百万美元，按项目的组成来分）

牛奶生产的发展：	143.9
奶牛品种的改进：	7.3
气候变化的减缓：	9.1
项目管理与实施：	0.9

2. 评估日期：2005 年 3 月 11 日
3. 贷款/信贷金额（百万美元）

   世界银行：100
4. 其他来源的融资金额（百万美元）

借款者：	19.9
意大利中国环境信托基金：	5.5
私人部门次级借款者：	22
当地农民/受益人：	29.3

请分析思考：

1. 从世界银行的这个项目如何看出它的贷款目的和贷款对象？
2. 项目评估文件目录怎样体现“所有的贷款都要受到世行的业务政策的制约”？
3. 项目统计数字如何反映世行项目的各种资金来源和比例？
4. 该项目是否体现了对中国援助计划的三种主要方式？请具体说明。

项目二　国际收支

任务一　国际收支与国际收支平衡表

☞ 知识目标

1. 了解国际收支的基本概念
2. 掌握国际收支的主要内容与记账方式

☞ 技能目标

能编制国际收支平衡表

☞ **导入案例**

国际收支平衡表是按照一定的编制原则和模式，将一国一定时期的国际收支用报表的形式进行统计和记录。

就像在一个家庭里，每个月都有人领取工资，这是资金的流入；也有人花钱买柴米油盐，买房买车，还要供小孩读书，当然也会把闲钱拿去投资股票、债券，这是资金的流出。如果以月为单位，把这些资金的进进出出逐笔记录下来，那么，家庭里的每个月的资金流动状况就好比一国的国际收支。

家庭里这些资金的流动状况不是随便乱记的，而是将买柴米油盐、供房子和车子、供小孩读书的钱与投资于股票、债券的钱分开来记，最后作统计，就很清楚当月的收支是盈余还是入不敷出了，这个记录的统计表就相当于国际收支平衡表。

资料来源：根据《国际金融》（高建侠主编，中国人民大学出版社，2009 年）和《国际金融》（唐树伶主编，电子工业出版社，2009 年）相关资料整理

◈ **思考题**

1. 国际收支平衡表包括了哪些内容？
2. 为什么要编制国际收支平衡表呢？

一、认识国际收支

国际收支（Balance of Payments）最早出现于 17 世纪初资本主义原始积累时期，当时国际收支被简单地解释为一个国家的对外贸易差额；“一战”后，国际金本位制崩溃，国际收支的概念演变为一个国家一定时期的外汇收支总和；“二战”后，因国际经济交易的新方式都不涉及外汇收支，故国际收支概念的重心由“收支”转向“交易”，形成当今广泛采用的国际收支概念。

1. 狭义的国际收支

狭义的国际收支指的是一国在一定时期内（通常是一年），同其他国家或地区为清算到期的债权、债务所发生的外汇收支的总和。在这里，国际收支强调的是发生现金交易总和，而不引发外汇收支的交易则不算在其范畴中。

2. 广义的国际收支

按 IMF 的解释，广义的国际收支是指一国（或地区）的居民在一定时期内（一年、一季或一月）与非居民之间全部经济交易的系统记录。在这里，国际收支强调的是交易，不管有无现金支付和对等偿付，均包括在一国一定时期内国际收支范畴中，是一个完整地反映一国对外经济问题的概念，适应了当代国际交往发展的实际需要。

其中，居民和非居民是经济概念，而非法律概念，居民包括自然人居民，指那些在本国居住时间长达一年以上的个人，但官方外交使节、驻外军事人员等一律是所在国的非居民；法人居民，指在本国从事经济活动的各级政府机构、非盈利团体和企业。其他的被称为所在国的非居民。

全部经济交易指的是：

①金融资产与商品和劳务之间的交换，即以货币为媒介进行的商品和劳务的买卖；

②商品和劳务与商品和劳务之间的交换，即物物交换；

③金融资产和金融资产之间的交换；

④无偿的、单向的商品和劳务转移；

⑤无偿的、单向的金融资产转移。

跨国公司的母公司和子公司分别是所在国居民。国际性机构如联合国、国际货币基金组织等是任何国家的非居民。

二、国际收支平衡表

国际收支平衡表（Balance of Payments Statement）是一国对其一定时期内的国际经济交易，根据交易的特性和经济分析的需要，分类设置科目和账户，并按复式簿记的原理进行系统记录的报表。

IMF 规定各会员国必须定期报送其国际收支平衡表，汇总后定期发表在《国际金融统计》上。编制国际收支平衡表的目的在于全面了解一国对外经济贸易状况，为政府制定相关政策提供依据。

（一）国际收支平衡表的基本内容

1. 经常账户（Current Account）

有时也被称作经常项目，它反映了一国与他国之间的实际资产的流动，包括以下四个科目：

（1）商品（Goods）。

对很多国家来说，商品是经常项目和整个国际收支平衡表中最重要的科目，记录一国的商品出口和进口，又称有形贸易，包括一般商品、用于加工的货物、货币修理、各种运输工具在港口购买的货物和非货币黄金等。

出口记贷方，进口记借方，IMF 规定进出口都按 FOB 计价。

（2）服务（Services）。

记录服务的输入和输出，又称无形贸易。这一科目记录的交易内容广泛，包括运输、旅游、通讯服务、建筑服务、保险服务，以及咨询、广告商业服务等。

劳务输出记贷方，劳务输入记借方。

（3）收入（Income）。

记录因生产要素在国际上流动而引起的要素报酬收支，下设两个细目：雇员报酬和投资收益。前者指一国（或地区）的居民个人在另一国（或地区）工作而得到的现金或实物形式的工资、薪水和福利；后者指一国资本在另一国进行各种投资所获取的利润、股息、利息等。

中国人在国外获得的工资、奖金、股票红利、债券利息等记贷方，外国人在中国获得的工资、奖金、红利、利息等记借方。

（4）经常转移（Current Transfers）。

记录不发生对等偿付的单方面支付，包括政府与民间相互捐赠等发生的收入转移，可分为政府单方面转移和私人单方面转移。

外国向本国的无偿转移记贷方，本国向外国的无偿转移记借方。

2. 资本账户（Capital Account）与金融账户（Financial Account）

（1）资本账户。

资本账户包括资本转移和非生产、非金融资产的收买或放弃。前者指一经济体的居民实体向另一居民实体无偿提供了金融产品或服务；后者指各种无形资产如专利、版权、商标、经销权、租赁及其他转移。

债权或资产的净减少以及负债的净增加记贷方，资产的净增加以及负债的净减少记借方。

（2）金融账户。

金融账户指某一经济体对外资产和负债所有权变更的所有权交易，主要包括三项：一是直接投资，指投资者对另一经济体企业拥有10%或以上的普通股或投票权，也就是说，投资者对非居民企业的经营管理拥有有效的控制权，有永久利益，下设股本投资、其他资产投资及利润收益再投资等科目。二是证券投资，指居民与非居民间投资于股票、债券、商业票据、货币市场工具和衍生金融工具，为取得预期固定货币收入而进行的投资。投资的利息收支记在经常项目的投资收益科目，只有本金的增减净额记在金融项目。三是其他投资，凡不包括在直接投资、证券投资和储备的一切资本交易均在此记录，除政府贷款、银行贷款、贸易融资等长短期贷款外，还包括货币、存款、短期票据等。

居民对非居民的投资和提供的信贷的净增加记借方，反之，记贷方。

3. 储备资产（Official Reserve）

政府的调节账户，当自发性交易的借贷不能平衡时，就需要通过增加或减少政府储备资产的方式加以调节。储备资产包括货币性黄金、特别提款权、在IMF的储备头寸和外汇储备等官方对外资产。

自发性交易项目是外汇收入记贷方，外汇支出记借方。而官方储备项目为平衡账户，因此，官方储备资产增加，记借方，而官方储备资产减少，记贷方。

4. 错误与遗漏账户（Errors and Omissions Account）

错误和遗漏账户是一个人为设置的项目，是国际收支平衡表的技术性调整，用于轧平国际收支平衡中因统计疏漏、误差引起的借贷差额，使总的借方和贷方达到人为平衡。如果借方总额大于贷方总额，净错误和遗漏这一项则放在贷方；反之，则放在借方。

国际收支平衡表

	差额	贷（+）	借（-）
一、经常账户 1. 商品 2. 服务 3. 收入 4. 经常转移			
二、资本账户与金融账户 1. 资本账户 2. 金融账户 （1）直接投资 （2）证券投资 （3）其他投资			
三、储备资产			
四、错误与遗漏账户			

（二）国际收支平衡表的编制原理与记账规则

1. 国际收支平衡表的编制原理与记账规则

（1）居民原则。

国际收支平衡表主要记载的是居民与非居民之间的交易。

（2）计价原则。

国际收支原则上按成交时的市场价格来计价。

（3）权责发生制原则。

一旦经济价值产生、改变、交换、转移或消失，交易就被记录下来，一旦所有权发生变更，债权债务就随之出现。

（4）复式记账原则。

任何一笔交易要求同时作借方记录和贷方记录；一切收入项目或负债增加、资产减少的项目，都列入贷方；一切支出项目或资产增加、负债减少的项目都列入借方；借贷两方金额相等。如果交易属于单向转移，记账的项目只有一方，不能自动成双匹配，就要使用某个特种项目记账以符合复式记账的要求。

2. 实例说明

（1）经常账户。

货物：

例 1．甲国企业出口价值 200 万美元的商品，已收入账户。

借：货币和存款　　　　200 万美元

　贷：货物出口　　　　　200 万美元

服务：

例 1．甲国居民到外国旅游，花销 20 万美元，该费用已从银行账户中扣除。

借：服务支出　　　　20 万美元

　贷：货币和存款　　　　20 万美元

收入：

例 1．某亲戚因劳务输出临时在海外工作，汇来 2 万美元已入账。

借：货币存款　　　　2 万美元

　贷：职工报酬　　　　　2 万美元

例 2．因购买外国债券收到债券利息 130 万美元。

借：货币存款　　　　130 万美元

　贷：投资收益　　　　　130 万美元

经常转移：

例 1．接到外国政府援助 500 万美元，已列入官方外汇储备。

借：外汇储备　　　　500 万美元

　贷：经常转移　　　　　500 万美元

例 2．接受侨民汇款 300 万美元。

借：货币存款　　　　300 万美元

　贷：经常转移　　　　　300 万美元

以上经常账户需注意的是收益中的职工报酬一项指的是在国外短期居住的，而经常转移中的侨民汇款是指在国外长期居住的。投资收益指的是直接投资、证券投资、其他投资的利润利息收入，不是指本金。本金反映在资本和金融账户。

（2）资本账户和金融账户。

资本账户：

例1. 甲国政府减免外国债务200万美元

借：资本转移　　　　　　　　　　200万美元

　贷：贷款　　　　　　　　　　　　200万美元

金融账户：

例1. 甲国居民动用存款50万美元，购买外国某公司的股票。

借：证券投资　　　　　　　　　　50万美元

　贷：货币存款　　　　　　　　　　50万美元

例2. 本国企业利用国外直接投资，利润收益100万美元进行直接投资。

借：直接投资　　　　　　　　　　100万美元

　贷：投资收益　　　　　　　　　　100万美元

例3. 本国企业利用价值40万美元的设备进行直接投资。

借：直接投资　　　　　　　　　　40万美元

　贷：货物出口　　　　　　　　　　40万美元

（3）储备资产。

例1. 我国企业在海外投资所得利润150万美元，其中，75万用于当地再投资，50万购买当地商品运回国内，25万结售给政府换取人民币。

借：进口　　　　　　　　　　　　50万美元

　　对外长期投资　　　　　　　　75万美元

　　官方储备　　　　　　　　　　25万美元

　贷：海外投资利润收入　　　　　　150万美元

例2. 我国政府运用40万美元储备向国外提供无偿援助，另提供相当于160万美元的粮食药品援助。

借：经常转移　　　　　　　　　　200万美元

　贷：官方储备　　　　　　　　　　40万美元

　　　商品出口　　　　　　　　　　160万美元

汇总表

单位：万美元

	借	贷
一、经常账户		
1. 商品	50	200+40+160
2. 服务	20	
3. 收入		2+130+100+150
4. 经常转移	200	500+300
二、资本与金融账户		
1. 资本账户	200	
2. 金融账户		
（1）直接投资	100+40+75	
（2）证券投资	50	
（3）其他投资	200+2+130+300	20+200+50

（续上表）

	借	贷
三、储备资产	500 + 25	40
四、错误与遗漏账户		

（三）国际收支平衡表的分析

1. 国际收支平衡表分析的意义

国际收支平衡表不仅记载一国在一定时期与世界各国经济往来的情况和在世界经济的地位及其消长对比，还集中反映该国的经济类型和经济结构。国际收支平衡表是经济分析的重要工具，对国际收支平衡表的分析，对本国和他国都具有重要意义。

对于本国，通过分析国际收支平衡表，一方面能全面掌握本国对外经济交易的综合情况，找出国际收支顺、逆差原因，以采取正确的调节措施；另一方面还能使本国政府充分掌握其外汇资金来源与运用方面的信息，特别是官方储备变动，以便编制切实可行的外汇预算计划，全面把握本国在国际经济领域的地位，制定与本国国力相适应的贸易、投资、经济援助、借贷等方面的政策。

对于他国，通过分析其国际收支平衡表，不仅有助于了解对方国际收支状况，还有助于预测对方货币汇率趋势及对外经济政策动向，有助于了解各国经济实力并预测世界经济与世界贸易发展趋势。

2. 对国际收支平衡表的经济学分析

国际收支平衡表是根据复式簿记原理编制的，其借方总额和贷方总额是相等的。但这只是账面的、会计意义上的平衡，不具有经济学意义。

国际收支平衡表的每个具体账户和科目的借方额和贷方额往往是不相等的，需由其他项目或账户的赤字或盈余来抵消，这就形成了不同的账户差额，这种差额被称为局部差额（Partial Balance），主要有贸易收支差额、经常账户收支差额、资金和金融账户差额及综合账户差额四种。

（1）贸易收支差额。

贸易差额即商品进出口收支差额，是传统上用得比较多的一个统计口径。实际上，贸易账户仅仅是国际收支的一个组成部分，绝不能代表国际收支的整体。但对多数国家来说，贸易收支占了全部国际收支中相当大一部分比重，在很大程度上也决定了国际收支的总差额，并且贸易收支的数据尤其是商品贸易收支的数据通过海关易于收集，能较快地反映出一国对外经济交往情况。

（2）经常账户收支差额。

经常账户收支差额即经常账户贷方总额减去借方总额之差，反映了实际资源在该国与他国之间的转让净额，以及该国的实际经济发展水平，各国和 IMF 都特别重视经常项目差额情况。当经常账户是顺差时，说明因商品、劳务和单方面转移的贷方净额，该国国外资产净额增加，就要通过资本的净流出或官方储备的增加来平衡；当经常账户是逆差时，说明因商品、劳务和单方面转移的借方净额，该国利用了其他国家的商品和劳务，有利于加快经济增长，就要通过资本的净流入或官方储备的减少来平衡。

（3）资金和金融账户差额。

资金和金融账户差额即资本账户差额与金融账户差额之和，反映了一国经济在除储备资产以外的其他金融债权对外交易的净结果。

通过资本和金融账户差额可以看出一个国家资本市场的开放程度和金融市场的发达程度，对一国货币政策及汇率政策的调整能够提供有益的借鉴。一般而言，资本市场开放的国家，其资本和金融账户的流量总额较大。这是由于各国在利率、金融市场成熟度、本国经济发展程度和货币价值稳定程度等方面存在较大的差异，资本和金融账户差额往往会产生较大波动，要保持这一余额为零是非常困难的。

另外，资本与金融账户和经常账户之间具有融资关系，所以资本与金融账户差额可以折射出一国经常账户的状况和融资能力。

根据复式记账原则，在国际收支中一笔贸易流量通常对应一笔金融流量，在不考虑错误与遗漏因素时，经常账户中的差额必然对应着资本和金融账户在相反方向上的数量相等的差额，也就是说经常账户差额与资本和金融账户差额之和等于零。当经常账户出现逆差时，必然对应着资本和金融账户的相应顺差，这意味着一国利用金融资产的净流入为经常账户逆差融资。但是，需要注意的是，该项目中直接投资和证券投资对经常项目逆差的弥补效果是不同的，直接投资不构成一国的对外债务，而其他方面的投资则要偿还的。因此，若一国国际收支平衡是通过金融账户中证券投资和其他投资的顺差来弥补经常项目的逆差而获得的，则此平衡是不健康的；反之，若平衡是由经常项目顺差或直接投资引起的，则此平衡是健康的。

（4）综合账户差额。

综合账户差额即经常账户与资本和金融账户中的资本转移、直接投资、证券投资、其他投资账户所构成的差额，也就是将国际收支账户中的官方储备账户剔除后的差额。由于综合账户差额必然导致官方储备的反方向变动，所以可以用它来衡量国际收支对一国储备造成的压力。

当综合账户差额为顺差或逆差时，就要通过增加或减少官方储备来平衡。在一国实行固定汇率制时，总差额的分析尤为重要，因为，国际收支中的各种行为将导致外国货币与本国货币在外汇市场上的供求变动，影响到两个币种比价的稳定性。为了保持外汇市场上的价格（汇率）不发生变动，政府必须利用官方储备介入市场以实现供求平衡。所以，综合账户差额在政府有义务维护固定汇率制度时是极其重要的。而在浮动汇率制下，政府原则上可以不运用储备而听任汇率变动，或是使储备调节的任务有所减弱，这样，综合账户差额的重要性就会弱化。但它反映了自主性国际收支的状况，是全面衡量和分析国际收支状况的指标。

任务二　国际收支调节

☞ 知识目标

1. 掌握国际收支失衡的类型和原因
2. 了解国际收支失衡对一国经济的影响
3. 掌握国际收支失衡调节的方法

☞ 技能目标

能够对国际收支失衡的原因、结果进行分析与评判，并提出相应的政策建议

☞ **导入案例**

1990 年 8 月，伊拉克侵占科威特，引起世界各国对伊拉克的全面经济制裁，伊拉克石油出口受阻，外汇收入骤降，国际收支全面恶化。在当时世界石油市场价格骤升的情况下，其他石油出口国趁机扩大石油出口，石油美元收入增加了 42%，达 492 亿美元。

2001 年底，美国政府公布由于进口需求下降和“9·11”事件导致外国保险公司向美国公司支付巨额赔款（110 亿美元），2001 年第三季度美国的国际收支逆差比第二季度下降了 11.7%，降到了 950 亿美元，为近些年的最低水平。

美国贸易连年逆差，有数据显示，仅仅 2006 年一年，美国国内投资总额接近 1.4 万亿美元，而储备额大约只有 1.1 万亿美元。其国际收支的逆差都依赖资本项目来弥补。

资料来源：根据《国际金融》（高建侠主编，中国人民大学出版社，2009 年）、《国际金融》（唐树伶主编，电子工业出版社，2009 年）和百度文库相关资料整理

◈ **思考题**

1. 美国国际收支连年逆差为何不影响其强国地位？
2. 贸易逆差对国家经济的发展是好是坏？
3. 如何调节国际收支失衡？

一、国际收支平衡与失衡

在国际收支平衡表里，国际收支最后总是平衡的，这种平衡是会计意义上的平衡，指的是一国国际收支平衡表本身各项目之间的平衡。但在实际当中，国际收支经常存在不平衡，即出现不同程度的顺差或逆差，它是一国全部对外经济交易活动的实际结果。这些交易活动，按照其交易主体和交易目的不同，可以分为两种类型。

（一）自主性交易

自主性交易是指经济主体或居民个人如金融机构、进出口商、国际投资者等基于商业动机，为追求利润或其他利益而独立发生的交易。这种交易活动体现的是各经济主体或居民个人的意志，不代表国家和政府的意志，因而具有自发性和分散性的特点。通常，经常账户、长期资本账户以及部分短期资本项目所代表的交易活动属于自主性交易。

（二）调节性交易

调节性交易是指中央银行或货币当局出于调节国际收支差额、维护国际收支平衡、维持货币汇率稳定的目的而进行的各种交易。它是在自主性交易出现差额时，为了弥补或调节这种差额，由政府出面进行的交易活动，体现了一国政府的意志，具有集中性和被动性等特点。储备资产账户、资本账户中的官方短期资本项目属于调节性交易。

判断一个国家或地区在一定时期内国际收支是否平衡的标准就是看它的自主性交易是否平衡，自主性交易的失衡必然引发调节性交易。

二、国际收支失衡的原因

（一）偶然性失衡

偶然性失衡指由于一次性突发事件如骚乱、战争等政治事件或洪水、地震等自然灾害引发进出口发生急剧变化或巨额资本的国际移动，从而造成一国国际收支失衡。这类失衡是暂时的、一次性的，一旦上述因素消失，国际收支即能恢复常态。浮动汇率制下，不必对这类失衡进行调节，固定汇率下，只需运用官方储备即可克服。

（二）周期性失衡

周期性失衡指由于经济运行通常遵循危机、萧条、复苏、繁荣四个阶段，伴随经济周期的更替而引起国际收支失衡。在不同阶段，国际收支可能出现不同的失衡情况，当一国经济处于繁荣或复苏阶段，由于国内投资和消费需求过旺，进口增长超过出口增长，可能出现逆差；当一国经济处于萧条或衰退阶段，由于国内需求萎缩，进口需求迅速消退，可能出现顺差。而且，由于国际交往日益紧密，发达工业国家的经济状况往往影响着发展中国家的国际收支，当它们处于衰退阶段，对发展中国家的出口产品的需求就会减弱，造成发展中国家出口的下降。

（三）结构性失衡

结构性失衡指一国经济结构失调造成的国际收支失衡，通常表现在国际收支平衡表贸易收支和经常项目账户上。经济结构失衡可分为产品供求结构失衡和要素价格结构失衡。

1. 产品供求结构失衡

如果一国产品的供求结构无法跟上国际市场产品供求结构的变化，则该国的国际收支将发生长期性失衡，扭转较为困难。如美国出口以机械制造品为主，汽车所占比重较大。美国汽车耗油量较日本、意大利等国的汽车大，20 世纪 70 年代石油价格猛涨，各国消费者不愿购买耗油量大的汽车，美国汽车无法与日、意等国竞争，贸易赤字越来越大，使美国国际收支出现持续性逆差。

2. 要素价格结构失衡

如果一国要素的价格变动使本国出口商品在国际市场上所具有的比较优势逐渐削弱直到消失，也会导致该国国际贸易逆差长期存在。如一国原是劳动力丰富的国家，相对劳动密集型的产品具有比较优势，但如果该国工资上涨的程度大于劳动生产率提高的程度，则本国劳动力不再是较便宜的生产要素，本国出口商品的生产成本提高，逐渐丧失国际竞争能力，最终导致国际收支失衡。

（四）收入性失衡

收入性失衡指由于国家经济增长，国民收入也随之发生变化，从而引起国际收支的不平衡。如一国国民收入增加时，其商品和劳务输入、对外援助和旅游等非贸易支出通常会随之增加，从而导致国际收支出现逆差；反之，国民收入减少，国内需求缩减，物价下跌，会有利于出口，同时抑制进口，国际收支出现顺差。如果一国国民收入的增长主要是由于社会劳动生产率的提高，并因而推动了出口贸易的大幅度增长，则也可能导致国际收支的顺差。

（五）货币性失衡

货币性失衡指由于货币供应量使货币对内价值的变化所引起的国际收支的不平衡，主要是由通货膨胀或通货紧缩引起的。如一国发生通货膨胀，该国商品生产成本和物价上升，高于其他国家，则该国出口会受抑制，进口则受鼓励，其经常项目收支便会恶化，出现国际收支逆差；反之，则出现国际顺差。货币性失衡不仅与经常项目有关，也与资本项目有关，如一国货币发行过多，利率就会下降，造成资本流出增加，流入减少，国际收支出现逆差；相反，资本账户出现顺差。

三、国际收支持续失衡对一国经济的影响

（一）国际收支持续逆差对国内经济的影响

国际收支逆差导致外汇储备大量流失，国际清偿力低下。储备的流失意味着一国金融实力甚至整个国力的下降，当本国累积的对外负债超出该国支付能力时，就会引起债务危机，损害该国在国际上的声誉。

国际收支持续性逆差导致该国外汇短缺，造成外汇汇率上升，本币汇率下跌。一旦本币汇率过度下跌，会削弱本币在国际上的地位，同时，导致该国货币信用的下降，国际资本大量外逃，引发货币危机。

国际收支持续性逆差会耗尽一国的国际储备，使该国获取外汇的能力减弱，出口收汇主要用于偿付外债本息，影响该国发展生产所需的生产资料的进口，使国民经济增长受到抑制，进而影响一国的国内财政以及人们的充分就业。

（二）国际收支持续顺差对国内经济发展的影响

大量商品的出口直接减少国内社会产品供给，会破坏国内总需求与总供给的均衡，使总需求迅速大于总供给，冲击经济的正常增长。如果一国处于卖方市场状态，会加剧供求矛盾，导致高通货膨胀率。

持续顺差在外汇市场上表现为有大量的外汇供应，这就增加了对本国货币的需求，导致外汇汇率下跌，本币汇率上升，提高了以外币表示的出口产品的价格，降低了以本币表示的进口产品的价格，导致在竞争激烈的国际市场上，其国内商品和劳务市场将会被占领。

一国过大的顺差会影响其他国家经济发展，导致国际贸易摩擦，甚至报复，不利于国际经济关系的发展。

一些资源型国家如果发生过度顺差，意味着国内资源的过度开发，造成资源枯竭，生态环境破坏，给这些国家今后的经济发展带来隐患，不利于经济的持续发展。

四、国际收支失衡的调节

国际收支失衡的调节包括自行调节和政策调节。从理论上来讲，完全或接近完全的市场经济条件下，国际收支失衡通过经济体系的自动调节来恢复，但正常运作具有很大的局限性，中间过程时间长，其效应往往难以正常体现。因此，各国货币当局往往采取政策措施加以调节。

（一）国际收支的自动调节机制

1. 价格机制

当一国国际收支发生逆差时，意味着对外支出大于对外收入，货币外流；其他条件既定的情况下，价格水平下降，本国出口商品的价格也下降，出口增长，贸易差额因此得到改善。国际收支顺差时情况正好相反，货币流入增加，国内一般价格水平上升，进口增加，出

口减少，贸易收支改善，国际收支恢复平衡。

2. 收入机制

当一国国际收支出现逆差时，国民收入随之减少，引起社会总需求下降，进而进口需求下降，贸易逆差逐渐缩小，国际收支恢复平衡。反之，当一国国际收支出现顺差时，国民收入也会随之增加，社会总需求上升，进口需求上升，贸易顺差减少，国际收支恢复平衡。

3. 利率机制

当一国国际收支逆差时，本国货币供应量相对减少，利率水平上升，表明本国金融资产的收益率上升，从而对本国金融资产的需求相对上升，对国外金融资产的需求下降，于是资金外流减少，国际收支得到改善。反之，顺差时则呈现相反的运作过程，顺差减少。

4. 汇率机制

当一国国际收支出现逆差时，外汇市场上的外币供求关系发生变化，外汇需求大于外汇供给，导致外汇汇率上升，本币汇率下降，出口商品以外币表示的价格下降，而进口商品的换汇成本上升，刺激出口，抑制进口，贸易逆差逐渐缩小，国际收支失衡得到缓和。相反，当一国国际收支顺差时，外汇供给大于外汇需求，外汇汇率下跌，本币汇率上升，进口商品以本币计算的价格下降，而出口商品以外币计算的价格上升，则出口下降，进口增加，贸易顺差减少，国际收支失衡得到缓和。

（二）国际收支的政策调节

1. 支出变更政策

支出变更政策指通过改变社会总需求或经济中支出的总水平，进而改变对外国商品、劳务和金融资产的需求，以此来调节国际收支失衡的一种政策。它主要包括财政政策和货币政策。

（1）财政政策。

财政政策是指一国政府通过调整税收和政府支出，抑制或扩大公共支出和私人支出，控制总需求和物价水平的政策措施，从而调节国际收支。如当一国国际收支逆差时，政府可以采用紧缩性的财政政策，削减财政开支或提高税率，进而降低企业的收益和个人的可支配收入，引起社会上投资和消费减少，降低社会总需求，迫使物价下降，促进出口，抑制进口，使国际收支恢复平衡。当一国国际收支顺差时，政府可以采用扩张性的财政政策，增加财政开支和降低税率，以扩大总需求，减少出口，增加进口，从而减少国际收支盈余。

（2）货币政策。

货币政策指货币当局通过调整再贴现率、改变法定存款准备金比率等手段影响银根的松紧和利率的高低，引起国内货币供应量和总需求以及物价水平的变化，以实现对国际收支的调节。它是市场经济国家普遍、频繁采用的调节国际收支的政策措施，货币政策调整国际收支的方法主要有两种：

一是调整再贴现率，指中央银行通过改变其对商业银行等金融机构持有的未到期票据进行再贴现时所取利息计算的比率，即再贴现率，来影响金融市场利息率的政策。如当一国国际收支逆差时，该国央行通过提高再贴现率，从而使市场利率提高，这样，国外资本流入增加，缓解国际收支逆差外汇供给的不足，同时，企业贷款利率随之提高，企业成本增加，导致企业投资和规模的缩小，进而失业率增加，国民收入减少，社会总需求缩减，进口减少，国际收支趋于平衡。当一国国际收支顺差时，该国央行通过降低再贴现率，从而使市场利率降低，这样，国外资本流入减少，缓解国际收支顺差，同时，企业贷款利率随之降低，企业成本下降，促使企业投资和规模扩大，进而就业率上升，国民收入增加，社会总需求加大，进口增加，国际收支趋于平衡。

二是调整存款准备金比率，指商业银行等金融机构每吸纳一笔存款要依法按一定比率，向中央银行缴存的款项。目的是为保证存户提现和中央银行控制货币量的流量。当一国国际收支逆差时，提高存款准备金比率可以缩减商业银行等金融机构的贷款资金规模，因此货币的流量减少，社会总需求下降，从而进口减少，国际收支逆差缓解；反之，当一国国际收支顺差时，降低存款准备金比率。

总的来说，采取财政和货币政策有助于扭转国际收支的失衡，但也有明显的局限性，因为它往往同国内经济目标发生冲突。如为消除国际收支逆差，而实行紧缩性的财政金融政策，会导致经济增长放慢甚至出现负增长，使失业率上升；当为消除国际收支顺差，而实行扩张性财政金融政策时，又会加快物价上涨导致通货膨胀。因此，通过调整财政和货币政策，实现国际收支的平衡，会使一国的财政和货币政策处于两难境地。

2. 汇率政策

汇率政策指一个国家通过调整汇率改变外汇的供求关系，由此影响进出口商品的价格和资本流出入的实际收益，进而达到调节国际收支失衡的一种政策。在固定汇率下，当国际收支出现严重逆差时，实行货币法定贬值。本币贬值，以外币表示的本国出口商品价格降低，提高了本国出口商品的竞争力，增加出口。同时，以本币表示的进口商品价格升高，进口减少，从而改善国际收支。当国际收支出现巨额顺差时，则在他国“压力”下实行货币法定升值，以减少和消除国际收支逆差。但这样的运用受到一些条件的约束，比如进出口商品供给和需求的弹性。

汇率的调整在国际上会受到一定限制，IMF 认为，只有在各会员国国际收支失衡时才允许调整汇率。其判断标准是：假定汇率保持不变，要维持平衡就必须实施紧缩的财政政策，从而造成国内失业加剧，国内经济失衡；如果要实现充分就业，就要实施扩张性财政政策，从而进一步使国际收支恶化。这时，当国内均衡和国际均衡发生矛盾时，IMF 才允许会员国调整其汇率。

3. 外汇缓冲政策

外汇缓冲政策指一国通过动用官方储备和使用国际信贷便利而调节国际收支失衡的一种政策。主要用于解决一次性、季节性或临时性的国际收支失衡。

当一国发生临时性国际收支逆差时，运用外汇储备或通过对外举借外债方式，可以抵消市场的超额外汇需求，稳定汇率，进而平衡国际收支；顺差时，政府可以在外汇市场购进外汇，增加外汇储备，消除超额外汇供给，进而平衡国际收支。然而，运用国际储备、实施外汇缓冲政策不能用于消除长期国际收支逆差，因为储备有限，长期性逆差会耗竭国际储备而难以达到缓冲目标，特别是币值不稳，人们对该国货币的信心动摇引起大规模资金外逃时，外汇缓冲政策更难达到预期效果。因此，外汇缓冲政策适合于作为支出政策的辅助手段，以缓解支出政策所带来的冲击，更有效地调节国际收支。

4. 直接管制政策

直接管制政策指一国对国际经济交易直接采用严格的行政管制，主要包括外汇管制和贸易管制。前者是指政府对外汇买卖、国际结算、资本国际流动等所规定的一系列限制性措施。后者是指政府直接干预进出口所采取的各项政策措施，包括关税政策和进口配额，进口许可证制，一系列技术、卫生、包装标准等构成的非关税壁垒，出口补贴，出口信贷政策，出口退税和外汇留成制等鼓励出口的政策。

直接管制政策调节国际收支效果迅速而且显著，但不利于资源的优化配置，而且容易招致别国报复。一般来说，直接管制政策作为国际收支的调节手段，应在其他政策难以迅速取得效果时采用。

5. 国际经济金融合作政策

国际经济金融合作政策指为解决国际收支不平衡，各国都注意加强彼此间的合作，并取得较为显著的效果。其主要内容包括：

①建立区域性国际经济货币联盟（如欧盟），或推行经济一体化，加强区域内各种经济货币政策协调；

②完善、加强 IMF 等国际金融机构的职能和作用，帮助成员国消除国际收支不平衡；

③加强各国金融信贷合作，订立货币协定，提供优惠信贷与资金支持；

④加强国际贸易协调，提倡贸易自由化，消除贸易壁垒。

总之，调节国际收支失衡的政策是多样化的，每一种政策都有其各自的特色与调节功效，一国可根据具体情况予以取舍。

任务三　我国的国际收支

☞ 知识目标

1. 了解我国国际收支的状况
2. 掌握我国国际收支“双顺差”的含义及其原因

☞ 技能目标

能分析我国的国际收支平衡表

☞ 导入案例

下图是我国 1995 年到 2002 年的国际收支平衡表：

项目 \ 年份 货币（美元）	1995	1996	1997	1998	1999	2000	2001	2002
一、经常项目差额	16.18	72.43	297.18	293.20	156.70	205.20	174.05	354.21
二、资本和金融项目差额	386.74	399.66	229.99	−63.20	76.40	19.22	347.75	322.90
1. 资本项目差额			0.21	0.50	−0.30	−0.35	−0.53	−0.49
2. 金融项目差额	386.74	399.66	229.78	−62.70	76.70	19.57	348.28	323.40
(1) 直接投资	338.49	380.66	416.93	411.20	369.80	374.82	373.55	467.89
(2) 证券投资	78.90	17.44	68.04	−37.30	−112.30	−39.90	−194.05	−103.42
(3) 其他投资	40.35	15.60	−254.99	−436.60	−180.80	−315.34	168.79	−41.06

（续上表）

年份 货币（美元） 项目	1995	1996	1997	1998	1999	2000	2001	2002
三、误差与遗漏	-178.23	155.04	-168.18	-165.80	-148.00	-118.93	-48.55	77.94
四、储备资产变动	-224.69	-317.05	-358.57	-64.30	-85.10	-105.48	-473.25	-755.07

资料来源：根据国家外汇管理局网站相关数据整理

◈ **思考题**

1. 中国国际收支平衡表的状况如何？
2. “双顺差”的国际收支结构是经济的还是不经济的？
3. 我国国际收支表中的误差与遗漏项大多数年份都是国际收支表的负数项，这意味着什么？

一、我国国际收支状况

新中国成立后很长时间内，我国只有外汇收支而无国际收支。外汇收支平衡表反映的是贸易和非贸易收支情况，包括已实现外汇收支的对外经济交易，不包括已经发生，但未实现外汇收支的国际交易，属狭义国际收支，不能反映我国对外经济交往全貌。1980 年，我国相继恢复了在国际货币基金组织和世界银行的合法席位，于当年开始试编国际收支平衡表。1981 年制定了国际收支统计制度，正式编制国际收支统计表。1985 年 9 月，国家外汇管理局首次公布了我国 1982—1984 年国际收支概览表。从 1987 年开始，我国每年定期公布上一年的国际收支状况，并于 1994 年开始正式实行国际收支统计申报制度，从此，我国的国际平衡表的统计和编制走上了正轨，并逐年对外公布。我国国际收支运行的主要轨迹如下：

（一）1982—1984 年，国际收支顺差阶段

这一时期经常项目出现较大数额的顺差，分别达到 56.74 亿美元、42.4 亿美元和 20.30 亿美元。同时，资本项目的净额 1982 年净流入 3.38 亿美元，1983 年和 1984 年分别为净流出 2.26 亿美元和 10.03 亿美元。但这一时期资本项目的规模在整个国际收支中所占比重较小，因此，1983 年和 1984 年经常项目的顺差弥补了资本项目的逆差，从而使 1982—1984 年的整个国际收支为顺差，国家外汇储备连年增加，虽然增加的绝对金额在减少。

（二）1985—1989 年，国际收支顺差与逆差互现阶段

这一时期的国际收支变动情况，从外汇储备上说，1985 年、1986 年和 1989 年外汇储备减少，1987 年和 1988 年外汇储备增加。之所以出现这种国际收支顺差和逆差互现状态，是由于这时期除 1987 年经常项目为顺差外，其余年份均为逆差：1985 年为 -114.17 亿美元，1986 年为 -70.34 亿美元，1988 年为 -38.02 亿美元，1989 年为 -43.17 亿美元。引起经常项目逆差的重要因素是外贸的逆差。这里值得指出的是，1987 年经常项目的顺差得益于劳务项目的净收入和无偿转让的净收入，要从进出口来说仍然为逆差。但从资本项目看，五年都为资本净流入：1985 年为 89.72 亿美元，1986 年为 59.43 亿美元，1987 年为 60.02 亿美元，1988 年为 71.32 亿美元，1989 年为 37.2 亿美元。资本项目的净流入弥补了 1988 年的经常项目逆差而有余，因而当年外汇储备增加。但 1985 年、1986 年和 1989 年的资本项目顺差却未能弥补这三年的经常项目逆差，因而这三年的外汇储备减少。

（三）1990 年至今，国际收支顺差阶段

在这段时间，以外汇储备的增减来判断国际收支的顺逆差，应该说除 1992 年外汇储备减少外，其余年份外汇储备均为增加，且增加的绝对金额都高于 1990 年前的年份。这充分反映了我国国际收支明显好转，国际经济地位显著提高。除 1993 年经常项目为逆差外，其余年份均为顺差；同期资本项目除 1992 年及 1998 年略为净流出外，都为净流入。

从 2003 年到 2007 年经济保持增长较快、效益较好、运行较稳的基本态势，国际收支继续保持“双顺差”的格局。国际收支顺差式不平衡的问题依然十分突出，在这几年里，“双顺差”似乎已经成为我国国际收支的“惯例”。经常项目顺差 1 629 亿美元，同比增长 78%，较上年同期增幅提高了 42 个百分点，货物贸易顺差进一步扩大。按国际收支统计口径，货物贸易出口 5 472 亿美元，进口 4 115 亿美元，分别较上年同期增长 28% 和 18%；顺差 1 357 亿美元，增长 70%。资本和金融项目顺差 902 亿美元，同比增长 132%，较上年增长 1.3 倍，改变了 2006 年资本和金融项目顺差下降的局面。

二、我国国际收支平衡表分析

2010 年中国国际收支平衡表　　单位：亿美元

项目	行次	差额	贷方	借方
一、经常项目	1	3 054	19 468	16 414
A. 货物和服务	2	2 320	17 526	15 206
a. 货物	3	2 542	15 814	13 272
b. 服务	4	-221	1 712	1 933
1. 运输	5	-291	342	633
2. 旅游	6	-91	458	549
3. 通讯服务	7	1	12	11
4. 建筑服务	8	94	145	51
5. 保险服务	9	-141	17	158
6. 金融服务	10	-1	13	14
7. 计算机和信息服务	11	63	93	30
8. 专有权利使用费和特许费	12	-122	8	130
9. 咨询	13	77	228	151
10. 广告、宣传	14	9	29	20
11. 电影、音像	15	-3	1	4
12. 其他商业服务	16	184	356	172
13. 别处未提及的政府服务	17	-1	10	11
B. 收益	18	304	1 446	1 142
1. 职工报酬	19	122	136	15
2. 投资收益	20	182	1 310	1 128

（续上表）

项目	行次	差额	贷方	借方
C. 经常转移	21	429	495	66
1. 各级政府	22	-3	0	3
2. 其他部门	23	432	495	63
二、资本和金融项目	24	2 260	11 080	8 820
A. 资本项目	25	46	48	2
B. 金融项目	26	2 214	11 032	8 818
1. 直接投资	27	1 250	2 144	894
1.1 我国在外直接投资	28	-602	76	678
1.2 外国在华直接投资	29	1 851	2 068	217
2. 证券投资	30	241	636	395
2.1 资产	31	-77	268	345
2.1.1 股本证券	32	-84	115	199
2.1.2 债务证券	33	8	154	146
2.1.2.1（中）长期债券	34	18	128	110
2.1.2.2 货币市场工具	35	-11	25	36
2.2 负债	36	317	368	51
2.2.1 股本证券	37	313	345	32
2.2.2 债务证券	38	3	22	19
2.2.2.1（中）长期债券	39	3	22	19
2.2.2.2 货币市场工具	40	0	0	0
3. 其他投资	41	725	8 253	7 528
3.1 资产	42	-1 162	750	1 912
3.1.1 贸易信贷	43	-616	5	621
长期	44	-43	0	43
短期	45	-574	4	578
3.1.2 贷款	46	-210	197	407
长期	47	-277	0	277
短期	48	66	197	131
3.1.3 货币和存款	49	-580	303	883
3.1.4 其他资产	50	244	245	1
长期	51	0	0	0
短期	52	244	245	1
3.2 负债	53	1 887	7 503	5 616
3.2.1 贸易信贷	54	495	583	88

（续上表）

项目	行次	差额	贷方	借方
长期	55	35	41	6
短期	56	461	542	81
3.2.2 贷款	57	791	5 860	5 069
长期	58	101	264	163
短期	59	690	5 596	4 906
3.2.3 货币和存款	60	603	1 038	435
3.2.4 其他负债	61	-3	22	25
长期	62	-4	1	5
短期	63	2	22	20
三、储备资产	64	-4 717	0	4 717
3.1 货币黄金	65	0	0	0
3.2 特别提款权	66	-1	0	1
3.3 在基金组织的储备头寸	67	-21	0	21
3.4 外汇	68	-4 696	0	4 696
3.5 其他债权	69	0	0	0
四、净误差与遗漏	70	-597	0	597

资料来源：根据国家外汇管理局网站相关数据整理

注：

1. 本表计数采用四舍五入原则。

2. 从2010年三季度开始，按照国际标准，将外商投资企业归属外方的未分配利润和已分配未汇出利润同时记入国际收支平衡表中经常账户收益项目的借方和金融账户直接投资的贷方。2010年各季度以及2005—2009年度数据也按此方法进行了追溯调整。

从上表可见，经常项目、资本和金融项目继续顺差，导致中国国际储备资产继续增长。特别从资本和金融项目来看，2010年一季度，我国跨境资金流动延续前一年复苏势头，资本和金融项目顺差612亿美元。随后在欧洲债务危机影响下，国际资本避险情绪加重，跨境资金净流入套利倾向减弱，二、三季度资本和金融项目顺差分别降至319亿美元和141亿美元，较2009年同期均下降50%以上。四季度，随着国际金融市场逐步企稳和境外流动性日益充裕，我国资金净流入出现明显反弹，资本和金融项目顺差达到1 189亿美元。

（一）我国国际收支持续“双顺差”的原因

我国连续的、长期的、大幅度的经常项目和资本与金融项目的“双顺差”已明显表现为经济的外部失衡。这既有悖于传统的国际收支结构理论，又是各国国际收支结构实践中罕见的，其之所以能够维持十余年之久，在很大程度上得益于国内外经济发展环境和国内特殊的管理体制与鼓励政策，但其本身也潜伏着一定的风险，引发诸多矛盾和问题。这种局面是由一系列客观复杂的原因造成的，其中既有国际的原因，也有国内自身的原因。

1. 国际因素

从国际上来看，随着世界各国经济的紧密联系，发达国家和新兴工业化国家为了寻求更优化的资源配置，在进行产业结构调整的过程中出现了一些产业和产品向国外的转移。而我国为了适应国际形势的发展，不断完善基础设施和实施优惠的法律和政策，同时不断加大对外开放的步伐，再加上我国拥有廉价的劳动力资源，使得我国逐渐成为国际制造产业转移的一个主要目的地，连续数年位居世界前列。同时由于我国国内金融市场不发达，国内企业往往借助境外资本市场进行融资，从而增加了资本的快速流入。而外国直接投资的发展也促进出口的增长，1992 年以来境外资本流入中国的年平均增长速度保持在 28.9% 左右。

2. 国内因素

从国内来看，主要是由于以下原因造成了我国的持续大额顺差：

（1）储蓄率过高。

我国经济增长失衡的根本原因是储蓄率过高。国内总储蓄率在 20 世纪 90 年代平均为 GDP 的 40%，在 2004 年上升至 GDP 的 47%。尽管投资率在此期间也有所增长，但储蓄增长快于投资的增长，扩大了经常账户顺差。当前的储蓄率和资本形成率无论与本国历史平均相比还是与其他主要国家相比均处于高位。一般认为中国储蓄率高主要是因为个人储蓄欲望强烈，但更主要的是企业和政府的储蓄率高，企业高储蓄率带来的投资增长效益较低并可能导致产能过剩。此外，国内储蓄转化为投资渠道不畅，金融市场发展相对滞后，导致企业不得不更多地依赖自有储蓄。

（2）加工贸易仍占主导地位。

外商直接投资主要集中在劳动力密集、技术含量低的产业和领域，以加工贸易出口为主，而加工贸易出口方式与贸易出口数量的增加呈明显正相关的关系。深入分析我国贸易结构可以发现，一般贸易及其他贸易实际上处于逆差状态，持续攀升的贸易顺差主要来源于加工贸易。加工贸易两头在外，无论是通过来料加工还是进料加工，最终产品一般销往国外，在我国境内所形成的增值部分自然构成顺差。因此，加工贸易的规模越大，相应的顺差必然也越大。

（3）非对称性的国际收支政策。

长期以来，我国采取鼓励出口和鼓励外资流入的非对称性国际收支政策。我国的国际收支双顺差是多年的“奖出限入”的传统思想和对外资不加选择的“超国民待遇”等经济政策综合作用的结果。这些政策制度安排使得资本流出受到管制，流出渠道少，导致资本项目净流入大于净流出格局的形成。外资的大量涌入不仅拉动了我国资本和金融项目顺差，而且加大了外资企业在我国出口中不断增长的比重。

（二）促进我国国际收支平衡的主要对策

我国目前的“双顺差”的国际收支结构与我国基本国情是极不相称的。作为一个发展中国家，我国较为理想的国际收支结构应是：贸易项目逆差，经常项目保持平衡，资本项目顺差。而目前的国际收支失衡、巨额的外汇储备对我国经济持续稳定发展所产生的影响越来越大。因此，国家提出“调投资、促消费、减顺差”的政策导向，运用各种手段促进国际收支平衡。

1. 降低我国过高的储蓄率

货币政策的取向应当是货币供应收紧，利率水平提高，人民币更大幅度有序升值。除了实行降低投资增速的行政措施之外，当前货币政策应当适度从紧，包括降低货币供应的增速和提高利率水平。央行应当继续加息并提高法定准备金率控制流动性。同时，人民币汇率应该更加灵敏地反映市场供求变化，更加富有弹性。这些政策措施都将有助于纠正内需和外需的不平衡。

2. 进行进出口产业结构调整，提高核心竞争力

经常项目顺差的一个重要原因是进出口产业结构失衡，出口集中于劳动和资源密集型产业，产品缺乏核心技术竞争力，在国际上以低价量大为特点，企业利润率低并且很容易受到反倾销诉讼。发达国家产业调整仅仅把我国作为制造业基地，真正先进的技术和设备的研发都在发达国家国内。因此，我国现在必须调整进出口产业结构，限制高耗能高耗资源型出口，并把环保、安全、社保等因素纳入企业的出口成本，进口中国真正急需的先进技术和设备；开发产品核心技术，提高企业自主竞争力，实现在平稳出口量的基础上利润最大化。

3. 实施“走出去”战略，扩大对外投资

积极探索多元化、多层次的外汇运用方式，通过各种渠道扩大对外投资。政府应进一步完善支持企业“走出去”的相关法律和政策，给予其适当的优惠政策和信贷支持，为企业“走出去”提供良好的环境和条件。鼓励能够发挥我国比较优势的对外投资，扩大国际经济技术合作的领域、途径和方式，继续发展对外承包工程和劳务合作，鼓励有竞争优势的企业开展境外加工贸易，带动产品、服务和技术出口；支持到境外合作开发国内短缺资源，促进国内产业结构调整和资源置换；健全对境外投资的服务体系，为实施“走出去”战略创造条件。

项目小结

国际收支是一国的外汇收支。国际收支平衡表就是收支记账本，外汇收入记“贷”方，外汇支出记“借”方，收支记载必须平衡，主要分为四大项目：经常项目、资本和金融项目、官方储备资产项目和错误与遗漏项目，前两项是自发性交易项目，记载时如果收支出现差额，须经过官方储备资产项目和错误与遗漏项目两个平衡项目人为地平衡，不能有差额。然而，现实中，一国很难保持国际收支的绝对平衡，国际收支的顺差或逆差都是一国国际收支不平衡的表现，造成国际收支不平衡的原因有很多，这种不平衡对一国的经济会产生一定的影响，各国都在想尽各种办法调节国际收支。我们要正视中国国际收支平衡表，找到不平衡的原因并加以解决。

基本概念

国际收支　国际收支平衡表　经常账户　资本账户　金融账户

项目练习与实训

知识练习：

一、单项选择题

1.（　　）是指一国在一定日期（如某年某月某日）对外债权债务的综合情况。

A. 国际收支　B. 国际借贷　C. 贸易收支　D. 资本收支

2. 国际收支是一个（　　）。

A. 存量　B. 流量　C. 不一定　D. 都不是

3. （　　）是国际收支平衡表中最基本和最重要的项目。

A. 经常项目　B. 资本项目　C. 贸易收支　D. 平衡项目

4. 股息、红利等投资收益属于（　　）。

A. 劳务收支　B. 贸易收支　C. 转移收支　D. 资本项目

5. 在国际收支平衡表中，出国留学的奖学金应计入（　　）项目。

A. 资本项目　B. 贸易收支　C. 转移收支　D. 劳务收支

6. 在经济繁荣时期，由于国内需求旺盛，进出口业务会发生相应的变动，则国际收支可能出现（　　）。

A. 顺差　B. 逆差　C. 平衡　D. 不确定

7. 只有（　　）才能在总体上反映一国自主性交易的状况。

A. 经常项目　B. 资本项目　C. 贸易收支　D. 官方结算

8. 通过减少国民收入，使用于进口的支出下降，这一对策是（　　）。

A. 国际收支的自动调节作用　B. 国际收支的调节手段

C. 国际收支的融资手段　D. 支出减少政策

9. 支出减少政策的核心是（　　）。

A. 减少政府支出　B. 减少货币供应量

C. 提高利率　D. 国民收入

10. 游资（Hot Money）应计入（　　）项目。

A. 长期资本　B. 短期资本　C. 经常项目　D. 资本项目

二、多项选择题

1. 我国调节国际收支的政策措施主要有（　　）。

A. 外贸计划　B. 外汇计划　C. 汇率政策　¥. 税收政策

E. 信贷政策

2. 在市场经济调节机制发生作用的过程中，（　　）等变量的变化可能给一国经济带来消极影响。

A. 工资　B. 就业　C. 价格　¥. 利率

E. 汇率

3. 国际收支状况对（　　）都有重大影响。

A. 利率　B. 汇率　C. 国际储备资产　D. 货物兑换

E. 国民经济

4. 净误差和遗漏发生的原因包括（　　）。

A. 人为隐瞒　B. 资本外逃　C. 时间差异　D. 重复计算

E. 漏算

5. 一国调节国际收支的政策措施有（　　）。

A. 外汇缓冲政策　B. 财政政策　C. 货币政策　D. 汇率政策

E. 直接管制

6. 国际收入平衡表的经常账户包括的项目有（　　）。

A. 货物　B. 服务　C. 收入　D. 经常转移

E. 资本转移

7. 在国际收支平衡表的编制中，居民是指在国内居住一年以上的自然人（本国人和侨民等）及法人。它是一个以居住地为标准划分的法律概念，包括（　　）。

A. 政府机构　B. 个人　C. 非盈利团体　D. 企业

E. 外国使馆

8. 国际收支持续大幅度顺差对国内经济的负面影响是（　　）。

A. 破坏国内总供求平衡，造成产能过大

B. 导致本币升值压力加大

C. 使该国丧失获取国际金融组织优惠贷款的可能

D. 导致国际贸易摩擦

E. 出口价格竞争力加强

9. 国际收支平衡表的项目有（　　）。

A. 经常项目　B. 劳务收支项目　C. 贸易项目　D. 平衡项目

E. 资本项目

10. 国际收支失衡的原因包括（　　）。

A. 偶然性原因　B. 必然原因　C. 其他原因　D. 结构性原因

E. 周期性原因

三、简答题

1. 国际借贷与国际收支有何异同？
2. 简述国际收支平衡表的主要内容。
3. 简述考察国际收支不平衡的口径主要有哪些？

技能实训：

假定某一时期中国与非居民之间发生下列经济交易：

①国内某企业进口一批机器设备价值 10 万美元；

②购买美国政府发行的国库券 100 万美元；

③国内某企业在美国市场发行可转换债券 200 万美元；

④德国某公司纺织品价值 25 万美元；

⑤中国向 A 国提供价值 50 万美元的无偿援助；

⑥中国政府向泰国提供 130 万美元的贷款；

⑦外国投资者从中国领取利息收入，向非居民支付的利息 8 万美元；

⑧中国投资者从外国领取利息 25 万美元；

⑨日本向中国提供救灾物资价值 20 万美元；

⑩非居民偿还债务 40 万美元。

那么，贸易差额、经常项目差额、资本项目差额各是多少？

职业拓展实训：

下面的项目是一个假想的发展中国家 B 在 2010 年与世界其他国家的交易：

①B 国政府获得价值 50 亿美元的国外援助；

②进口价值 200 亿美元的谷物；

③在 B 国经营的外国跨国公司的利润为 50 亿美元；

④美国银行向 B 国政府贷款总额 200 亿美元；

⑤出口价值 100 亿美元；

⑥B 国富翁购买外国不动产 150 亿美元；

⑦B 国中央银行卖出 30 亿美元储备资产以干预外汇市场。

请问：2010 年 B 国净出口为多少？经常账户余额为多少？资本与金融账户是盈余还是赤字？官方储备资产的变化怎样？B 国国际收支统计中存在统计误差吗？

模块二　外汇篇

项目三　外汇与汇率

任务一　外汇

☞ 知识目标

1. 了解外汇的概念
2. 了解和掌握外汇的形态和货币符号

☞ 技能目标

熟练地运用常用货币符号

☞ 导入案例

根据中国人民银行发布的最新数据，截至 2011 年 3 月底，中国的外汇储备已经高达 3.04 万亿美元。

根据国际货币基金组织（IMF）的 COFER 数据库，在向 IMF 汇报的国家外汇储备资产构成中，截至 2010 年底，61% 投资于美元资产，26% 投资于日元资产，13% 投资于其他币种资产。尽管中国外管局没有披露外汇储备投资的币种构成，但我们估计中国外汇储备的币种构成与 IMF 披露的比重相近，即近三分之二投资于美元资产。

根据美国财政部的相关报告，截至 2010 年 6 月底，中国投资者持有美国国债 1.11 万亿美元，美国机构债 3 601 亿美元，美国公司债 119 亿美元，美国股票 1 265 亿美元，合计 1.61 万亿美元，约占 2010 年 6 月底中国外汇储备存量的 66%。由于外汇储备资产占中国外汇资产的比重高达三分之二，因此上述报告大致反映了中国外汇储备的资产构成，即 90% 以上的资产投资于债券，近 70% 的资产投资于国债。

据美国财政部最近披露的数据，截至 2011 年 2 月底，中国投资者投资的美国国债为 1.15 万亿美元。根据我们的估算，如果考虑到中国央行通过伦敦、香港等离岸中心购入的美国国债，当前中国外汇储备投资于美国国债的规模为 1.3 万亿 ~1.5 万亿美元，占中国外汇储备的比重高达 43% ~49%。

美国国债市场是全球规模最大、流动性最强的金融市场之一，美国国债一直被市场认为是流动性与安全性最强的资产。然而本轮美国次贷危机爆发后，为稳定金融市场与刺激实体经济，美国政府实施了极其宽松的财政与货币政策，这使得美国的财政不堪重负。预计2011年美国财政赤字将达到GDP的11%，而政府净债务将超过GDP的90%。货币政策方面，美联储早在2008年底就将联邦基金利率调降至接近零利率水平。当降息失去空间后，美联储迄今为止实施了两轮大规模的量化宽松政策，导致美联储总负债上升了约两倍，如果未来美联储不能成功实施所谓的退出策略，美国国内的通胀以及美元的对外贬值就难以避免。

无论是财政赤字的货币化，还是未来的通货膨胀与美元贬值，都将严重损害持有美国国债的债权人的利益。因此，就连美国人自己的信用评级公司——标准普尔也于4月18日首次将美国的前景评级由“稳定”调至“负面”。这意味着在未来两年内，美国主权信用评级被下调的概率为三分之一。

过去几十年的全球金融体系，建立在世界各国对美元以及美国政府债务的信心的基础上。本次全球金融危机爆发以来，美国政府实施的“负外部性”极强的货币政策已经动摇了世界各国对美元与美国国债的信心。而本次标准普尔的举动可谓新的沉重一击。是的，没有人相信美国政府会愚蠢到赖账不还，但全球投资者害怕的是，美国政府未来将通过制造通胀与纵容美元贬值，来隐性地降低债务负担。

今年3月，美国国内著名的债券投资商PIMCO，宣布清空旗下PTTRX基金持有的所有美国国债，这表明不承受汇率风险的美国国内投资者都对美国国债的未来价值产生了怀疑。那么，作为美国政府最大国际债权人的中国央行将情何以堪?

然而，只要中国国内的外汇储备继续增长，为维持已持有资产的价值稳定以及提高名义收益率，中国央行就不得不继续购买美国国债。除了进一步实施已有外汇储备资产的多元化外，中国政府更重要的挑战在于通过政府调整，抑制外汇储备的进一步增长。首先，中国政府应通过增强人民币汇率弹性（降低对外汇市场的干预）、加快国内要素价格改革等手段降低中国的贸易顺差；其次，进一步取消对外商直接投资（FDI）的各种显性与隐性优惠政策，抑制存量快速上升；再次，中国政府应继续加强资本项目管制，防止各种短期资本流入进一步推高外汇储备。

资料来源：《中国经济周刊》2011年第16期

◈ 思考题

我国外汇储备中的外汇都有哪些?

一、外汇的概念

外汇的概念具有双重含义，即有动态和静态之分。

动态的外汇是指货币在各国间的流动，以及把一个国家的货币兑换成另一个国家的货币，借以清偿国际债权、债务关系的一种专门性的经营活动。它是国际汇兑（Foreign Exchange）的简称。

静态的外汇，又分为狭义的外汇概念和广义的外汇概念。

狭义的外汇指的是以外国货币表示的、为各国普遍接受的、可用于国际间债权债务结算的各种支付手段。它必须具备三个特点：可支付性（必须以外国货币表示的资产）、可获得性（必须是在国外能够得到补偿的债权）和可兑换性（必须是可以自由兑换为其他支付手段的外币资产)。

广义的外汇指的是一国拥有的一切以外币表示的资产。国际货币基金组织(IMF)对此的定义是:“外汇是货币行政当局(中央银行、货币管理机构、外汇平准基金及财政部)以银行存款、财政部库券、长短期政府证券等形式保有的在国际收支逆差时可以使用的债权。”我国政府根据我国国情,对外汇也有特殊的规定,中国于1997年修正颁布的《外汇管理条例》规定:“外汇,是指下列以外币表示的可以用作国际清偿的支付手段和资产:(一)外国货币,包括铸币、钞票等;(二)外币支付凭证,包括票据、银行存款凭证、邮政储蓄凭证等;(三)外币有价证券,包括政府公债、国库券、公司债券、股票、息票等;(四)特别提款权、欧洲货币单位;(五)其他外汇资产。”

从形式上看,外汇是某种外国货币或外币资产,但不能认为所有的非本国货币都是外汇,只有那些具有可兑换性的外国货币才能成为外汇。凡是接受IMF协定第八条规定的国家的货币在国际上才被承认为可自由兑换的货币。这些国家必须履行三条法规:①对国际经常往来的付款和资金转移不得施加限制;②不施行歧视性货币措施或多种货币汇率;③在另一成员国要求下,随时有义务换回对方在经常往来中所结存的本国货币。

迄今为止,全世界已有50多个国家的货币可自由兑换。此外,凡是接受IMF协定第十四条规定的国家,其货币被视作有限度自由兑换货币,这些货币的共同特征表现为对国际经常往来的付款和资金转移施加各种限制。如限制居民的自由兑换或限制资本项目外汇的兑换。我国的人民币属于有限度自由兑换货币。

二、外汇的形态

外汇的形态是指外汇作为价值实体的存在形式,主要有下面几种:

1. 外币存款

外币存款是指以可兑换外国货币表示的各种银行存款,它是外汇价值的主要表现形式。一笔外币存款,对银行方面来说,对客户产生了债务;对存款者而言,在银行取得了一笔债权。

2. 外币支付凭证

外币支付凭证指以可兑换货币表示的各种信用工具,国际上常用的外币支付凭证主要有:

(1)汇票(Bill of Exchange)。

汇票是由出票人签发的,要求付款人按照约定的付款期限对指定人或持票人无条件支付一定金额的书面命令。

(2)本票(Promissory Note)。

本票是由出票人向收款人或持票人签发的保证在指定到期日无条件支付一定金额的书面承诺,这里发票人一般是债务人。

(3)支票(Check)。

支票是由出票人向收款人签发的委托银行见票后无条件支付一定金额的书面命令。

(4)信用卡(Credit Card)。

信用卡是信用机构对具有一定信用的顾客提供的一种赋予信用的卡片。目前国际上较流行的信用卡有美洲银行卡、万事达卡和运通卡等。

3. 外币有价证券

外币有价证券是指以可汇兑外国货币表示的用以表明财产所有权或债权的凭证，其基本形式有外币股票、外币债券和外币可转让存款单等，其中外币可转让存款单是指可在票据市场上流通转让的定期存款凭证。

4. 外币现钞与其他外汇资金

外币现钞是指以可兑换货币表示的货币现钞。在国际经济交易中，以外币现钞作为支付手段通常是在非贸易交易中，包括美元、日元、英镑、欧元、瑞士法郎、港元等。

其他外汇资金包括在国外的各种投资及收益，各种外汇放款及利息收入，在国际货币基金组织的储备头寸、国际结算中发生的各种外汇应收款项、国际金融市场借款、国际金融组织借款等。

三、常用货币符号

全球经济的一体化，国际贸易和国际金融的发展以及电子计算机的广泛应用，要求各国的货币符号在表示方法上具有同一的规则，这样世界标准货币符号就产生了，这个标准是由国际标准化组织（简称 ISO）第 68 技术委员会在其他国际组织的通力合作下制定的。

下表就是常见货币及周边国家货币的国际标准外汇货币符号：

常见货币

国别/地区	货币名称		货币符号	辅币进位制
	中文	英文	标准符号	
中国香港	港元	Hong Kong Dollar	HKD	1HKD = 100cents（分）
中国澳门	澳门元	Macao Pataca	MOP	1MOP = 100avos（分）
中国	人民币元	Renminbi Yuan	CNY	1CNY = 10 jao（角）
日本	日圆	Japanese Yen	JPY	1JPY = 100 sen（钱）
新加坡	新加坡元	Singapore Dollar	SGD	1SGD = 100 cents（分）
欧洲货币联盟	欧元	Euro	EUR	1EUR = 100 euro cents（生丁）
俄罗斯	卢布	Russian Ruble	SUR	1SUR = 100 kopee（戈比）
英国	英镑	Pound，Sterling	GBP	1GBP = 100 new pence（新便士）
加拿大	加元	Canadian Dollar	CAD	1CAD = 100 cents（分）
美国	美元	U. S. Dollar	USD	1USD = 100 cent（分）
澳大利亚	澳大利亚元	Australian Dollar	AUD	1AUD = 100 cents（分）
新西兰	新西兰元	New Zealand Dollar	NZD	1NZD = 100 cents（分）

周边国家货币

国别/地区	货币名称		货币符号	辅币进位制
	中文	英文	标准符号	
朝鲜	圆	Korean Won	KPW	1KPW = 100 分
越南	越南盾	Vietnamese Dong	VND	1VND = 10 角 = 100 分
菲律宾	菲律宾比索	Philippine Peso	PHP	1PHP = 100 centavos（分）
马来西亚	马元	Malaysian Dollar	MYR	1MYR = 100 cents（分）
泰国	泰铢	Thai Baht	THP	1THP = 100 satang（萨当）
印度尼西亚	盾	Indonesian Rupiah	IDR	1IDR = 100 cents（分）
印度	卢比	Indian Rupee	INR	1INR = 100paise（派士）
泰国	泰铢	Thai Baht	THP	1THP = 100 satang（萨当）

任务二　汇率

☞ 知识目标

1. 了解和掌握汇率、买入价、卖出价、中间价的含义
2. 了解和掌握汇率的种类
3. 了解和掌握直接标价法和间接标价法及其区别

☞ 技能目标

1. 能够熟练利用网络计算器进行汇率计算
2. 能正确利用汇率计算可兑换货币金额
3. 能够正确计算套算汇率
4. 能够正确计算远期汇率

☞ 导入案例

就在美联储宣布现行量化宽松政策不变后，2011 年 4 月 29 日人民币兑美元汇率中间价报 6.499 0，一举突破 6.5 的重要整数关口。人民币将加速升值甚至一次性大幅升值的预期在市场重燃。

人民币兑美元的月平均汇率逐月稳步攀升。4 月以来尤其是近两周，人民币兑美元快速升值迹象越发明显。本周，人民币兑美元中间价接连突破了 6.51 和 6.5 的重要关口，接连创下历史新高。

离岸市场上，人民币兑美元已经在 6.48 一线进行交易。一年期 NDF（无本金交割远期，Non－Deliverable Forward）则再度走低至 6.32 一线，意味着市场预期人民币兑美元将在一年内升值将近 3 个百分点。澳新银行大中华区经济研究总监刘利刚在最新发布研究报告中，将年内人民币兑美元的升幅调高至 6%。

中美战略对话将在5月开始，人民币议题也将再次成为争辩的焦点。据部分市场人士预计，到6月底人民币兑美元将升至6.43。

复旦大学金融研究院副院长陈学彬预计，二季度美国经济温和复苏，美元持续贬值趋势略有缓解，非美货币有所贬值。在此基础上，估计人民币名义有效汇率升值1%左右，人民币实际有效汇率将由负变正，升值幅度可能在1%～2%之间。

2011年澳洲一季度CPI高于预估，立即引发市场对于澳洲央行可能会提早加息的预期，激励澳元兑美元至1.09上方，并开始逼近1.1的关口。

此外，国际油价也提振了澳元，因此交易员仍看好澳元长期涨势。中国银行外汇交易员预计，澳元兑美元可突破1.10整数关口，建议投资者在短暂的回调期间建仓做多澳元，在1.10以上平仓获利。

美联储将第二轮量化宽松货币政策进行到底的表态将欧元也温和翘起，本周欧元兑美元位于1.48上方交易。

另外，德国公布4月消费者物价指数反映出通胀问题仍有待解决。欧洲央行管理委员会委员欧菲尼德斯对此表示，如果通胀形势恶化，欧元央行可能会进一步加息。在这个预期支持下，欧元的涨势还将会持续。

招商银行金融分析师从技术上分析，只要欧元保持相对于美元的加息优势，则欧元兑美元短线仍有向1.5高位挺进动能，但是必须随时警惕回调风险。

资料来源：人民网财经频道

◈ **思考题**

什么是汇率？“人民币兑美元汇率中间价报6.499 0”，“澳元兑美元1.09”，如何用符号表示？

一、汇率的概念

汇率又称汇价，是不同货币间的兑换比率或比价。也可以表述为是以一种货币表示的另一种货币的价格。外汇是一种特殊商品，它的价格就是汇率。在经济学上，汇率定义为两国货币之间兑换的比例。通俗地说，是一国货币兑换他国货币的比率，也可以说是用一国货币表示的另一国货币的价格。

二、汇率的标价方法

一般商品的价格标价具有不可逆性——商品的价格是用货币表示的，而货币的价格不能反过来用商品表示。特殊商品外汇的价格标价具有可逆性——交易双方都是货币，可以相互表示对方的价格。汇率具有双向表示的特点，即既可以用本币表示外币的价格，也可以用外币价格表示本币价格，本币和外币都具有同样的表现对方货币价格的功能。由于两种不同的货币可以相互表示，也就有了两种基本的汇率标价方法：直接标价法和间接标价法。美元标价法由美国在1978年9月1日制定并执行，目前是国际金融市场上通行的标价法。

（一）直接标价法

直接标价法（Direct Quotation）又叫应付标价法，是以一定单位（1、100、1 000、

10 000）的外国货币为标准来计算应付出多少单位本国货币。就相当于计算购买一定单位外币所应付多少本币，所以叫应付标价法。包括中国在内的世界上绝大多数国家目前都采用直接标价法。在国际外汇市场上，日元、瑞士法郎、加元等均为直接标价法，如 USD 1 = JPY 78.485 即一美元兑 78.485 日元。

在直接标价法下，若一定单位的外币折合的本币数额多于前期，则说明外币币值上升或本币币值下跌，叫做外汇汇率上升；反之，如果用比原来较少的本币即能兑换到同一数额的外币，这说明外币币值下跌或本币币值上升，叫做外汇汇率下跌。

直接标价法具有以下特点：

①外币的数量固定不变，折合本币的数量则随着外币币值和本币币值的变化而变化。

②汇率的涨跌都以本币数额的变化而表示。如果一定单位的外币折算成本币的数额比原来多，则说明外汇汇率上升，本币汇率下跌。即外汇汇率与本币数量成正比。

在直接标价法下，汇率数值的变化与外汇价值的变化是同方向的，因此以直接标价法来表示汇率有利于本国投资者直接明了地了解外汇行情变化，它成为目前国际上绝大多数国家采用的标价方法。我国亦不例外，直接标价法的形式如下：

人民币牌价

中行牌价					
交易币种	交易单位	现价（人民币）	卖出价	现汇买入价	现钞买入价
英镑	100	1 053.72	1 056.74	1 048.32	1 015.96
港币	100	83.37	83.47	83.16	82.49
美元	100	648.92	649.78	647.18	641.99
瑞士法郎	100	767.65	769.56	763.43	739.86
新加坡元	100	523.63	525.76	521.57	505.47
瑞典克朗	100	101.97	102.56	101.75	98.61
丹麦克朗	100	124.48	125.17	124.17	120.34
挪威克朗	100	117.77	118.43	117.48	113.86

资料来源：中国银行网站

（二）间接标价法

间接标价法（Indirect Quotation）又称应收标价法。它是以一定单位（如 1 个单位）的本国货币为标准，来计算应收若干单位的外国货币。在国际外汇市场上，欧元、英镑、澳大利亚元采用间接标价法，如 GBP 1 = USD 1.602 5，EUR 1 = CAD 1.568 0，EUR 1 = USD 1.056 2，ASD 1 = USD 1.011 0 等。

在间接标价法中，本国货币的数额保持不变，外国货币的数额随着本国货币币值的对比变化而变动。如果一定数额的本币能兑换的外币数额比前期少，这表明外币币值上升，本币币值下降，即外汇汇率上升；反之，如果一定数额的本币能兑换的外币数额比前期多，则说明外币币值下降、本币币值上升，即外汇汇率下跌，外币的数量和外汇汇率的升跌成反比。

外汇市场上的报价一般为双向报价，即由报价方同时报出自己的买入价和卖出价，由客户自行决定买卖方向。买入价和卖出价的价差越小，对于投资者来说成本越小。银行间交易的报价点差正常为2～3点，银行（或交易商）向客户的报价点差依各家情况差别较大，目前国外保证金交易的报价点差基本在3～5点，香港在6～8点，国内银行实盘交易在10～40点不等。

间接标价法具有以下特点：

①本币的数量固定不变，折合成外币的数额则随着本币和外币币值的变动而变动。

②汇率的涨跌都以相对的外币数额的变化来表示。如果一定单位的本币折成外币的数量比原来多，则说明本币汇率上升，外币汇率下跌。

币种/代码	现价	涨幅	涨跌	开盘	最高	最低	振幅	买价/卖价
澳元加元 AUDCAD	1.029 7	-0.21	-0.002 6	1.031 9	1.032 6	1.028 4	0.41	1.029 7/1.030 0
澳元瑞郎 AUDCHF	0.890 7	0.43	0.001 9	0.886 9	0.892 1	0.886 9	0.59	0.890 7/0.891 0
澳元欧元 AUDEUR	0.734 6	-0.03	0.000 4	0.734 8	0.735 8	0.734 1	0.23	0.734 6/0.734 7
澳元港元 AUDHKD	8.201 4	-0.05	0.000 4	8.205 2	8.219 3	8.194 1	0.31	8.201 4/8.202 5
澳元日元 AUDJPY	84.846 0	0.21	0.273 9	84.667 0	85.062 0	84.662 0	0.47	84.846 0/84.886 0
澳元美元 AUDUSD	1.053 3	-0.01	-0.000 3	1.053 4	1.056 2	1.052 6	0.34	1.053 3/1.054 1
加元港元 CADHKD	7.963 4	0.24	0.021 6	7.944 1	7.969 6	7.944 1	0.32	7.963 4/7.965 3
加元日元 CADJPY	82.383 0	0.44	0.483 8	82.025 0	82.504 0	81.990 0	0.63	82.383 0/82.431 0
瑞郎加元 CHFCAD	1.155 7	-0.59	-0.005 2	1.162 6	1.162 9	1.153 2	0.84	1.155 7/1.156 3
瑞郎港元 CHFHKD	9.205 5	-0.36	-0.017 0	9.238 8	9.2470	9.1877	0.65	9.205 5/9.208 1

资料来源：中国银行网站

（三）美元标价法

美元标价法是以一定单位的美元为标准来计算应兑换多少其他货币的汇率表示方法。美元标价法又称纽约标价法，是指在纽约国际金融市场上，除对英镑用直接标价法外，对其他外国货币用间接标价法的标价方法。

币种/代码	现价	涨幅	涨跌	开盘	最高	最低	振幅	买价/卖价
美元指数 USDX	74.860 0	0.00	0.080 0	74.860 0	74.930 0	747.790 0	0.19	74.860 0/74.900 0
澳元美元 AUDUSD	1.053 4	0.00	-0.000 2	1.053 4	1.056 2	1.052 6	0.34	1.053 4/1.054 1
欧元美元 EURUSD	1.434 1	-0.04	-0.000 4	1.434 7	1.435 6	1.432 2	0.24	1.434 1/1.434 3
英镑美元 GBPUSD	1.622 6	-0.02	-0.000 4	1.623 0	1.624 5	1.622 2	0.14	1.622 6/1.622 9
美元加元 USDCAD	0.977 0	-0.25	-0.002 8	-0.979 4	0.979 4	0.976 2	0.33	0.977 0/0.977 5
美元瑞郎 USDCHF	0.845 5	0.44	0.001 9	0.841 8	0.846 7	0.841 5	0.62	0.845 5/0.846 0
美元港元 USDHKD	7.784 2	0.01	0.000 4	7.783 3	7.784 5	7.782 5	0.03	7.784 2/7.784 5
美元日元 USDJPY	80.530 0	0.21	0.260 0	80.360 0	80.680 0	80.300 0	0.47	80.530 0/80.540 0
新西兰元美元 NZDUSD	0.812 9	-0.84	-0.007 9	0.819 8	0.821 8	0.811 3	1.29	0.812 9/0.813 2

资料来源：中国银行网站

美元标价法的目的是为了简化报价并广泛地比较各种货币的汇价。人们将各种标价法下数量固定不变的货币叫做基准货币（Base Currency），把数量变化的货币叫做报价货币（Quoted Currency）。显然，在直接标价法下，基准货币为外币，报价货币为本币；在间接标价法下，基准货币为本币，报价货币为外币；在美元标价法下，基准货币是美元，报价货币是其他各国货币。目前各大国际金融中心已普遍使用美元标价法。

美元标价法具有以下特点：

①美元的单位始终不变，美元与其他货币的比值是通过其他货币量的变化体现出来的。

②随着国际金融市场之间外汇交易量的猛增，为了便于国际上进行交易，而在银行之间报价时采用的一种汇率表示法。

三、汇率的种类

外汇汇率的种类很多，有各种不同的划分方法，特别是在实际业务中，分类更加复杂，主要有以下几种分类：

（一）从银行买卖外汇的角度，分为买入汇率、卖出汇率和中间汇率

买入汇率（Buying Rate）或买价是外汇银行从客户手中买入外汇时所采用的汇率。

卖出汇率（Selling Rate）或卖价是外汇银行卖给客户外汇时所采用的汇率。

买卖价之间的差额一般为1% ~5%左右，这是外汇银行的手续费收益。换句话说，外汇卖出价高于买入价的部分是银行买卖外汇的毛收益，包括外汇买卖的手续费、保险费、利息和利润等。

外汇的买价、卖价尽管都是从外汇银行交易的角度来说的，但它们的标价方法不同，买价和卖价的位置也不同。在直接标价法下，汇率数值的大小与外汇价值的高低呈正相关关系，因此，买价在前，卖价在后，即买/卖。如我国的外汇牌价中：USD 1 = CNY 6.464 5—6.489 3，“6.464 5”代表我国银行买入外汇时采用的汇价，“6.489 3”代表我国银行卖出美元外汇时所采用的汇价。相反，在间接标价法下，第一个数字表示卖价，第二个数字才是买价，即卖/买。

中间汇率（Middle Rate）是买入价和卖出价的算术平均数，即中间价 = （买入价 + 卖出价）/2。报刊、电台、电视通常报告的是中间价，它常被用作汇率分析的指标。

此外，银行在对外挂牌公布汇率时，还另注明外币现钞汇率（Bank Notes Rate），这主要是针对一些对外汇实行管制的国家。由于外币现钞在本国不能流通，需要把它们运至国外才能使用，在运输现钞过程中需要花费一定的保险费、运费，所以银行购买外币现钞的价格要略低于购买外汇票据的价格，即钞买价低于汇买价，而卖出外币现钞的价格一般和外汇卖出价相同，即钞卖价 = 汇卖价。

币别	中间价 Middle A	现汇买入价 Buying B	卖出价 Selling C	现钞买入价 Bank Notes
美元	648.58	647.28	649.88	642.09
说明	A = （B + C）/2 公布汇率	银行买入 客户卖出	银行卖出 客户买入	运费 + 保险费 低2% ~3%

（二）从汇率制定的角度，分为基本汇率和套算汇率

由于外国货币种类很多，一国在制定本国货币的对外汇率时，逐一地根据它们的实际价值进行对比来确定，既麻烦也没有必要。一般做法是，在众多的外国货币中选择一种货币作为关键货币，根据本国货币与这种关键货币的实际价值对比，制定出对它的汇率，称为基本汇率（Basic Rate），而后其他各种外国货币与本币之间的汇率可以通过基本汇率和国际金融市场行情套算出来，这样得出的汇率就称为套算汇率（Cross Rate）或交叉汇率。

套算汇率的具体套算方法可分为三种情况，简述如下：

（1）两种汇率的基准货币相同时，采用交叉相除法。

例如：即期汇率行市USD 1 = HKD 7.797 2/7.801 2，

USD 1 = JPY 79.465/79.958

港币对日元的汇率为：HKD 1 = JPY 79.465 ÷ 7.801 2/79.958 ÷ 7.797 2

= JPY 10.186 3/10.254 7

（2）两种汇率的基准货币不同时，采用同边相乘法。

例如：即期汇率行市USD 1 = HKD 7.797 2/7.801 2

GBP 1 = USD 1.767 8/1.772 4

英镑对港币的汇率为：GBP 1 = HKD 7.797 2 ×1.767 8 /7.801 2 ×1.772 4

= HKD 13.783 9/13.826 8

（3）按中间汇率求套算汇率。

例如：某日外汇行市：GBP 1 = USD 1.770 1，USD 1 = JPY 79.714 0

则英镑对日元的套算汇率为：GBP 1 = JPY 1.770 1 ×79.714 0 = JPY 141.102

（三）按外汇交割期限不同，分为即期汇率和远期汇率

即期汇率（Spot Rate）是指即期外汇买卖的汇率，即外汇买卖成交后，买卖双方在当天或在两个营业日内进行交割所使用的汇率。即期汇率就是现汇汇率。一般在外汇市场上挂牌的汇率，除特别标明远期汇率以外，一般指即期汇率。

远期汇率（Forward Rate）是在未来一定时期进行交割，而事先由买卖双方签订合同，达成协议的汇率。到了交割日期，由协议双方按预订的汇率、金额进行交割。远期外汇买卖是一种预约性交易，是由于外汇购买者对外汇资金需要的时间不同，以及为了避免外汇风险而引进的。

远期汇率是以即期汇率为基础的，即用即期汇率的“升水”、“贴水”、“平价”来表示。其中，如果远期汇率比即期汇率贵，高出的差额称作升水（Premium）；如果远期汇率比即期汇率便宜，低出的差额称作贴水（Discount）；如果远期汇率与即期汇率相等，则没有升水和贴水，称作平价（Par）。

即期汇率、远期汇率的关系，可用如下计算公式表示：

在直接标价法下：

远期汇率 = 即期汇率 + 升水（ - 贴水）

在间接标价法下：

远期汇率 = 即期汇率 - 升水（ + 贴水）

在无法判断标价法的情况下，可看远期点数，远期点数如果是小/大则用 + ，否则用 - ，计算公式如下：

远期汇率 = 即期汇率 + 小/大

远期汇率 = 即期汇率 - 大/小

（四）从汇率制度角度考察，分为固定汇率和浮动汇率

固定汇率（Fixed Rate）指一国政府用行政或法律手段选择一基本参照物，并确定、公布和维持本国货币与该单位参照物的比价。充当参照物的可以是黄金（现已不用），也可以是某一种外国货币或是某一组货币。当一国政府把本国货币固定在某一组外国货币上时，称该货币盯住在一篮子货币上。在固定汇率制度下，外汇汇率基本固定，汇率的波动幅度局限在一个较小的范围之内。

浮动汇率（Floating Rate）是指一国货币当局不规定本国货币对其他货币的官方汇率，也无任何汇率波动幅度的上下限，本币汇率由外汇市场的供求关系决定，自由涨落。外币供过于求时，外币贬值，本币升值，外汇汇率下跌；相反，外汇汇率上涨。本国货币当局在外汇市场上进行适当的干预，使本币汇率不致波动过大，以维护本国经济的稳定和发展。

（五）按外汇交易支付工具和付款时间，分为电汇汇率、信汇汇率和票汇汇率

电汇汇率（T/T Rate）是银行以电讯方式买卖外汇时所采用的汇率。电汇具有收付迅速安全，交易费用相对较高的特点。一方面，电汇汇率要比信汇汇率、票汇汇率高；另一方面，在当前信息社会，在国际业务中基本上以电汇业务支付结算，因而电汇汇率是基础汇率，其他汇率都是以电汇汇率为基础来计算。西方外汇市场上所显示的汇率，多为银行的电汇汇率。

信汇汇率（M/T Rate）是指以信函方式通知收付款时采用的汇率。信汇业务具有收付时间长、安全性低、交易费用低的特点，因此一般来说，信汇汇率相对于电汇汇率要低一些。

票汇汇率（D/D Rate）是指兑换各种外汇汇票、支票和其他各种票据时所采用的汇率。票汇汇率根据票汇支付期限的不同，又可分为即期票汇汇率和远期票汇汇率。即期票汇汇率（O/D Rate）是银行买卖即期外汇的汇率，较电汇汇率低，大致同信汇汇率相当；远期票汇汇率（On Forward Rate）是银行买卖远期票汇的汇率。由于远期票汇交付时间比较长，所以其汇率比即期票汇汇率还要低。

（六）按汇率的管制程度，分为官方汇率和市场汇率

官方汇率（Official Rate）指由一国货币当局或外汇管理部门制定和公布的用于一切外汇交易的汇率。

市场汇率（Market Rate）指在自由外汇市场上买卖外汇所使用的实际汇率。

官方汇率与市场汇率之间往往存在差异，在外汇管制较严的国家不允许存在外汇自由买卖市场，官方汇率就是实际汇率。而在外汇管制较松的国家，官方汇率往往流于形式，通常有行无市，实际外汇买卖都是按市场汇率进行。

（七）按外汇市场营业时间，分为开盘汇率和收盘汇率

一般情况下，世界上的主要外汇市场都在当地时间上午 9：00 开市，中午时间不休息，下午 5：00 闭市。世界上主要的外汇市场，在欧洲大陆有法兰克福、苏黎世、米兰、巴黎、阿姆斯特丹等，与这些市场相差一个小时，伦敦外汇市场便开始营业（北京时间是 17：00），伦敦市场开始营业后过五个小时，纽约市场开始营业（北京时间是 22：00）。伦敦市场与纽约市场同时营业的几个小时是一天中外汇交易的最高峰，这个交易的最高峰时段，北京时间是 22：00 至次日凌晨 1：00。在亚洲时区，东京外汇市场在美国最后的一个市场——旧金山市场交易结束前一个小时开始营业。同时，东京外汇市场与只有一个小时时差的香港、新加坡、中国、中国台北等市场以及澳大利亚、新西兰的外汇市场等联系密切。东京外汇市场在欧洲大陆外汇市场开始营业的一个半小时前结束营业（北京时间是在 14：30，欧洲大陆外汇市场开始营业）。

各国的金融市场是以各国的货币和国界相隔离的，在金融体制、经营惯例、业务范围和金融资产各方面都有很大的差异。各国金融当局一般对外资银行的进入进行严格控制，并对其业务范围加以限制，以保证本国金融不受外部冲击。在各国金融市场相互隔离的同时，由于国际贸易和资本流动的关系，各国金融市场又保持了一定程度的联系。进入 80 年代后，在信息、网络等高科技不断发展，金融工具不断创新以及许多国家为发展经济而放松金融管制的条件下，各国国内金融市场与国际金融市场联系更紧密，出现了金融市场全球一体化的趋势。

事实上，随着全球经济一体化的发展，全世界电讯已经形成网络。当前，全球各地区外汇市场能够按照世界时区的差异，相互衔接，出现了全球性的、24 小时不间断的连续外汇交易。一般情况下，外汇交易人员大都利用路透社终端服务系统进行外汇交易。处在亚洲时区的中国，一般把纽约外汇市场的收盘时间作为前一天全球 24 小时外汇交易的结束点，也就是通常所说的全球外汇市场收盘价；把新西兰惠灵顿外汇市场的开盘时间（北京时间 6：00），作为当日全球外汇交易的起始点，也就是通常所说的全球外汇市场开盘价。

四、利用网络计算器进行汇率计算

部分网站提供方便的汇率计算页面，对于简单的查询具有很大帮助，以和讯网站为例，依次点击“理财首页 > 理财工具 > 外汇类”或直接输入以下网址：

http：//money. hexun. com/toolcase_ forex/index. html#Menu = 11_ 4

可以进入外汇计算页面，可以实时计算购汇、结汇、外汇间兑换、外汇储蓄本计算等。

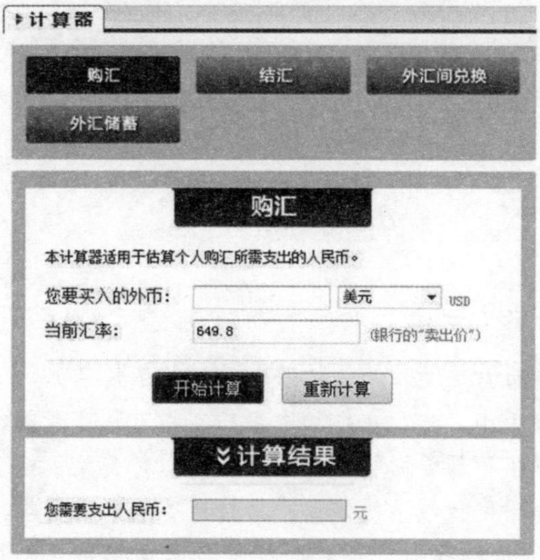

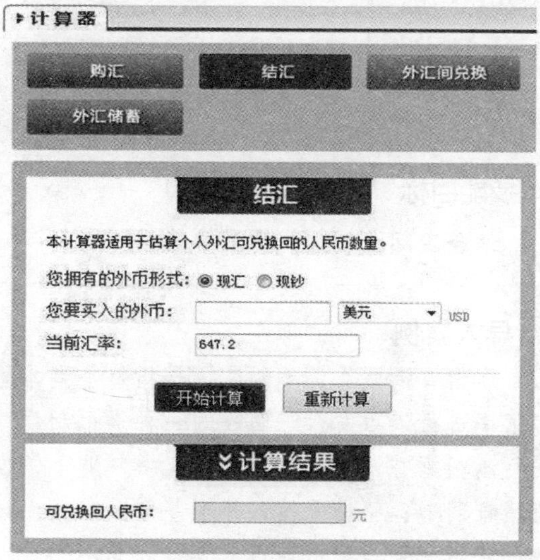

资料来源：中国银行网站

购汇本计算器适用于估算个人购汇所需支出的人民币。结汇本计算器适用于估算个人外汇可兑换回的人民币数量。

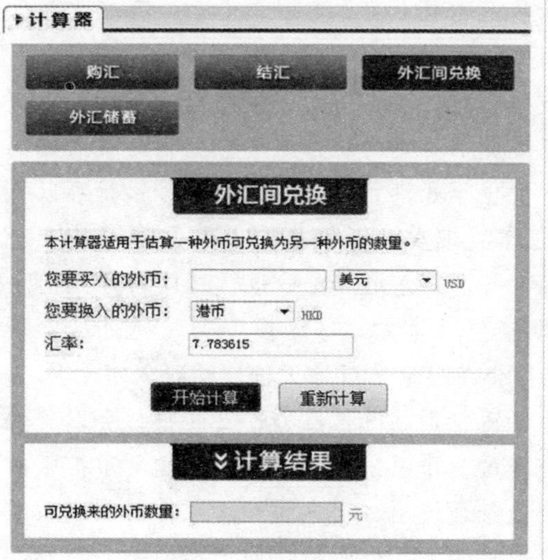

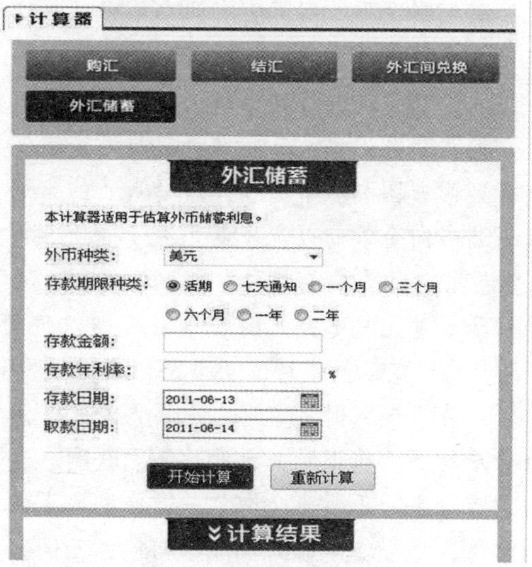

资料来源：中国银行网站

外汇间兑换本计算器适用于估算一种外币可兑换为另一种外币的数量。外汇储蓄本计算器适用于估算外币储蓄利息。

任务三　汇率制度

☞ 知识目标

1. 了解汇率制度的含义和分类
2. 了解和掌握人民币汇率制度的演变和改革进程

☞ 技能目标

结合实际分析人民币汇率改革

☞ 导入案例

所谓香港联系汇率制度，是指将香港本地货币与美元挂钩，按照1美元兑7.8港元的固定汇率进行港币发行与回收的一种货币制度。港币由汇丰、渣打和中银三家指定的商业银行发行。根据香港法律，在联系汇率制度下，发钞银行需要向香港金融管理局交付美元，换取负债证明书；将美元拨入外汇基金账户，用以作为发行纸币的依据；再按照香港财政司规定的固定汇率发行等值港币。其他银行（在香港称作持牌银行）以同样的汇率向发钞银行存入美元，并获得等值港币。在回收港币时外汇基金、发钞银行和持牌银行之间也按1∶7.8的固定汇率进行反方向操作。

香港联系汇率制度下，7.8港元兑1美元的汇率实际上只存在于金管局与三间发钞银行的买卖负债证明书之交易之间，市场汇率由市场力量决定，因此或许会有波动。因此可以说，联汇制度下，实际上有两个汇率：一个是7.8港元兑1美元的联系汇率，存在于金管局与三间发钞银行之间；一个是市场汇率。

联汇制度下，维持市场汇率稳定依赖三间发钞银行的套汇活动。因为每当市场汇率有波动，偏离联系汇率，三间发钞银行可透过7.8港元兑1美元的联系汇率向金管局买入或卖出负债证明书图利。举例说，假设港元的市场汇率贬值至8港元兑1美元，发钞银行可以持负债证明书向金管局以7.8港元兑1美元的联系汇率换取美元，每换取1美元便可从中获利0.2港元。而又假设港元的市场汇率升值至7.5港元兑1美元，发钞银行可以持美元向金管局以7.8港元兑1美元的联系汇率购入负债证明书发行港元，每退换1美元便可从中获利0.3港元。在三间银行的竞争下，确保了发钞银行会在当港元市场汇价波动时入市干预。

在资金流入时，市场人士买入港元，港元市场汇价面临升值压力，三间银行会以美元向金管局购买负债证明书，发行港元获利。这使香港的货币基础得以扩张，经过货币扩张的过程，市场上货币供应会增加，逼使利率下调，资金继而流出，而港元市场汇价回到联系汇率的水平；资金流出时的情况亦相似，三间银行会收回港元，以负债证明书换回美元获利。这使货币基础收缩，利率上升，吸引资金为赚取利息而流入，港元市场汇价回到联系汇率的水平。

此自动调节机制确保了港元的市场汇价不会大幅偏离联系汇率。

资料来源：http：//www.cei.gov.cn

◈ **思考题**

香港联系汇率制度下，外汇市场上的港币兑美元汇率是固定汇率还是浮动汇率？

一、汇率制度的分类

汇率制度（Exchange Rate Regime）是指一国货币当局对本国汇率水平的确定、汇率变动方式等问题所作的一系列安排或规定。由于汇率的特定水平及其调整对经济有着重大影响，并且不同的汇率制度本身也意味着政府在实现内外均衡目标的过程中需要遵循不同的规则，所以，选择合理的汇率制度是一国乃至于国际货币制度面临的非常重要的问题。

在国际金融史上，一共出现了三种汇率制度，即金本位体系下的固定汇率制、布雷顿森林体系下的固定汇率制和浮动汇率制。

（一）金本位体系下的固定汇率制

1880—1914 年的 35 年间，主要西方国家通行金本位制，即各国在流通中使用具有一定成色和重量的金币作为货币，金币可以自由铸造、自由兑换及自由输出入。在金本位体系下，两国之间货币的汇率由它们各自的含金量之比——金平价（Gold Parity）来决定，例如一英镑的含金量为 113. 001 5 格林，而一美元的含金量为 23. 22 格林，则：

1 英镑 = 113. 001 5/23. 22 = 4. 866 5 美元

只要两国货币的含金量不变，两国货币的汇率就保持稳定。当然，这种固定汇率也要受外汇供求、国际收支的影响，但是汇率的波动仅限于黄金输送点（Gold Point）。黄金输送点是指汇价波动而引起黄金从一国输出或输入的界限。汇率波动的最高界限是铸币平价加运金费用，即黄金输出点（Gold Export Point）；汇率波动的最低界限是铸币平价减运金费用，即黄金输入点（Gold Import Point）。

当一国国际收支发生逆差，外汇汇率上涨超过黄金输出点，将引起黄金外流，货币流通量减少，通货紧缩，物价下降，从而提高商品在国际市场上的竞争能力。输出增加，输入减少，国际收支恢复平衡；反之，当国际收支发生顺差时，外汇汇率下跌低于黄金输入点，将引起黄金流入，货币流通量增加，物价上涨，输出减少，输入增加，最后国际收支恢复平衡。由于黄金输送点和物价的机能作用，把汇率波动限制在有限的范围内，对汇率起到自动调节的作用，从而保持汇率的相对稳定。在第一次世界大战前的 35 年间，美国、英国、法国、德国等国家的汇率从未发生过升贬值波动。

1914 年第一次世界大战爆发，各国停止黄金输出入，金本位体系即告解体。第一次世界大战到第二次世界大战之间，各国货币基本上没有遵守一个普遍的汇率规则，处于混乱的各行其是的状态。金本位体系的 35 年是自由资本主义繁荣昌盛的“黄金时代”，固定汇率制保障了国际贸易和信贷的安全，方便生产成本的核算，避免了国际投资的汇率风险，推动了国际贸易和国际投资的发展。但是，严格的固定汇率制使各国难以根据本国经济发展的需要执行有利的货币政策，经济增长受到较大制约。

（二）布雷顿森林体系下的固定汇率制

布雷顿森林体系下的固定汇率制也可以说是以美元为中心的固定汇率制。1944 年 7 月，在第二次世界大战即将胜利的前夕，“二战”中的 45 个同盟国在美国新罕布什尔州（New

Hampshire）的布雷顿森林（Bretton Woods）村召开了“联合和联盟国家国际货币金融会议”，通过了以美国财长助理怀特提出的“怀特计划”为基础的《国际货币基金协定》和《国际复兴开发银行协定》，总称布雷顿森林协定，从此开始了布雷顿森林体系。布雷顿森林体系建立了国际货币合作机构（1945 年 12 月成立了“国际货币基金组织”和“国际复兴开发银行”），规定了各国必须遵守的汇率制度以及解决各国国际收支不平衡的措施，从而确定了以美元为中心的国际货币体系。

布雷顿森林体系下的汇率制度，概括起来就是美元与黄金挂钩，其他货币与美元挂钩的“双挂钩”制度。具体内容是：美国公布美元的含金量，1 美元的含金量为 0. 888 671 克，美元与黄金的兑换比例为 1 盎司黄金 =35 美元。其他货币按各自的含金量与美元挂钩，确定其与美元的汇率。这就意味着其他国家货币都盯住美元，美元成了各国货币围绕的中心。各国货币对美元的汇率只能在平价上下 1% 的限度内波动，1971 年 12 月后调整为平价上下 2. 25% 波动，超过这个限度，各国中央银行有义务在外汇市场上进行干预，以保持汇率的稳定。只有在一国的国际收支发生根本性不平衡时，才允许贬值或升值。各会员国如需变更平价，必须事先通知基金组织，如果变动的幅度在旧平价的 10% 以下，基金组织应无异议；若超过 10%，须取得基金组织同意后才能变更。如果在基金组织反对的情况下，会员国擅自变更货币平价，基金组织有权停止该会员国向基金组织借款的权利。

综上所述，布雷顿森林体系下的固定汇率制，实质上是一种可调整的盯住汇率制，它兼有固定汇率与弹性汇率的特点，即在短期内汇率要保持稳定，这类似金本位制度下的固定汇率制；但它又允许在一国国际收支发生根本性不平衡时可以随时调整，这类似弹性汇率。

1971 年 8 月 15 日，美国总统尼克松宣布美元贬值和美元停兑黄金，布雷顿森林体系开始崩溃。尽管 1971 年 12 月十国集团达成了《史密森协议》，宣布美元贬值，由 1 盎司黄金等于 35 美元调整到 38 美元，汇兑平价的幅度由 1% 扩大到 2. 5%，但到 1973 年 2 月，美元第二次贬值，欧洲国家及其他主要资本主义国家纷纷退出固定汇率制。固定汇率制彻底瓦解。

固定汇率制解体主要是美元供求与黄金储备之间的矛盾造成的。货币间的汇兑平价只是战后初期世界经济形势的反映，美国依靠其雄厚的经济实力和黄金储备，高估美元，低估黄金。而随着日本、西欧经济复苏和迅速发展，美国的霸权地位不断下降，美元灾加剧了黄金供求状况的恶化，特别是美国为发展国内经济及对付越南战争造成的国际收支逆差，不断增加货币发行，这使美元远远低于金平价，使黄金官价越来越成为买方一相情愿的价格。加之国际市场上投机者抓住固定汇率制的瓦解趋势推波助澜，大肆借美元对黄金下赌注，进一步增加了美元的超额供应和对黄金的超额需求，最终美国黄金储备面临枯竭的危机，导致固定汇率制彻底崩溃。

（三）浮动汇率制度

全球金融体系自 1973 年 3 月以后，以美元为中心的固定汇率制度就不复存在，而被浮动汇率制度所代替。

实行浮动汇率制度的国家大都是世界主要工业国，如美国、英国、德国、日本等，其他大多数国家和地区仍然实行盯住的汇率制度。其货币大都盯住美元、日元、法国法郎等。

在实行浮动汇率制后，各国原规定的货币法定含金量或与其他国家订立纸币的黄金平价，就不起任何作用了，因此，国家汇率体系趋向复杂化、市场化。

在浮动汇率制下，各国不再规定汇率上下波动的幅度，中央银行也不再承担维持波动上下限的义务，各国汇率是根据外汇市场中的外汇供求状况，自行浮动和调整的结果。同时，一国国际收支状况所引起的外汇供求变化是影响汇率变化的主要因素。国际收支顺差的国家，外汇供给增加，外国货币价格下跌，汇率下浮；国际收支逆差的国家，对外汇的需求增加，外国货币价格上涨，汇率上浮。汇率上下波动是外汇市场的正常现象，一国货币汇率上浮，就是货币升值，下浮就是贬值。

二、IMF 的汇率制度分类

在布雷顿森林体系时代，IMF 把汇率制度简单地分为盯住汇率制度和其他；而在布雷顿森林体系崩溃以后，IMF 则不断地细化汇率制度分类。IMF 原来对各成员国汇率制度的分类，主要依据的是各成员国所公开宣称的汇率制度。但纯粹依赖各成员国所宣称的汇率制度的分类，具有事实做法和官方宣称经常不符的局限性。

IMF 在 1997 年和 1999 年分别对基于官方宣称的汇率制度分类方法进行了修正。1999 年的分类是：

（一）无独立法定货币的汇率安排，主要有美元化汇率和货币联盟汇率

这种制度是以他国货币作为其法定货币（完全外币化）或成立货币联盟，货币联盟成员拥有共同的法定货币。采取这种制度安排就意味着放弃了国内货币政策的独立性。

目前共 41 个成员采用该制度。其中完全外币化的成员有 9 个，分别以美元、欧元、澳元作为其法定货币，外币作为法定货币居于主导地位，通常没有本国货币，最多也只是发行一些本国硬币作为补充。一般地，完全外币化国家只会指定一种外币作为法定货币。完全外币化的国家和地区人口规模都较小，且高度开放，对经常账户的可兑换和资本账户的交易限制很少。完全美元化最有名的例子是巴拿马。

货币联盟主要有三个。最著名的就是欧元区国家（12 个）。第二个是非洲法郎区国家。它包括 14 个共同采用非洲法郎（CFA Francs）为法定货币的中、西非国家，分为“西非经济货币联盟”（WAEMU 共有 8 个成员）和“中部非洲国家经济与货币共同体”（CAEMC 共有 6 个成员）两个组织。这 14 个国家在独立前属于法属殖民地。法国加入欧元区前维持西非法郎和法国法郎 100 比 1 的固定汇率和自由兑换关系。在欧盟有关欧元的谈判中，法国坚持欧元启动不能触动上述联系，所以目前西非法郎与欧元保持固定兑换关系，即 655.957 西非法郎兑换 1 欧元。第三个是东加勒比货币联盟（ECCU）。东加勒比中央银行发行在成员国范围内的单一流通货币——东加勒比元。这一货币联盟拥有 6 个成员国。

（二）货币局汇率

实施这一制度就是用明确的法律形式以固定比率来承诺本币和一特定外币之间的兑换。货币发行量必须依据外汇资金多少来定，并有外汇资产作为其全额保证。货币发行当局没有传统中央银行的一些职能，诸如货币流量控制和最后贷款人。

目前共有 7 个成员采用该制度，其中包括中国香港特别行政区和几个东欧国家。随着这些东欧国家逐步加入欧元区，香港成为货币局制度最著名的代表。

（三）传统的盯住汇率

采取这一制度的国家正式或实际上将本币与另一种货币或一篮子货币保持固定兑换比率。一篮子货币是由主要的经贸伙伴的货币构成，其汇率权重和双边贸易、服务的交易额及资金流量有关，一篮子货币可以是 SDRs 这样的标准形式。这一制度没有保持汇率不变的承

诺。汇率可围绕中心汇率在小于1%的狭窄空间内波动，最高和最低汇率在最近三个月内波动幅度小于2%。货币当局通过在外汇市场上买卖外汇的直接干预或通过利率政策、外汇管理法规调整、道义劝告等间接手段去维持固定汇率。该政策相对于前两种体现了一定的货币政策的灵活性（虽然是有限的）。

目前共有41个成员采用该制度。其中采取盯住单一货币的有32个成员。中国原来属于管理浮动制的，但由于波动幅度很小而被列入管理浮动制下的实际盯住制。盯住一篮子货币的有9个成员，包括斐济、摩洛哥等一些小国。

（四）有波幅的盯住汇率

这一制度是汇率围绕中心固定汇率有一个至少±1%的波动区间或者说最高和最低汇率之间的波动幅度超过2%。当然不同的水平调整幅度对货币政策的影响程度是不同的。目前有4个成员采用该制度，其中丹麦是发达工业化国家中唯一实行该制度的国家。

（五）爬行盯住汇率

爬行盯住指本币与外币保持一定的平价关系，但是货币当局根据一系列经济指标频繁地、小幅度调整平价。实行爬行盯住汇率有两种方法：第一种方法是发挥汇率目标的名义锚（Nominal Anchor）作用，汇率爬行速率低于预测的通货膨胀率，以使经济逐步克服通货膨胀而又不至于引起汇率短期内大幅度调整；第二种方法则是放弃汇率目标反通胀的名义锚作用，汇率随物价水平调整，重在维持真实汇率水平不变。维持爬行盯住制对货币政策的影响类似于固定盯住制。突尼斯、哥斯达黎加等5个国家采用该制度。

（六）有波幅的爬行盯住汇率

汇率围绕中心汇率有一个至少±1%的波动区间或者说最高和最低汇率之间的波动幅度超过2%，同时中心汇率根据所选择的经济指标作周期性调整。波动区间基于中心汇率可以是上下对称或不对称，如果是不对称，也可能没有预先声明的中心汇率。货币政策的灵活性与波动幅度有关。包括以色列、罗马尼亚在内的共10个成员采用该制度。

（七）管理浮动汇率

货币当局试图不带特定汇率走向和目标去影响汇率。采取干预行动的管理指标很广泛，可以是国际收支状况、外汇储备、平行市场的发展等。汇率调整可能是非自动的，干预方式可以是直接的或间接的。包括俄罗斯、印度、印度尼西亚、阿根廷、埃及在内的50个成员采用该制度。

（八）完全浮动汇率

共有34个成员采用完全浮动汇率，包括非欧元区的西方发达国家，如美国、英国、日本、加拿大、澳大利亚等，还包括许多新兴工业化国家，如巴西、墨西哥、菲律宾、南非、韩国等。

在汇率安排的分类中通常将一、二类归为固定汇率制度，七、八类归为浮动汇率制度，其余三、四、五、六类归于中间汇率制度。

三、人民币汇率制度

（一）1994年以前的人民币汇率形成机制

新中国成立以来至改革开放前，人民币汇率由国家实行严格的管理和控制。改革开放前我国的汇率体制经历了新中国成立初期的单一浮动汇率制（1949—1952年）、五六十年代的单一固定汇率制（1953—1972 年）和布雷顿森林体系后以“一篮子货币”计算的单一浮动汇率制（1973—1980 年）。党的十一届三中全会以后，我国的汇率体制从单一汇率制转为双重汇率制。经历了官方汇率与贸易外汇内部结算价并存（1981—1984 年）和官方汇率与外汇调剂价格并存（1985—1993 年）两个汇率双轨制时期。

（二）1994—2005 年的人民币汇率形成机制

1993 年 12 月，国务院正式颁布了《关于进一步改革外汇管理体制的通知》，采取了一系列重要措施，具体包括实现人民币官方汇率和外汇调剂价格并轨；建立以市场供求为基础的、单一的、有管理的浮动汇率制；取消外汇留成，实行结售汇制度；建立全国统一的外汇交易市场等。

1994 年 1 月 1 日，人民币官方汇率与外汇调剂价格正式并轨，我国开始实行以市场供求为基础的、单一的、有管理的浮动汇率制。企业和个人按规定向银行买卖外汇，银行进入银行间外汇市场进行交易，形成市场汇率。

1997 年亚洲金融危机爆发后，中国主动收窄了人民币汇率浮动区间。此后外汇管制进一步放宽。

（三）2005 年以来的人民币汇率形成机制

2005 年 7 月 21 日，我国对完善人民币汇率形成机制进行改革。人民币汇率不再盯住单一美元，而是选择若干种主要货币组成一个货币篮子，同时参考一篮子货币计算人民币多边汇率指数的变化。实行以市场供求为基础、参考一篮子货币进行调节、有管理的浮动汇率制度。

2005 年 7 月 21 日人民币汇率形成机制改革后，中国人民银行于每个工作日闭市后公布当日银行间外汇市场美元等交易货币对人民币汇率的收盘价，作为下一个工作日该货币对人民币交易的中间价。自 2006 年 1 月 4 日起，中国人民银行授权中国外汇交易中心于每个工作日上午 9 时 15 分对外公布当日人民币对美元、欧元、日元和港币汇率中间价，作为当日银行间即期外汇市场（含 OTC 方式和撮合方式）以及银行柜台交易汇率的中间价。

2005 年 7 月到 2008 年 7 月，人民币对美元升值 21%，而中国对美国贸易顺差反而大幅增长。

2008 年，我国适当收窄了人民币波动幅度以应对国际金融危机，在国际金融危机最严重的时候，许多国家货币对美元大幅贬值，而人民币汇率保持了基本稳定。

2010 年 6 月 19 日，中国人民银行决定“进一步推进人民币汇率形成机制改革，增强人民币汇率弹性”。

任务四　汇率的波动及其影响

☞ 知识目标

1. 了解和掌握影响汇率波动的因素
2. 了解和掌握汇率波动的影响

☞ 技能目标

1. 结合实际分析汇率变动的原因

2. 结合实际分析汇率波动的影响及对策

☞ **导入案例**

理查德·威尔基是威斯康星州一家小公司的老板。公司生产割草机和收割机使用的刀片。眼下，威尔基担心来自中国的竞争不久就会使自己的生意受到影响。他还担心政府的帮助会来得太迟。威尔基说："如果让中国的汇率上升到应有的水平，也就是说比现在高40%的话，那么我们所有的人都能获得一定程度的保护。"人民币升值意味着中国公司必须要提高出口商品的价格才能保持原有收入水平，那将缓解威尔基等小制造商的压力。但是，许多在中国制造产品、向美国出口的大公司都因为人民币疲弱而受益。如威尔基一般的小制造商们纷纷支持国会的一项议案：如果中国再不采取行动，就要对中国实施惩罚。

而一些大型跨国公司则认为，人民币迅速升值可能使中国重蹈俄罗斯"休克疗法"的覆辙：20世纪90年代初，俄罗斯经济就因为卢布升值过快而遭受严重损失。因此，这些大公司认为如果中国提高人民币汇率，该公司在全球范围内的业务并不会受益很大，正确的方式是"一步步来"。

资料来源：美国《纽约时报》2010年10月12日文章

◈ **思考题**

1. 人民币汇率状况对中美双方制造商的影响有哪些？
2. 人民币升值是否有利于美国对华贸易状况的改善？
3. 在目前情况下人民币自由浮动是否可行？如果人民币自由浮动，将对我国国民经济产生怎样的影响？

一、影响汇率波动的因素

影响汇率波动的因素有很多，但概括起来，主要有以下几种：

1. 经济增长速度

一国的经济增长速度是影响汇率波动的最基本的因素。根据凯恩斯学派的宏观经济理论，国民生产总值的增长会引起国民收入和支出的增长。收入增加会导致进口产品的需求扩张，继而扩大对外汇的需求，推动本币贬值。而支出的增长意味着社会投资和消费的增加，有利于促进生产的发展，提高产品的国际竞争力，刺激出口增加外汇供给。所以从长期来看，经济增长会引起本币升值。由此看来，经济增长对汇率的影响是复杂的。但如果考虑到货币保值的作用，汇兑心理学有另一种解释，即货币的价值取决于外汇供需双方对货币所作的主观评价，这种主观评价的对比就是汇率。而一国经济发展态势良好，则主观评价相对就高，该国货币坚挺。

2. 国际收支

国际收支平衡的情况是影响汇率的最直接的一个因素。国际收支状况对一国汇率的变动能产生直接的影响。国际收支中如果出口大于进口，资金流入，便会出现国际收支顺差，意味着国际市场对该国货币的需求增加，会使该国货币对外汇率上升，即本币汇率会上升。反之，若进口大于出口，资金流出，国际收支逆差，则国际市场对该国货币的需求下降，该国货币汇率下跌，即本币会贬值。

3. 利率

利率作为一国借贷状况的基本反映，对汇率波动起决定性作用。利率对汇率的影响主要是通过对套利资本流动的影响来实现的，高利率国家发生资本流入，低利率国家则发生资本外流，资本流动会造成外汇市场供求关系的变化，从而对外汇汇率的波动产生影响。一般而言，一国利率提高，将导致该国货币升值；反之，该国货币贬值。

4. 物价水平和通货膨胀水平的差异

在纸币制度下，汇率从根本上来说是由货币所代表的实际价值所决定的。消费物价指数，简称 CPI 指数，主要反映消费者支付商品和劳务的价格情况，是广泛用来反映通货膨胀情况的工具，一般用百分比表示。当消费物价指数上升时显示通货膨胀率上升，即货币的购买力下降，理论上来说该国货币应该有下跌的趋势，但很多国家都以控制通货膨胀为主要目的，通货膨胀率的上升往往同时带来利率上升的可能性，反而会利好该国货币；而如果通货膨胀受到控制，利率也可能会趋于回落，反而利空该国货币。通货膨胀会导致本国货币汇率下跌，通货膨胀的缓解会使汇率上浮。通货膨胀影响本币的价值和购买力，会引发出口商品竞争力减弱、进口商品增加，还会引发对外汇市场产生心理影响，削弱本币在国际市场上的信用地位。这三方面的影响都会导致本币贬值。

5. 心理预期

人们的心理预期这一因素在目前的国际金融市场上表现得尤为突出。汇兑心理学认为外汇汇率是外汇供求双方对货币主观心理评价的集中体现。评价高，信心强，则货币升值。这一理论在解释无数短线或极短线的汇率波动上起到了至关重要的作用。

除此之外，影响汇率波动的因素还包括政府的货币和汇率政策、突发事件、国际投机的冲击、经济数据的公布甚至政府要员的言论等。这些因素之间也会相互加强或抵消。

二、汇率变动的影响

（一）对一国经济的影响

1. 汇率变动对国内物价水平的影响

汇率变动通过影响进出口商品价格从而直接或间接影响国内的物价水平。通常，本币汇率上升，国内物价水平下降；本币汇率下降，国内物价水平上升。汇率变动后，立即对进口商品的价格产生影响。如本国货币贬值后，进口商品的物价用贬值国货币来表示就会上升，进口原材料、半成品的价格上涨，就会直接影响到本国商品生产成本的提高，国内物价将会上升，并逐渐扩展。另外，通过贸易收支改善的“乘数效应”，引起需求拉动的物价上涨。本币汇率下降，则外币购买力提高，国外进口商就会增加对本国出口商品的需求。在出口商品供应数量不能相应增长的情况下，出口商品的国内价格必然上涨。在初级产品的出口贸易中，汇率变化对价格的影响特别明显。在资本主义周期的高涨阶段，因国内外总需求的增加，进口增多，对外汇需求增加，外币价格高涨，导致出口商品、进口商品在国内价格的提高，并在此基础上推动了整个物价水平的高涨。

2. 汇率变动对进出口的影响

一般说来，本币贬值，外汇汇率提高，而本国国内物价未变动或变动不大，则外国对本国商品、劳务的购买力增强，增加了对本国商品出口的需求，从而可以扩大本国商品的出口规模。从另一方面看，本币贬值后，出口商品以外币表示的价格就降低，从而提高了出口商品的竞争能力，有利于扩大商品出口。同时，本币汇率下降，以本币所表示的进口商品的价格则会提高，影响进口商品在本国的销售，起着抑制进口的作用。本币汇率贬值有利于扩大出口、抑制进口，其最终结果有利于贸易收支的改善，但这个改善过程存在时滞现象。同时本币贬值，还应遵循“马歇尔—勒纳条件”（Marshall - Lerner Condition），才能真正起到改善一国国际收支的作用。

3. 汇率变动对国际资本移动的影响

从长期看，本币汇率下降时，本国资本为防止货币贬值的损失，常常流向国外，特别是存在本国银行的国际短期资本或其他投资，也会调往他国，以防损失。如本币汇率上涨，本币的购买力增强，从而使本国资本扩大对外投资。例如，日元在80年代和90年代初大幅度升值后，日本企业加快了向海外发展的速度，汽车行业首先决定扩大和提前实施在海外就地生产计划。家用电器、办公机械和机床行业也拼命向海外拓展。与此同时，本币汇率上升也会吸引外资的流入，因为本币的威望在提高。本币贬值对资本流动的影响，取决于贬值如何影响人们对该国货币今后变动趋势的预期。如果贬值后人们认为贬值的幅度还不够，汇率的进一步贬值将不可避免，即贬值引起汇率将进一步贬值的预期，那么，人们就会将资金从本国转移到其他国家，以避免再遭损失。但如果人们认为贬值已使得本国货币汇率处于均衡水平，那么，原先因本币定值过高而外逃的资金就会抽回到国内。当然，贬值在一定情况下也会吸引外资的流入，因为在贬值不造成汇率不稳和金融危机的前提下，一定的外资在本币贬值后可购买更多的产品和工厂。也存在特殊情况，近几年，在短期内也曾发生美元汇率下降时，外国资本反而急剧涌入美国进行直接投资和证券投资的情况，利用美元贬值的机会，取得较大的投资收益，这对缓解美元汇率的急剧下降有一定的好处，但这种情况的出现是由于美元的特殊地位决定的。

4. 汇率变动对各国国际储备和国际债务的影响

一方面，汇率变动通过影响国际贸易及国际资本流动，引起一国国际储备规模增减波动，储备货币升值，则一国外汇储备的实际价值提高，反之则降低。另一方面，汇率波动所引起的风险，使得一国管理其国际储备与国际债务的难度大为提高，因为汇率升降会增加或减少一国外汇储备存量的实际价值以及对外的实际债务负担。当作为主要储备货币的美元汇率下跌时，拥有美元储备的国家就会遭受损失。但对积欠美元债务的国家来说，则相应地减轻了债务负担。相反，如果某种储备货币的汇率上涨，持有这种储备货币的国家其外汇储备的实际价值就会增加，而对积欠以这种货币计算的债务国来说，则会增加债务的实际负担。本国货币汇率的变动，通过资本流动和进出口贸易额的增减，直接影响到本国外汇储备的增减。一国货币汇率稳定，外国投资者能够稳定地获得利息和红利收入，有利于国际资本投放，从而促进外汇储备增加；反之，则引起资本外流，外汇储备减少。

（二）汇率变动对国际经济的影响

1. 加剧发达国家与发展中国家的矛盾

主要工业国家汇率的变动（贬值）将会不利于其他工业国和发展中国家的贸易收支，由此将加剧工业国和发展中国家的矛盾，加剧工业国之间的矛盾，也可能引起贸易摩擦与汇率战，并影响经济的发展。主要工业国家的货币一般作为国际的计价手段、支付手段和储备手段，故其汇率变动将会引起国际金融领域的动荡，这对整个国际经济的发展将是十分不利的。如前所述，战后美元的两次贬值，使初级产品生产国家的外汇收入遭受损失；而它们的美元债务，由于订有黄金保值条款，丝毫没有减轻，至于其他非美元债务，有的则相对加重。

2. 加剧发达国家之间的矛盾，促进区域经济集团的建立与加强

一国货币汇率的下跌，必然会加剧发达国家之间争夺销售市场的斗争。80 年代以前，美元汇率急剧下跌，日元与联邦德国马克的汇率日益上升，资本主义世界货币十分动荡。美国政府对美元汇率日趋下降的现象放任不管，其目的就在于扩大本国的出口，迫使日本及西欧等工业发达国家采取刺激本国经济发展的措施，以扩大从美国进口。美元汇率的一再下降，加深了西欧共同体国家的困难，使这些国家陷入经济增长缓慢、失业现象严重，以及手中持有的美元价值日益下跌的困难处境。就是在这种情况下，欧洲共同体 9 国决定建立“欧洲货币体系”，确定成员国之间汇率波动界限，建立欧洲货币基金，并创设欧洲货币单位。“欧洲货币体系”的建立，固然是共同体实现财政经济联合、最终走向货币一体化的必然过程，但美元日益贬值，美元汇率急剧下降则是促进“欧洲货币体系”加速建立的一个直接原因。

项目小结

本项目主要介绍了外汇的含义；汇率的含义、种类、标价方法；汇率决定基础和汇率制度的种类、中国汇率制度的演变；影响汇率波动的因素和汇率变动对经济的影响。

基本概念

外汇　汇率　直接标价法　间接标价法　升水　贴水　平价　买入汇率　卖出汇率　中间汇率

项目练习与实训

知识练习：

一、单项选择题

1. 在采用直接标价法的前提下，如果需要比原来更少的本币就能兑换一定数量的外国货币，这表明（　　）。

A. 本币币值上升，外币币值下降，通常称为外汇汇率上升
B. 本币币值下降，外币币值上升，通常称为外汇汇率上升
C. 本币币值上升，外币币值下降，通常称为外汇汇率下降
D. 本币币值下降，外币币值上升，通常称为外汇汇率下降

2. 目前，我国人民币实施的汇率制度是（　　）。

A. 固定汇率制　　B. 弹性汇率制
C. 有管理浮动汇率制　　D. 盯住汇率制

3. 狭义外汇概念是指（　　）。

A. 外币有价证券　　B. 外国政府债券
C. 外国货币　　D. 国外银行的外币存款、汇票、支票

4. 外汇市场上，期汇比现汇贵，常称为（　　）。

A. 升水（at premium）　B. 贴水（at discount）

C. 平价（at par）　D. 利差

5. 国际外汇市场上公布的汇率一般是指（　）。

A. 票汇汇率　B. 信汇汇率　C. 买入汇率　D. 电汇汇率

6. 新闻报道和经济分析常使用的汇率是（　）。

A. 买入汇率　B. 卖出汇率　C. 中间汇率　D. 固定汇率

7. 伦敦市场£ 1 = SF8. 439 0/50，某客户要卖出 SF，汇率为（　　）。

A. 8. 439 0　B. 8. 445 0　C. 8. 439 5　D. 8. 434 5

8. 直接标价法（　）。

A. 是以一定单位的外国货币作为标准折算为本国货币来表示的汇率

B. 是以一定单位的本国货币作为标准折算为外国货币来表示的汇率

C. 是以美元为标准来表示各国货币的价格

D. 是以英镑作为标准来表示各国货币的价格

9. 我国和世界上绝大多数国家与地区采用的汇价标价方法是（　　）。

A. 间接标价法

B. 直接标价法

C. 间接标价法为主，直接标价法为辅

D. 间接标价法为辅，直接标价法为主

10. 卖出汇率，又称汇率卖出价，是指（　　）。

A. 银行卖出外汇的价格　B. 客户卖出外汇的价格

C. 政府卖出外汇的价格　D. A、B 和 C

二、多项选择题

1. 外汇包括（　　）。

A. 本币　B. 信用卡　C. 外币　D. 外币支付凭证

E. 外币有价证券

2. 按照外汇的支付工具，可将汇率分为（　　）。

A. 买入汇率　B. 卖出汇率　C. 电汇汇率　D. 信汇汇率

E. 票汇汇率

3. 外汇汇率的基本标价法有（　　）。

A. 直接标价法　B. 黄金标价法　C. 间接标价法　D. 美元标价法

4. 国际货币基金组织会员国的国际储备，一般可分为（　　）。

A. 黄金储备　B. 外汇储备

C. 在 IMF 的储备头寸　D. 欧洲货币单位

E. 特别提款权

5. 影响各国汇率变动的深层次原因有（　　）。

A. 国际收支　B. 通货膨胀　C. 利率　D. 经济增长状况

E. 中央银行的干预

6. 按照汇率的制定方法，可将汇率划分为（　　）。

A. 基本汇率　B. 即期汇率　C. 套算汇率　D. 远期汇率

7. 布雷顿森林体系下，固定汇率的特征表现为（　　）。

A. 人为规定金平价

B. 可以调整金平价

C. 人为规定汇率的波动幅度

D. 美元与黄金挂钩，其他国家货币与美元挂钩

E. 汇率的波动幅度可随时调整

8. 我国外汇管理条例中所称的外汇是指（　　）。

A. 外国货币　　B. 外币支付凭证

C. 外币有价证券　　D. 其他外汇资产

9. 下列哪些因素能够影响汇率（　　）。

A. 一国的利率水平

B. 一国的财政状况与经济生产状况国际收支

C. 重大国际政治因素

D. 外汇供求

10. 下列国家中实行间接标价法的国家是（　　）。

A. 德国　　B. 英国　　C. 美国　　D. 法国

三、判断题（正确的在括号内打“√”，错误的打“×”）

1. 外汇是在国外能得到偿付的货币债权，至于它能否兑换成其他货币表示的资产或支付手段则无关紧要。（　　）

2. 黄金可用于国际支付或清偿国际债务，外国邮票的面值也是外币表示的，因而它们都可视为外汇。（　　）

3. 直接标价法是指直接用一定单位的本国货币来表示外国货币的数量，即以一定单位本国货币为标准可折算成若干数额的外国货币的标价方法。（　　）

4. 在直接标价法下，一定外币单位折算的本国货币增加，说明外币汇价上涨或本币汇价下跌，即外币币值上升，或本币币值下降。（　　）

5. 在外汇市场上，银行报价通常采用双向报价方式，即同时报出买入汇率和卖出汇率。（　　）

6. 目前，只有英国和美国等少数国家采用直接标价法，而世界上绝大多数国家和地区都采用间接标价法。（　　）

7. 外汇买入价是指客户向银行买入外汇时所使用的汇价，外汇卖出价是指客户向银行卖出外汇时所使用的汇价。（　　）

8. 基本汇率是指根据外国货币与国际上某一关键货币的比率。（　　）

9. 在纸币流通条件下，影响汇率频繁变动的直接原因是外汇供求变化。（　　）

10. 在金本位制度下，各国均规定每一金币单位包含的黄金重量与成色，即含金量。（　　）

四、简答题

1. 联系实际谈谈人民币升值的影响。

2. 试分析影响汇率波动的因素和汇率变动的影响。

技能实训：

一、计算

1. 某公司欲从纽约外汇市场的某银行购入 100 万英镑，该银行的报价是 GBP/USD 1.600 0—10。请问这家公司在这笔外汇交易中需支付多少美元？

2. 伦敦一客户向伦敦外汇市场的某银行询问英镑兑瑞士法郎的汇率，此时这种货币的基本汇率如下：

GBP/USD 1.650 0—20

USD/CHF 1.500 0—10

请问客户买入瑞士法郎，卖出英镑的汇率是多少？

3. 某日，苏黎世外汇市场，即期汇率的报价是 USD/CHF 1.655 0—60，6 个月的升水点数是 40—50，请问该市场美元兑瑞士法郎 6 个月远期汇率是多少？

二、读懂下表

货币名称	现汇买入价	现钞买入价	卖出价	基准价	中行折算价
英镑	1 048.26	1 015.89	1 056.68	1 053.72	1 053.72
港币	83.15	82.48	83.47	83.37	83.37
美元	647.1	641.91	649.7	648.92	648.92
瑞士法郎	764.29	740.69	770.42		767.65
新加坡元	521.69	505.59	525.88		523.63
瑞典克朗	101.69	98.55	102.51		101.97
丹麦克朗	124.18	120.35	125.18		124.48
挪威克朗	117.43	113.81	118.38		117.77
日元	8.031	7.783 1	8.095 5	8.068 6	8.068 6
加拿大元	661.58	641.16	666.9		662.92
澳大利亚元	681.37	660.33	686.84		682.59
欧元	926.18	897.58	933.61	931.39	931.39
澳门元	80.83	80.15	81.14		80.94
菲律宾比索	14.88	14.42	15		14.95
泰国铢	21.23	20.58	21.4		21.31
新西兰元	525.02		529.23		528.09
韩国元		0.576 4	0.625		0.600 3
卢布	23.07		23.25		23.15

资料来源：中国银行网站

职业拓展实训：

1. 近年来，人民币升值的趋势越来越明显，请你从某一方面阐述人民币升值对我国经济现在和未来发展的影响。

2. 我某公司出口某商品，原报价为50万美元FOB上海，现外商要求改报加元、港元价格？应报价多少？

币种/代码	现价	涨幅	涨跌	开盘	最高	最低	振幅	买价/卖价
美元指数 USDX	74.800 0	-0.08	0.020 0	74.860 0	74.930 0	74.790 0	0.19	74.800 0/74.830 0
澳元美元 AUDUSD	1.055 7	0.22	0.002 1	1.053 4	1.056 2	1.052 6	0.34	1.055 7/1.056 2
欧元美元 EURUSD	1.435 0	0.02	0.000 5	1.434 7	1.435 6	1.432 2	0.24	1.435 0/1.435 6
英镑美元 GBPUSD	1.623 6	0.04	0.000 6	1.623 0	1.624 5	1.622 2	0.14	1.623 6/1.624 1
美元加元 USDCAD	0.975 4	-0.41	-0.004 4	0.979 4	0.979 4	0.975 4	0.41	0.975 4/0.975 9
美元瑞郎 USDCHF	0.844 7	0.34	0.001 1	0.841 8	0.846 7	0.841 5	0.62	0.844 7/0.845 1
美元港元 USDHKD	7.783 3	0.00	-0.000 5	7.783 3	7.784 5	7.782 5	0.03	7.783 3/7.783 8
美元日元 USDJPY	80.410 0	0.06	0.140 0	80.360 0	80.680 0	80.300 0	0.47	80.410 0/80.460 0

资料来源：中国银行网站

项目四　传统外汇交易

任务一　外汇市场

☞ 知识目标

1. 了解和掌握外汇的含义
2. 掌握外汇市场的基本知识
3. 了解和掌握外汇市场的参与者、外汇市场的功能、交易工具及组织形式

☞ 技能目标

1. 把握外汇市场的含义
2. 理解并掌握外汇市场的功能

☞ 导入案例

14 年前，李健全在珠海投资建立了一家以生产医用辅料产品为主的小厂；14 年后，这家名为“稳健医疗集团”的企业，已经扩张到13 家工厂和4 家贸易公司，产品95%出口欧洲、美洲、澳洲、非洲、东南亚等80 多个国家和地区，年销售收入近8 亿元。在深圳，类似“稳健”这种以出口贸易为导向，实行生产制造销售一条龙服务的企业有上万家，稳健的规模在其中只能算作是中型。

“稳健”的营收结构95%依赖出口，欧洲是其最大的市场，占其销售额的35%，其次是美国占25%，日本占20%，其他地区占15%，除在德国等地以欧元结算之外，主要是以美元结算。正是由于实行单一的产品结构，面对汇率改革风险缺乏灵活的变通能力，极易造成巨大的损失。潜在汇率风险的增加让李健全感觉恐惧：单一的产品结构，销售主要依赖出口，一旦预期汇率大幅调整事实的发生，“稳健们”无疑是最直接、最痛楚的受害者。

资料来源：http：//www. gci－corp. com

◈ 思考题

为什么说外汇市场的存在与营运，在当前国际经济金融领域中起着重大作用?

外汇市场作为一个国际性的资本投机市场的历史要比股票、黄金、期货、利息市场短得多，然而，它却以惊人的速度迅速发展。今天，外汇市场每天的交易额已达1. 5 万亿美元，其规模已远远超过股票、期货等其他金融商品市场，已成为当今全球最大的金融市场和投机市场。

自从外汇市场诞生以来，外汇市场的汇率波幅越来越大。1985 年9 月，1 美元兑换220 日元，而1986 年5 月，1 美元只能兑换160 日元，在8 个月里，日元升值了27%。近几年，外汇市场的波幅就更大了，1992 年9 月8 日，1 英镑兑换2. 010 0 美元，11 月10 日，1 英镑兑换1. 508 0 美元，在短短的两个月里，英镑兑美元的汇价就下跌了5 000 多点，贬值25%。不仅如此，目前，外汇市场上每天的汇率波幅也不断加大，一日涨跌2%至3%已是司空见惯。

一、外汇市场的含义

贸易往来的频繁及国际投资的增加，使各国之间的经济形成密不可分的关系，全球的经常性经济报告如通货膨胀率、失业率及一些不可预期的消息如天灾或政局的不安定等等，皆为影响币值的因素。币值的变动，也影响了这个货币在国际上的供给与需求。而美元的波动持续抗衡世界上其他的货币。国际性贸易及汇率变动的结果，造就了全球最大的交易市场——外汇市场（Foreign Exchange Market），一个具有高效率性、公平性及流通性的一流世界级市场。

外汇市场是指从事外汇买卖的交易场所，或者说是各种不同货币相互之间进行交换的场所，是金融市场的重要组成部分。外汇市场之所以存在，主要有以下几点原因：

（1）贸易和投资。

进出口商在进口商品时支付一种货币，而在出口商品时收取另一种货币。这意味着，他们在结清账目时，收付不同的货币。因此，他们需要将自己收到的部分货币兑换成可以用于购买商品的货币。与此相类似，一家买进外国资产的公司必须用当事国的货币支付，因此，他需要将本国货币兑换成当事国的货币。

（2）投机。

两种货币之间的汇率会随着这两种货币之间的供需的变化而变化。交易员在一个汇率上买进一种货币，而在另一个更有利的汇率上抛出该货币，他就可以盈利。投机占了外汇市场交易的绝大部分。

（3）对冲。

由于两种相关货币之间汇率的波动，那些拥有国外资产（如工厂）的公司将这些资产折算成本国货币时，就可能遭受一些风险。当以外币计值的国外资产在一段时间内价值不变时，如果汇率发生变化，以国内货币折算这项资产的价值时，就会产生损益。公司可以通过对冲消除这种潜在的损益。这就是执行一项外汇交易，其交易结果刚好抵消由汇率变动而产生的外币资产的损益。

外汇交易市场是银行间市场或交易商间市场，它并非传统印象中的实体市场，没有实体的场所供交易进行。交易是通过电话及经由计算机终端机在世界各地进行，直接的银行间市场是以具外汇清算交易资格的交易商为主，他们的交易构成总体外汇交易中的大额交易。

外汇市场上从事的外汇买卖可分为两种类型：一是本币与外币之间的相互买卖，即外汇的持有者按一定的汇率卖出外汇换回本币，外汇的需求者按一定的汇率用本币购买外汇，也被称为国内外汇市场；二是不同币种的外汇之间的相互交易，也被称为国际外汇市场。

二、外汇市场的参与者

（一）外汇市场参与者的分类

在外汇市场这个全球的外汇交易网络中，参与者众多。简单而言，凡是在外汇市场上进行交易活动的人和机构都可定义为外汇市场的参与者。为了更好地认识外汇市场的主体活动，可以把外汇市场的参与者概括地分为以下几类：各国的政府或中央银行、以商业银行为首的金融机构、外汇经纪人、非银行客户。外汇交易的参与者，按其交易的目的，可以划分为投资者和投机者两类。

1. 中央银行

中央银行在外汇市场上的活动主要有：（1）作为普通参加者，参加外汇交易活动。中央银行作为政府的银行参与外汇市场，为政府和重要的国有企业进行外汇交易。有时，央行还需要买卖一些次要的外汇，以满足一些企业对冷僻的货币的需要。此时，中央银行的作用与一般银行的作用是一致的。除此之外，中央银行还与国际金融机构、他国中央银行之间买卖外汇。当然，中央银行在从事外汇交易时，应尽量避免自身行为对外汇市场的影响。（2）作为特殊的机构参与外汇交易。货币政策是一国的重要经济手段，各国借助货币政策来调节外汇市场时，往往是通过中央银行对外汇市场进行干预来实现。当某些因素导致一国汇率发生剧烈波动时，当一国宏观经济政策需要外汇市场汇率调整的配合时，当一国为了管理和控制本国的货币供应量，以及为了增加官方储备、稳定汇率等原因需要中央银行参与外汇市场时，中央银行就会大量抛售或购进某种外汇，使外汇汇率或本币朝着有利于中央银行管理的方向变化。这时，中央银行的领导地位就充分地显示出来了。中央银行不但是外汇市场的参与者，而且是外汇市场的实际操纵者。（3）中央银行作为国家的管理机构，监督和管理整个金融市场。中央银行的管理主要表现在中央银行可以制订一系列的外汇条例和法规，对于完全不能自由浮动的货币，中央银行实行完全的外汇管制，处于绝对的控制地位。在防止外汇市场的过度投机、制止外汇市场的违法行为方面，中央银行也有义不容辞的责任。

2. 外汇银行

外汇银行又叫外汇指定银行，是由中央银行授权经营外汇业务的本国银行，设在本国的外国银行及其他从事外汇经营的有关金融机构。外汇银行是外汇市场的交易主体和外汇业务的中介。它收买外汇供给者的外汇，并将外汇卖给外汇需求者，充当外汇供求的主要中介人。出于平衡头寸、保值或牟利的需要，外汇银行也自行对客户买卖外汇，参与外汇市场投机活动。

外汇银行可以分为三类：专营或兼营外汇业务的本国商业银行；在本国的外国商业银行分行及本国与外国的合资银行；经营外汇业务的其他金融机构，如信托投资公司、财务公司等。

3. 外汇经纪人

外汇经纪人是指介于外汇银行和其他外汇市场参与者之间，为买卖双方接洽外汇交易而赚取佣金的中间商。

普通客户与中央银行、外汇银行一般不能实现自由交易，必须通过外汇经纪机构进行交易，经纪机构再与中央银行、外汇银行交易，实现流通。外汇经纪机构不仅仅是普通客户交易的纽带，也是一些商业银行交易的纽带，这些商业银行即便是有独立参与外汇银行交易的资格，也常常选择经纪机构，因为这些银行往往出于保护自己的目的，通过与经纪机构交易来避免暴露自己的经营活动，从而顺利实施其市场战略。国内拥有自主外汇买卖权限的商业银行也相当于外汇经纪机构。许多国家规定，外汇经纪人必须经过当地中央银行批准，才能取得经营业务的资格。有的国家还规定，外汇买卖必须通过外汇银行和外汇经纪人才能进行。

外汇经纪人可以分为两类：一是以自由资金参与外汇交易，即外汇自营商，他们在外汇交易中自负盈亏，自担风险；二是“跑街”经纪人，他们自己不买卖外汇，而是依靠同外汇银行的密切联系和掌握的外汇供求信息，促成双方交易，从中赚取手续费，不承担外汇交易盈亏风险。

4. 非银行客户

非银行客户即在外汇市场中，与外汇银行有外汇交易关系的公司和个人，他们是外汇市场上的主要供求者。可以分为实际外汇供求者和外汇投机者两类。

实际外汇供求者主要包括：进出口商、跨国企业、政府机构。他们参与外汇市场主要是为了进行债权与债务的结算、进出口收付款或是对未来的一笔账款的结算进行规避风险等。而外汇投机者，则通过对汇率的涨跌趋势的预测，利用外汇汇率和时间的差异，低买高卖，赚取市场投机利润。在浮动汇率制度下，外汇投机者利用买空卖空活动，一方面促使各国加强对汇率的管制，进一步完善了各国汇率体系，并通过外汇投机家的外汇买卖，给市场提供了一个平衡外汇差价的空间，也促使各国加强对本国金融市场的规范化管理；另一方面由于投机者的买空卖空，使外汇市场的资金急剧膨胀，加大了外汇市场的动荡，给各个国家的经济带来了很多的不稳定因素，甚至造成国际性的金融危机。

（二）外汇市场交易的三个层次

根据外汇市场上的参与者，可以将外汇市场的交易分为三个层次：

一是银行与顾客之间的外汇交易。银行一方面从顾客手中买入外汇，另一方面又将外汇卖给有需要的顾客，从而满足顾客用汇的需要。实际上在满足顾客用汇需要的同时，银行充当了外汇的终极供求双方的中介，赚取外汇买卖差价。

二是银行同业间的外汇交易。银行之间出于轧平各种货币头寸、投机、套汇、套利等目的而从事同业的外汇交易。银行同业间的外汇交易构成了外汇市场上绝大部分的外汇交易，因此同业交易市场也被称为“批发外汇市场”。

三是银行与中央银行之间的外汇交易。中央银行通过在外汇市场进行公开市场操作来调节汇率：向外汇银行购入某种外币，增加市场对该种外币的需求量，以促使银行调高其汇率；反之，向银行出售该外汇的储备，以促使其汇率下跌。

三、外汇市场的特点

1. 外汇市场是无形市场

外汇市场通常是场外交易市场，没有一个专门的有形场所供交易员们聚在一起兑换货币。交易员们往往是坐在世界各地主要银行的办公室里，通过计算机终端、电话、电传和其他通讯渠道进行联系。

2. 外汇市场是24小时交易的全球最大单一市场

由于时差的存在，各个主要外汇交易中心开闭的时间有所差别，在全球范围内，几乎一天24小时都进行着外汇交易。

3. 外汇市场是以造市商为核心的市场，外汇市场是造市商市场

市场上每天都发生成千上万宗外汇交易，不可避免地会出现外汇供给和需求的临时性不平衡。一些银行随时准备在相互之间就某一种或几种货币进行交易，而不考虑其本身外汇头寸的状况，以保证外汇市场运行的连续性，这些交易并不一定是银行自身的实际需要。从这个意义上说，这些银行相互之间创造了外汇市场，被称为造市商。

4. 外汇市场存在双重交易结构

在银行间外汇市场上，外汇交易包括直接交易和经纪交易两种形式。按照传统惯例，在国际市场上银行与外国银行通过电话、电传进行直接交易，在国内市场上银行间的交易往往通过外汇经纪商作为中介间接进行。

直接交易与通过经纪人交易有本质的区别。直接交易以互惠为基础，交易双方随时准备创造市场：即一家银行相信交易对方将会为其提供市场，与其进行所期望数量的外汇交易；在这个基础上，该银行也保证向对方提供市场，随时准备按后者提出的要求进行交易。

四、外汇市场的类型

根据不同的分类方式，外汇市场可以分为不同的类型。按市场的组织方式不同，外汇市

场可分为交易所市场和柜台市场；按市场参与者不同，外汇市场可划分为零售市场和批发市场；按市场交易受政府干预的程度不同，外汇市场可分为官方外汇市场和自由外汇市场；按外汇买卖交割期的不同，外汇市场可分为现货市场和期货市场。

1. 交易所市场和柜台市场

交易所市场是指外汇交易的形式采用具体的、固定的交易所，有固定的营业日和开盘收盘时间，外汇交易的参加者于每个营业日规定的营业时间集中在交易所进行交易。欧洲大陆的德、法、荷、意等国固定的外汇交易所，即属此类，因此这种方式的外汇市场也被称为大陆式市场。如巴黎外汇市场、米兰外汇市场等。

柜台交易市场是指没有固定场所，没有一定的开盘收盘时间，交易双方不必面对面地交易，只靠电传、电报、电话等通讯设备和计算机的网络相互接触和联系，协商达成交易。英、美、加拿大和瑞士等国均采用此种方式，因而也称之为英美式外汇市场。如伦敦外汇市场、纽约外汇市场、东京外汇市场、香港、新加坡外汇市场等。

2. 零售市场和批发市场

外汇零售市场是由外汇银行与公司及个人客户之间的交易构成的外汇市场，也称银行与客户间外汇市场，是外汇市场存在的基础。交易客户主要是工商企事业单位、进出口商、个人等，是出于贸易、投资、个人收付以及投机的需要而同外汇银行进行外汇买卖。该市场基本特点是：没有最小交易金额限制，每笔交易较为零散；银行所报买卖差价较大。

外汇批发市场指银行同业之间买卖外汇形成的市场，每天成交金额巨大。据统计，国际上的95%以上的外汇交易都是由银行间的外汇买卖形成的，而贸易、投资、货币管理所形成的外汇资金只占5%。银行间的外汇交易多是为了调整自身的外汇头寸，以减少和防止由汇率变动所产生的风险。当外汇头寸出现盈余时需要拆出外汇，外汇头寸出现短缺时需要拆入外汇，这种拆出和拆入都会受市场汇率和利率的影响。

3. 自由外汇市场和官方外汇市场

自由外汇市场，是指不受所在国家政府控制，汇率由外汇市场供求自由决定的外汇市场，在自由外汇市场条件下，参加者、交易对象、交易额度、交易价格（汇率）及交易目的等都没有限制，可以完全或者最大限度地由市场或供求双方决定。

官方外汇市场，是指受所在国政府控制，按照中央银行或外汇管理机构规定的官方汇率进行交易的外汇市场。官方外汇市场具有以下特点：

①对外汇市场交易的参与者有资格限制，即对市场准入的管制；

②对外汇市场交易的对象有所限制，即对市场交易的货币品种进行限制；

③对市场的汇率进行控制，不允许无限制地波动，控制的方式包括实行固定汇率制，只允许在一定幅度内波动，暂停交易，中央银行吞吐外汇，以平抑汇率的波动；

④对外汇的用途有一定的限制，一般只允许进行与国际贸易活动相联系的外汇买卖，如国家批准的进口及出口后必须进行的结售汇等，用于投机活动的外汇买卖，是受到严格限制的，甚至称其为非法行为而被禁止；

⑤对每笔外汇交易的金额有一定的限制。

4. 现货市场和期货市场

外汇现货市场是指在这一市场交易的货币是可以兑换的，交易协议成立后可以立即交割，或在极短的时期内交割。由于交易与交割之间的间隔时间比较短，汇率在此时间内的波动不会很大，因此，在现货市场上进行外汇交易，其汇率风险较小。

外汇期货市场是指外汇交易的双方购买或出售一种标准的外汇买卖契约，约定在将来某一规定的日期进行交割的市场，交割时按协议的汇率进行，而不是交割时的汇率。外汇期货市场是由于浮动汇率下汇率波动风险变大，为了规避这一风险、进行套期保值而形成的。

五、外汇市场的市场职能

1. 实现购买力的国际转移

国际贸易和国际资金融通至少涉及两种货币，而不同的货币对不同的国家形成购买力，这就要求将本国货币兑换成外币来清理债权债务关系，使购买行为得以实现。而这种兑换就是在外汇市场上进行的。外汇市场所提供的就是这种购买力转移交易得以顺利进行的经济机制，它的存在使各种潜在的外汇售出者和外汇购买者的意愿能联系起来。当外汇市场汇率变动使外汇供应量正好等于外汇需求量时，所有潜在的出售和购买愿望都得到了满足，外汇市场处于平衡状态之中。这样，外汇市场提供了一种购买力国际转移机制。同时，由于发达的通讯工具已将外汇市场在世界范围内联成一个整体，使得货币兑换和资金汇付能够在极短时间内完成，购买力的这种转移变得迅速且方便。

2. 提供资金融通

外汇市场向国际的交易者提供了资金融通的便利。外汇的存贷款业务集中了各国的社会闲置资金，从而能够调剂余缺，加快资本周转。外汇市场为国际贸易的顺利进行提供了保证，当进口商没有足够的现款提货时，出口商可以向进口商开出汇票，允许延期付款，同时以贴现票据的方式将汇票出售，拿回货款。外汇市场便利的资金融通功能也促进了国际借贷和国际投资活动的顺利进行。美国发行的国库券和政府债券中很大部分是由外国官方机构和企业购买并持有的，这种证券投资在脱离外汇市场的情况下是不可想象的。

3. 提供外汇保值和投机的市场机制

在以外汇计价成交的国际经济交易中，交易双方都面临着外汇风险。由于市场参与者对外汇风险的判断和偏好的不同，有的参与者愿意花费一定的成本来转移风险，而有的参与者则愿意承担风险以实现预期利润，由此产生了外汇保值和外汇投机两种不同的行为。在金本位和固定汇率制下，外汇汇率基本上是平稳的，因而就不会形成外汇保值和投机的需要及可能。而浮动汇率下，外汇市场的功能得到了进一步的发展，外汇市场的存在既为套期保值者提供了规避外汇风险的场所，又为投机者提供了承担风险、获取利润的机会。

任务二　即期外汇交易

☞ 知识目标

1. 了解即期外汇交易的作用
2. 掌握即期外汇交易的含义，交割时间的确定，即期外汇交易的分类
3. 熟练掌握即期外汇交易的报价方法、报价惯例、报价依据

☞ 技能目标

1. 掌握即期外汇交易市场的报价方法

2. 熟练掌握银行即期外汇交易的程序

☞ 导入案例

假设美国福特汽车公司在英国巴克莱银行的英镑存款账户中多头头寸较大。为了减少英镑多头头寸的外汇风险，福特公司决定在即期外汇市场上出售500万英镑。该公司在与美洲银行谈妥这笔外汇交易后，电告巴克莱银行，请其将500万英镑转移到美洲银行的账户上；与此同时，美洲银行则在福特公司的美元存款账号上贷记等值的美元金额，或者美洲银行以福特公司为受票人签发一张等值美元金额的银行本票。这就是一项即期外汇交易的过程，整个过程最多不超过两个营业日。

资料来源：http：//finance. sina. con. cn

◈ 思考题

即期外汇交易的作用体现在哪些方面？

在外汇市场上，由于交易的动机不同、技术手段不同、政府管制程度不同，从而形成或产生了许多不同的交易方式，其中，约有5% 是由于公司和政府部门在国外买入或销售他们的产品和服务，或者必须将他们在国外赚取的利润转换成本国货币；而另外95% 的交易是为了赚取盈利或者投机。因此，从交易的本质和实现的类型来看，外汇交易大致可以分为以下两大类：

①为满足客户真实的贸易、资本交易需求进行的基础外汇交易；

②在基础外汇交易之上，为规避和防范汇率风险或出于外汇投资、投机需求进行的外汇衍生工具交易。

属于第一类的基础外汇交易主要是即期外汇交易，而外汇衍生工具交易则包括远期外汇交易、外汇期权交易、掉期交易以及互换交易等。

一、即期外汇交易的含义

（一）即期外汇交易的概念

即期外汇交易（Spot Transaction）又称为现货交易或现期交易，是指交易双方以当天的外汇市场交易价格成交以后，根据事先约定的价格、汇率、金额，在两个营业日内进行交割的交易行为。它是市场上最常见的一种外汇交易形式，是其他外汇交易的基础。

即期外汇交易占外汇交易总额的大部分。这主要是因为即期外汇买卖不但可以满足买方临时性的付款需要，实现货币购买力的转移，帮助买卖双方调整外汇头寸的货币比例，避免外汇汇率风险，还可以进行外汇投机。

在即期外汇业务中，其风险较其他外汇业务要小得多。但是，这并不意味着即期外汇业务不存在风险，即便是在一个营业日内进行的外汇业务也会存在风险。由于时区的差别，在一个特定时间内，亚洲的市场要早些，欧洲次之，美国市场再次之。这样，一笔外汇款，如果通过香港的银行汇出，英国的银行收到后再解付给英国的公司，在此期间，如果英国银行的外汇还未付款给客户，而该银行已破产，则公司同样面临外汇风险。

（二）即期交易的交割日

交割日又称结算日，也称有效起息日，是指买卖双方将资金交付给对方的日期。在国际外汇市场上，外汇交易双方一旦达成买卖协议，交易价格就已确定。由于外汇交易与其他商品交易不同，并不能当时就进行资金的收付。外汇交易涉及的金额较大，而汇率又在不停地波动，所以，在所有的外汇交易市场上，都有其固定的标准交割日，以避免出现分歧和经济纠纷。

大多数即期外汇交易是在成交后的第二个营业日进行交割。这里注意，“第二个营业日”的确定并不简单。比如即期外汇交易涉及两个国家时，这个“营业日”一般是在这两个国家都营业的日子。另外，假如即期外汇交易是在周末成交的，其交割日一般也应顺延。具体可以分为：

标准交割日（$T+2$）：目前大部分的即期外汇交易都采用这种交割日进行交割，主要是伦敦、纽约、苏黎世等欧美外汇市场。

隔日交割（$T+1$）：又称现金交割，是指成交后第一个营业日交割，适用于东京、新加坡市场。

当日交割（$T+0$）：是指在成交日当日进行交割。如在香港外汇市场上美元对港币曾采用的就是在当天进行交割。

（三）即期交易的方式

在外汇即期交易中，又可将交易具体分为顺汇买卖方式和逆汇买卖方式。

1. 顺汇买卖方式

汇款人委托银行以某种信用工具（如汇票），通过其国外分行或代理行将款项付给收款人，受托银行在国内收进本币，在国外付出外汇。因其汇兑方向与资金流向一致，故称为顺汇买卖方式。外汇银行收妥本币卖出外汇后，按照客户的要求，采用电汇、信汇或票汇的方式通知债权人或收款人所在国的分支行或其代理行，按当时当地汇率将其外币存款账户上一定金额的外汇支付给收款人。这样，该外汇银行在自己账户增加了客户支付的本国货币，而在国外的外币账户存款则减少了相应的外币。

2. 逆汇买卖方式

逆汇买卖方式也称托收方式，是指由收款人出票，通过银行委托其国外分支行或代理行向收款人收取汇票上所列款项的一种方式。因该方式的资金流向与信用工具的传递方向相反，故称为逆汇。在逆汇方式下，客户向银行卖出汇票，等于银行付出本币，买进外汇。外汇银行接受收款人的托收委托后，即通知其国外分支行或代理行，按照当日汇率向付款人收取汇票所载的外币金额，并将收入记录在国外银行的外汇账户上。其结果是，该外汇银行国内本币存款账户余额减少了，而其外币存款账户上的外币余额相应增加了。

不论是进行顺汇买卖，还是逆汇买卖，最终都会使外汇银行自己持有的各种外币存款账户的余额即外汇头寸发生变化。

二、即期交易的报价

在即期外汇市场上，一般把提供交易价格（汇价）的机构称为报价者，通常由外汇银行充当这一角色；与此相对应，外汇市场把向报价者索价并在报价者所提供的即期汇价上与报价者成交的其他外汇银行、外汇经纪、个人和中央银行等称为询价者。

（一）即期交易报价方法

在外汇市场上，报价银行在报出外汇交易价格时一向采用双向报价法，即同时报出银行买价与卖价（请注意，这里的买价与卖价是对于银行来说的），在直接标价法和间接标价法下，报价是不相同的。

直接标价法下，银行报出的外汇交易价格是买价在前，卖价在后。

如2011年3月19日，日本东京银行报出美元对日元的开市价为：USD 1 = JPY 78.760—78.780，其中前面这个数表示报价银行买入美元（外汇）付出日元的价格，后面的数表示报价银行卖出美元收回日元的价格。

间接标价法下，银行报出的即期外汇交易价格是卖价在前，买价在后。

如2011年3月17日，纽约外汇市场美元对欧元的收市价是：USD 1 = EUR 0.711 5—0.713 5，前面一个数是美国银行卖出欧元的价格（即客户用1美元只能买到0.711 5欧元），后面一个数是美国银行买入欧元的价格（即客户要用0.713 5欧元才能买到1美元）。

在即期外汇交易中，报价的最小单位（市场称基本点）是标价货币最小价格单位的1%，如欧元的最小价格单位是1%欧元，则美元兑换欧元的交易价格应标至0.000 1欧元，假如美元兑欧元的汇率从0.741 0/20上升到0.743 0/40，则外汇市场称汇率上升了20个基本点或20个点。又如人民币，其最小单位是1%元（即分），则美元兑人民币的交易价格应标至0.000 1元。

例：	货币对	即期报价	差价
	USD/JPY	79.543/607	64个点
	USD/CAD	0.948 78/898	20个点
	GBP/USD	1.680 8/16	8个点

特点：第一个数字表示报价者愿意买入被报价币的价格，这就是所谓的买入汇率（Bid Rate），第二个数字表示报价者愿意卖出被报价币的价格，这就是卖出汇率（Offer Rate）。在国际外汇市场上，外汇交易通常只会报出43/07，一旦成交后，再确认全部的汇率是79.543。双向报价时前一数值小，后一数值大，一般而言，汇率价格的最后一位数，称之为基本点（Point），也有人称之为Pips或Ticks。这些皆是汇率变动的最小基本单位。

（二）即期交易的银行报价惯例

在外汇市场上，为了保证外汇交易的正常运行，各地外汇市场逐步形成了一些约定俗成的交易惯例，所以，对于投资者来说，了解这些惯例是十分必要的。

（1）除特殊标明外，所有货币的汇价都是针对美元的，即采用以美元为中心的报价方法。在外汇市场上，外汇交易银行所报出的买卖价格，如没有特殊表明，均是指所报货币与美元的比价。如东京银行2011年3月18日报出日元的开市价是79.340/80，这一价格就是指日元与美元的即期买卖价格。

（2）除英镑、爱尔兰镑、澳大利亚元、新西兰元和欧洲货币单位的汇价是采用间接标价法以外（以一单位货币等值多少美元标价），其他可兑换货币的汇价均采用直接标价法表示（以一单位美元等于多少该币标价）。此外，任何标价法下，报价银行报出的买价是指其愿意以此报价买入标的货币的价格，反之亦然。买价与卖价之间的价格差别称为价差。

（3）对所有可兑换货币的报价，报价银行都必须同时报出买、卖两个价。当报价银行的外汇交易员对问价方报出某种货币买卖价的同时，这一银行也就承担了以这一价格买进或卖出一定数额货币的义务，但条件是询价方同意在报价方报价的基础上立即成交。至于报刊公布的外汇交易中间价，只是供读者参考，不能作为外汇交易的依据。

（4）在通过电讯（如电话、电传等）报价时，报价银行只报汇价的最后两位数。如美元对欧元的汇价如果是USD 1 = EUR 0.661 5/25，报价银行的交易员一般只报为15/25。

（三）即期交易银行报价的依据

在了解了银行报价的一般惯例后，有些人可能会问，银行报价有无依据可循呢？其实，银行在报价时也是有其原则的，了解银行报价的依据对个人交易者来说是十分必要的，并可以此做出自己可接受的报价范围。银行报价的依据主要有以下几个：

1. 市场行情

市场行情是银行报价时的决定性依据。包括现行的市场价格，一般是指市场上一笔交易的成交价或是指市场上核心成员的买价或卖价；市场情绪，即指报价行对外报价时，市场处于上升或下降的压力之下，这种依据具有很大的主观性。

2. 报价行现时的某种外汇数量多少情况

若询价方需要买入银行持有较多的某种外汇时，银行报价时一般会较低报价以便于抛出该货币，减少风险。

3. 国际经济、政治及军事最新动态

报价银行所在国家及西方主要国家（如美国、日本、德国、英国等）的繁荣或萎缩、财政的盈余或赤字、国际收支的顺差或逆差、政治军事动荡与稳定等，都会引起外汇行市的动荡不安。报价银行的外汇交易必须时刻注意并以此调节本行的报价。

4. 询价者的交易意图

有经验的交易员在报价时，能够推测问价方的交易目的（买入或卖出），借此调整报价。如问价方意欲卖出某种货币，报价则稍稍压低一点；反之则抬高一点。

三、即期交易的程序（银行同业外汇交易程序）

外汇即期交易一般多为银行同业拆借，金额较大，双方完全凭信用，无须担保，一般都是通过电话等电讯方式成交。具体交易程序如下：

（1）选择交易对手。一般而言，应选择资信良好、报价迅速、买卖差价小、服务水平高的外汇银行作为交易对手，以保证交易的成功。

（2）自报家门。即主动发起交易接触进行询价的当事人。通过电话或电传与对手交易，必须首先让报价银行知道交易对手是谁，以便对方决策。如果通过路透交易机与对手交易，本银行的名称会自动显示在对方的终端屏幕上，自报家门可省略。

（3）询价。即询问有关货币即期汇率或者远期汇率的买入、卖出价。询价内容一般包括准备交易的货币名称、交割期限、交割日期、交易金额等。

（4）报价。一般只报出买价与卖价的最后两位小数。

（5）成交。询价方在对方报价后，迅速作出买卖决策，即向对方明确表明自己的买卖货币数量及价格。

（6）证实。报价方在对方表示成交后，应表示出“ok”或“done”字样，并进一步确认交易内容，如买卖方向、货币、金额、价格、起息日和款项划拨的指定账户，合同即告成立，双方必须履约。

（7）交割。

例如：下面便是通过路透社交易系统成交的一笔典型的即期交易。通过它可以看出即期外汇交易的一般程序。

成交日为 8 月 11 日。

A 银行：HIH1SPOTEUR2.（即 A 银行向 B 银行要美元兑欧元的即期价格，交易额为 200 万美元）

B 银行：0.693 50—460（报价，即 1 美元 =0.693 50—0.694 60 欧元）

A 银行：AT50.（击中 50）

B 银行：OK，DONE.（好，成交）

NOW CONFIRM，AT 0.693 50 WE BUY 2 MIOUSDAGAST EUR VA1. UE13/AUG. CITI BK NYK FOR MY USD WHERE IS YOUR EUR.

（证实：在 0.693 50 水平，我们买进 200 万美元兑欧元，起息日为 8 月 13 日，请你把美元汇到花旗银行纽约我的账上，你的欧元账户行在哪儿）

A 银行：DEUTSCHE BANK FF1. TNANKS ALOT BIBI.（请把欧元付到德意志银行法兰克福，谢谢，再见）

任务三　套汇交易

☞ 知识目标

1. 认识和掌握套汇交易的含义
2. 了解套汇交易的主要形式

☞ 技能目标

能够运用直接套汇法和间接套汇法进行套汇

☞ 导入案例

2006 年 1 月 4 日，我国在银行间外汇市场引入询价交易方式，同时规定人民币对欧元、日元和港币汇率中间价由当日人民币兑美元汇率中间价与上午 9 时国际外汇市场欧元、日元和港币兑美元汇率套算确定。

为了防止人民币对美元汇率和人民币对非美元货币汇率之间的投机套汇，维持外汇市场和人民币汇率的稳定，必须通过汇率套算确定人民币和非美元货币的汇率的中间价，投机者才难以套取到汇率差价，这就决定了我国人民币对非美元货币汇率的形成机制。正是这种机制的作用，目前随着美元对一些非美元货币如欧元、英镑等货币走强，以及人民币对美元汇率保持相对稳定，人民币对欧元、英镑等货币升值幅度加快。

资料来源：http：//news. cnnb. com. cn/

◈ 思考题

投机者的套汇行为对整个外汇市场有什么影响？

一、套汇交易的含义

套汇交易（Arbitrage Transaction）是指利用不同市场的汇率差异，在汇率低的市场大量买进，同时在汇率高的市场卖出，利用贱买贵卖方式，套取投机利润的外汇业务。这种做法具有强烈的投机性。

一般来说，国际各国外汇市场的汇率基本是一致的。但由于偶发性的汇率变动，在不同的外汇市场上，汇率有时也可能出现短暂的、较大的差异，为投机者抓住这一短暂的时机套取汇率上的差价收益创造了条件。由于这种汇率差异一般不会很大，因此进行套汇交易必须要有充足的资金，使得套汇收入除去有关费用开支后有利可图。所以，资金实力雄厚的大银行是外汇市场主要的套汇者。

套汇的种类主要有地点套汇、时间套汇和利息套汇。时间套汇就是掉期交易；利息套汇又叫套利交易，这两种套汇方式在后面的任务中会重点介绍，本任务要介绍的主要是地点套汇。

通常所说的套汇都是指地点套汇，由于空间的分割，不同的外汇市场对影响汇率诸因素的反应速度和反应程度不完全一样，因而在不同的外汇市场上，同种货币的汇率有时可能出现较大的差异，这就为异地套汇提供了条件。

二、套汇交易的主要形式

地点套汇又分两种：第一种是直接套汇，又称两地套汇；第二种是间接套汇，又称三地套汇。

（一）直接套汇

直接套汇（Direct Arbitrage）又称双边套汇、两角套汇，指利用两个外汇市场上某种货币的汇率差异，同时在两个外汇市场上一边买进一边卖出这种货币。简单说，就是利用两个外汇市场之间的汇率差异，在某一外汇市场低价买进某种货币，而在另一市场内高价卖出，从而赚取汇率的差额利润的外汇交易方式。

例如：假定在同一时间，以下两个市场的报价为，

法兰克福外汇市场：　　USD 1 = EUR 0.654 0—0.655 0

纽约外汇市场：　　USD 1 = EUR 0.650 0—0.651 0

套汇业务操作步骤：

首先，通过观察可以发现美元在纽约贱，在法兰克福贵。

其次，实施以下套汇过程：

在纽约买入 100 万美元，支付 1 000 000 × 0.651 0 欧元；

在法兰克福卖出 100 万美元，收回 1 000 000 × 0.654 0 欧元；

所以，若不考虑手续费，获利（0.654 0 - 0.651 0）× 1 000 000 = 3 000 欧元。

在本例中，套汇过程一方面会扩大纽约市场美元的需求，使其汇率上涨；另一方面会增加法兰克福市场美元的供给，使其汇率上涨，因此，套汇交易可促使不同市场汇率差异缩小。再加上先进的通讯与支付系统，各市场存在的价格偏差很快会被纠正，这说明当今国际外汇市场上地点套汇的机会很小。尽管如此，由于不同市场的汇率调整存在时滞，精明的套汇者仍可抓住短暂的机会获利。

（二）间接套汇

间接套汇（Indirect Arbitrage）也称三角套汇，是利用三个或三个以上外汇市场之间出现的汇率差异，同时在三个外汇市场上买卖外汇赚取差价的行为，也就是说，是在三个或三

个以上地方发生汇率差异时，利用同一种货币在同一时间内进行贱买贵卖，从中赚取差额利润的交易行为。

例如：在某日的同一时间，巴黎、伦敦、纽约三地外汇市场的现汇行情如下，

欧洲：1 英镑 = 1.710 0/1.715 0 欧元

伦敦：1 英镑 = 1.430 0/1.435 0 美元

纽约：1 美元 = 1.110 0/1.115 0 欧元

套汇业务操作步骤：

第一步，判断三个市场是否存在套汇的机会。原理是：在其中某一个市场投入 1 单位货币，经过中介市场，收入的货币不等于 1 个单位，说明三个市场汇率存在差异。判断方法为：为了方便起见，先求出三个市场的中间价格：

欧洲：1 英镑 = 1.712 5 欧元

伦敦：1 英镑 = 1.432 5 美元

纽约：1 美元 = 1.112 5 欧元

将上述三个标价改成同一标价法且基准货币的单位为 1，然后相乘，有：

$$1.7125 \times (1/1.1125) \times (1/1.4325) = 1.075 > 1$$

上式说明套汇者在欧洲投入 1 英镑，经过纽约市场，在伦敦市场可以换回 1.075 英镑。所以有套汇机会。

第二步，寻找套汇的路线。由上述中间汇率可知，英镑在欧洲贵，美元在伦敦贵，套汇的原理为在贵的市场卖出套汇货币，从而确定套汇路线。如假设套汇货币为英镑，则应在欧洲市场上卖出英镑换成欧元，再在纽约市场上卖出欧元换成美元，最后在伦敦市场卖出美元换回英镑。即套汇路线为欧洲—纽约—伦敦。

假设套汇者动用 100 万英镑套汇。在欧洲按 1 英镑 = 1.710 0 欧元换成 171 万欧元，在纽约将 171 万欧元按 1 美元 = 1.115 0 欧元换成美元 153.36 万，在伦敦按 1 英镑 = 1.435 0 美元换成英镑。套汇结果 106.87 万英镑，套汇利润 6.87 万英镑。

事实上，外汇市场交易的银行在实务操作中，单纯依靠上述两地进行套汇，在今天几乎是不可能的了。其主要原因是由于电讯技术的日益发达，不同外汇市场的汇差会同时为各国银行所认识，因而其差价会随着买卖的增加逐渐消失。要想获得套利，往往需要三个或三个以上的地区，甚至更多的市场参与。

任务四　外汇掉期交易

☞ 知识目标

1. 理解掉期交易的含义
2. 掌握掉期交易的特点
3. 认识掉期交易的作用

☞ 技能目标

1. 掌握即期对远期、远期对远期、即期对即期三种掉期交易形式

2. 掌握掉期交易的价格——掉期率

☞ **导入案例**

一家美国贸易公司在1月份预计4月1日将收到一笔欧元货款，为防范汇率风险，公司按远期汇率水平同银行叙做了一笔3个月远期外汇买卖，买入美元卖出欧元，起息日为4月1日。但到了3月底，公司得知对方将推迟付款，在5月1日才能收到这笔货款。于是公司可以通过一笔1个月的掉期外汇买卖，将4月1日的头寸转换至5月1日。

同样，一家日本贸易公司向美国出口产品，收到货款500万美元。该公司需将货款兑换为日元用于国内支出。同时公司需从美国进口原材料，并将于3个月后支付500万美元的货款。此时，公司可以采取以下措施：叙做一笔3个月美元兑日元掉期外汇买卖：即期卖出500万美元，买入相应的日元，3个月远期买入500万美元，卖出相应的日元。通过上述交易，公司可以轧平其中的资金缺口，达到规避风险的目的。

资料来源：http：//news. stockstar. com/

◈ **思考题**

外汇掉期交易与外汇远期交易有什么区别?

一、掉期交易的概念

（一）掉期交易的概念

掉期交易（Swap Transaction）又称为时间套汇，是套汇者利用不同交割期限所造成的外汇汇率的差异，在买入或卖出即期外汇的同时，卖出或买入远期外汇；或者在买入或卖出远期外汇的同时，卖出或买入期限不同的远期外汇，通过时间差来盈利的套汇方式。它是一种即期买卖和远期买卖相结合的交易方式，是以保值为目的的。一般是在两个资金所有人之间同时进行即期与远期两笔交易，从而避免汇率变动带来的风险。

简单来说，掉期交易是指买进或卖出某种货币的同时，卖出或买进同种货币的一种外汇交易。掉期外汇交易实际上由两笔外汇交易组成，一般是一笔为即期外汇交易，一笔为远期外汇交易。这两笔交易买卖的金额相同，货币相同，只是买卖的方向相反。

例如：中国银行从国外借入一笔英镑，并转贷给国内的一家企业，而这家企业希望使用美元。于是中国银行便应客户的要求，将英镑兑成美元，以满足该企业对美元的需求。但到贷款期满时，该企业必须用英镑归还贷款，以防止英镑升值，美元贬值的汇率风险。这就是说，该企业在以1英镑 = 1.572 5美元汇率卖出10万英镑做即期交易的同时，又以1英镑 = 1.517 5美元的远期汇率买入1月期的10万英镑做一笔远期交易，即卖出即期英镑，买进远期英镑，以保证到期日偿还中国银行的英镑贷款，这种交易就是掉期交易。

（二）掉期交易的特点

在掉期交易中，买卖的数额始终不变，即掉期交易改变的不是交易者手中持有的外汇数额，而是交易者所持货币的期限。具体说来，掉期交易主要有以下几个特点：

①买与卖是有意识的同时进行的；

②买与卖的货币种类相同，金额相等；

③买与卖的交割期限不相同。

二、掉期交易的价格——掉期率

在掉期交易中，决定交易规模和性质的因素是掉期率或兑换率。

掉期率是掉期交易的价格，采用双向报价的方式，即买/卖价，但含义与即远期报价的含义不同，是指远期外汇交易和即期外汇交易价格之间的差价。这种差值可以汇率形态表示，故又称之为两货币之间在某一时段内的掉期率。

掉期率本身并不是外汇交易所适用的汇率，而是即期汇率与远期汇率或远期汇率与即期汇率之间的差额，即远期贴水或升水。掉期率与掉期交易的关系是：如果远期升（贴）水值过大，则不会发生掉期交易。因为这时交易的成本往往大于交易所能得到的益处。

掉期率有三种形态：

①当远期汇率高于即期汇率时，称为“升水”或“溢价”；

②当远期汇率低于即期汇率时，称为“贴水”或“折价”；

③当远期汇率与即期汇率相同时，则称为平价。

掉期率的报价法：银行首先报出即期汇率，在即期汇率的基础上再报出点数（即掉期率），客户把点数加到即期汇率或从即期汇率中减掉点数而得到远期汇率。在掉期率报价法下，银行给出点数后，客户计算远期汇率的关键在于判断把点数加到即期汇率中还是从即期汇率中减掉点数，其判断原则是使远期外汇的买卖差价大于即期外汇的买卖差价，因为作为银行来说，从事外汇交易的利润来源主要就是买入卖出外汇之间的差价，在远期外汇业务中银行所承担的风险要比从事即期外汇业务的风险大，因而也要求有较高的收益，表现在外汇价格上就是远期外汇的买卖差价要大一些。

三、掉期交易的分类

掉期交易根据交割日的不同可分为即期对远期、远期对远期、即期对即期。

1. 即期对远期

即期对远期（Spot - forward swaps）指买进或卖出现汇的同时，卖出或买进一笔期汇的交易。它是掉期交易里最常见的一种形式。这种交易形式按参加者不同又可分为两种：纯粹的掉期交易和分散的掉期交易。

纯粹的掉期交易，指交易只涉及两方，即所有外汇买卖都发生于银行与另一家银行或公司客户之间；分散的掉期交易，指交易涉及三个参加者，即银行与一方进行即期交易的同时与另一方进行远期交易。但无论怎样，银行实际上仍然同时进行即期和远期交易，符合掉期交易的特征。进行这种交易的目的就在于避免风险，并从汇率的变动中获利。

例如：英镑与美元的即期汇率是1英镑=1.630 3美元，若此时卖出100万英镑可得163.03万美元，同时在远期市场上按1英镑=1.630 0美元的汇价，买进三个月的远期100万英镑。这就是即期对远期的外汇交易。此时掉期率等于两笔交易所使用的汇率的差价。上例中掉期率为0.000 3即3点。在掉期交易中，交易员关心的就是掉期率。

2. 远期对远期

远期对远期（Forward - forward swaps）指对不同交割期限的期汇双方做货币金额相同而方向相反的两个交易。

例如：德国某银行在六个月后将向外支付500万美元，同时在一个月后又将收到另一笔500万美元的收入。市场汇率为：

即期：　　　1美元＝0.690 0/0.691 0欧元
一个月远期：1美元＝0.685 0/0.687 0欧元
六个月远期：1美元＝0.672 0/0.675 0欧元

如果进行远期对远期掉期交易，买入六个月远期（0.675 0欧元），卖出一个月远期（0.685 0欧元），则每美元可获净收入0.01欧元。

3. 即期对即期（明日对次日）

即期对即期（Spot－spot swaps）即成交后的第二个营业日交割，第三个营业日做反向交割的一种交易。这种交易主要用于银行同业的隔夜资金拆借。

四、掉期交易的作用

由于掉期交易是运用不同的交割期限来进行的，可以避免因时间不一所造成的汇率变动的风险，对国际贸易与国际投资发挥了积极的作用。具体表现在：

（1）可以改变外汇的币种，避开汇率变动的风险。

掉期交易可以使投资者将闲置的货币转换为所需要的货币，并得以运用，从中获取利益。现实中，许多公司和银行及其他金融机构就利用这项新的投资工具，进行短期的对外投资，在进行这种短期对外投资时，它们必须将本币兑换为另一国的货币，然后调往投资国或地区，但在资金回收时，有可能发生外币汇率下跌使投资者蒙受损失的情况，为此，就得利用掉期交易避开这种风险。

（2）有利于进行套期保值。

例如：客户想借B币六个月，银行难以从货币市场借到B币，但是可以很容易借到A币，银行可以怎么做？

银行可以通过借A币六个月，在即期市场上换B币，同时为了防止六个月后B币贬值换汇的A币减少，在远期市场上做一个买A卖B的反向操作。既满足了客户的要求，又防止了B币贬值的风险。

（3）有利于银行减少与客户进行单独远期交易所承受的汇率风险，平衡银行即期交易和远期交易的交割日期结构，使银行资产结构合理化。

例如：银行从客户手中买入了100万6个月的远期英镑，对于此银行来说，存在6个月的远期英镑多头，假如6个月后英镑贬值，此银行就会有风险，他可以卖出6个月的100万远期英镑，平衡此期限结构，但同时又可能会破坏了数量上的平衡，此银行可以在即期市场上买入100万英镑，或者买入100万英镑别的期限的远期英镑，这样既可以平衡期限结构，又可以平衡数量结构。

任务五　外汇套利交易

☞ 知识目标

1. 掌握关于外汇套利交易的含义和分类

2. 掌握外汇套利交易的一般原理

☞ **技能目标**

能够根据外汇行情进行外汇套利交易

☞ **导入案例**

亚洲金融危机之前，日本国内外的投资者（包括日本的银行和各种对冲基金）利用外汇套利交易在东南亚国家大进大出，成为导致金融危机爆发的重要诱因。

日元套利交易的本质是：以非常低的利息借入日元，投资于美元或者泰铢，以获得较日元更高的利息。如果日元对美元贬值，那么就能获得双重收益：利差收益和汇兑收益。

为防止出现通货紧缩，20 世纪 90 年代中期，日本央行奉行低利率政策。这对于那些想参与外汇套利交易的人而言无异于天赐良机。1995 年到 1998 年间，美国联邦基金利率和日本银行目标利率间的利差大约为 5%，而当时流向东南亚地区的日元海外贷款粗略估算有 2 600亿美元。这意味着，日元外汇套利交易的平均利差收益约为每年 130 亿美元，三年就是 390 亿美元。而同期，日元相对美元贬值了近一半，这样 2 600 亿美元的海外贷款的平均汇兑收益为 1 300 亿美元。保守估计，三年中日元套利交易的投资者获得了 1 690 亿美元的“天上掉下来的馅饼”。

这些巨大的数字告诉我们，短期套利投资者能够从日本抽出资本，投向新兴市场，最终获得丰厚利润。可以说，资本从日本向其东南亚邻国的流动，以及这些新兴市场本身的吸引力，共同造就了 1997 年以前东南亚地区的经济泡沫。

资料来源：http：//intl. ce. cn

◈ **思考题**

国际市场上的外汇套利交易会对国际资本流动产生什么样的影响？

一、套利交易

套利交易（Interest Arbitrag）又称利息套汇交易，是指利用不同国家或地区短期利率的差异，将资金由利率较低的国家或地区转移到利率较高的国家或地区进行投资，从中获取利息差的交易方式。

在一般情况下，西方各个国家的利息率的高低是不相同的，有的国家利息率较高，有的国家利息率较低。利息率高低是国际资本活动的一个重要的函数，在没有资金管制的情况下，资本就会越出国界，从利息率低的国家流向利息率高的国家。资本在国际间流动首先涉及国际汇兑，资本流出要把本币换成外币，资本流入需把外币换成本币。这样，汇率也就成为影响资本流动的函数。由于利率在各国高低不同，也就意味着资本的收益率存在不同，在没有资本管制的情况下，资本就要从利率低的国家流向利率高的国家，这就导致了套利活动的产生。但是资本在国际上流动不可避免地要遇到货币兑换的问题，因而汇率的变化也影响到资本的跨国流动，也就是说套利活动也要承担汇率风险。

例如：在某一时期，美国金融市场三个月定期存款利率的年率为 12%，英国金融市场三个月定期存款利率的年率为 8%，两地存在利差使资金从英国流向美国。在这种情况下，英国的投资者可以按8%的年利率从本国银行借入英镑，在即期外汇市场兑换成美元，存入美国银行作三个月的短期投资，这样他可获得4%的年利差。假设套利资金总额为10万英镑，则该投资者获得的利润为100 000×4%×3/12＝1 000英镑。

思考：上述套利活动没有考虑汇率变动的影响因素，如果考虑到英镑对美元的汇率变动，该投资者一定能获利吗?

情况一：接上例，假定当前美元对英镑汇率为£1＝$1.630 3，三个月后美元汇率下跌为£1＝$1.680 3，这时他的投资损益情况如何呢?

套利成本本息和为：100 000×（1＋8%×3/12）＝102 000英镑

投资本息和为：100 000×1.630 3×（1＋12%×3/12）＝167 920.90美元

三个月后，投资者将收回的投资本息和按当前的汇率兑换成英镑为：167 920.90/1.680 3＝99 935.07英镑

套利损益为：99 935.07－102 000＝－2 064.93英镑

由此可见，当美元汇率下跌时，会减少套利利润，甚至出现亏损。

情况二：接上例，假定当前美元对英镑汇率为£1＝$1.630 3，三个月后美元汇率上升为£1＝$1.620 3，这时他的投资损益情况如何呢?

三个月后，投资者将收回的投资本息和按当前的汇率兑换成英镑为：167 920.90/1.620 3＝103 635.68英镑

套利损益为：103 635.68－120 000＝1 635.68英镑

其中，1 000英镑为利差收益，635.68为汇率差价收益。

由此可见，当美元汇率上升时，会增加套利利润。

综上所述，在进行套利活动时，投资者应该综合考虑汇率变动产生的影响，某种货币汇率的改变会增加或减少套利行为带来的利润。

二、套利交易的分类

按照套利者是否通过相应的远期交易来避免汇率风险，可以把套利活动分为非抵补套利和抵补套利。

1. 抵补套利

因为汇率波动会给套利者带来风险，套利者为了避险保值起见，在按即期汇率将低利率货币换成高利率货币的同时，还要根据其套利的期限，按照远期汇率把高利率货币换回成低利率货币，这种结合了远期保值交易的套利活动，就称为抵补套利（Covered Interest Arbitrage）。

接上例，假设三个月的美元远期汇率为£1＝$1.635 3，那么，英国投资者在买入美元现汇存入美国银行的同时，卖出三个月期的美元期汇。则无论美元汇率如何变动，三个月后均可按美元远期汇率将投资本息和兑换成英镑（167 920.90/1.635 3＝102 685.07英镑），从而确保套利收益。

套利损益为：102 685.07－102 000＝685.07英镑

2. 非抵补套利

非抵补套利（Uncovered Interest Arbitrage）是指套利者仅仅利用两种不同货币的利率的差异，将利率较低的货币换为利率较高的货币以赚取利润，在买卖某种即期货币的同时，并

没有反方向卖出或买进远期该种货币的行为。非抵补套利是一种没有采取保值措施的套利交易。

在非抵补套利中，决定资本流动方向的是非抵补利差。假设本国利率为 i，外国利率为 i^*，非抵补利差为 UD，则 $UD = i - i^*$。如果 $i > i^*$，$UD > 0$，则资本将由外国流向本国，即外国人要将外币兑换为本币以赚取更多利息；如果 $i < i^*$，$UD < 0$，则资本将由本国流向外国。

例如：假设日本市场年利率为3%，美国市场年利率为6%，美元/日元的即期汇率为78.30/50。为了谋取利差，一位日本投资者欲将1 174.5万日元转到美国市场投资1年。如果1年后美元/日元的市场汇率不变，仍为78.30/50。试比较该投资者套利与不套利的区别。

解：

情况一，假设进行套利：

则1 174.5万日元折美元为：1 174.5 ÷ 78.30 = 15万

1年后投资美元收本利息折日元为：15万 ×（1 + 6%）× 78.30 = 1 244.97万

情况二，假设不进行套利：

1年在日本的投资本利和为：1 174.50万 ×（1 + 3%）= 1 209.74万（日元）

由此可见，套利要比不套利多收入：1 244.97 − 1 209.74 = 35.23万（日元）。

由于非抵补套利者并没有对其本币头寸或外币头寸进行保值，因此他的利润不仅由两国利差所决定，而且也受到汇率波动的影响。如果即期汇率不变，则两国利差越大，套利者利润越高。若即期汇率变化，情况就会有所不同，如果高利率国家的货币升值，则套利者利润还会进一步提高，但如果高利率国家货币贬值，则套利者的利润就会降低，甚至有可能出现净亏损。

项目小结

现今，外汇市场每天的交易额已高达4万亿美元，其规模已远远超过股票、期货等其他金融商品市场，已成为当今全球最大的金融市场。世界最大的证券交易所（纽约证券交易所）每日的交易额也不过1 200亿美元，与全球的日外汇成交量相比，可谓小巫见大巫。从全世界每日的外汇交易额来看，1992年初为1.2万亿美元，2004年初为1.9万亿美元，2007年初则为3.2万亿美元，外汇市场的发展速度是任何一种投资市场所无法比拟的。外汇交易做为国际上较成熟的交易方式，是当之无愧的最佳投机渠道。

本项目主要介绍了外汇交易市场以及传统的外汇交易方式。通过详细介绍外汇即期交易、外汇远期交易、外汇掉期交易、套汇交易和套利交易这些交易方式的基本原理和实务操作，希望学习者能够在外汇市场上熟练掌握并运用这些交易方法以实现自己的交易目的。

基本概念

外汇市场　外汇即期交易　外汇掉期交易　套汇交易　套利交易　套期保值　掉期率　升水　贴水

项目练习与实训

知识练习：

一、单项选择题

1. 外汇市场有三个层次：银行与客户之间、银行同业之间、银行与中央银行之间。银行同业之间的市场被称为（　　）。

A. 零售市场　　B. 批发市场　　C. 干预市场　　D. 有形市场

2. 若今天是6月23日，星期四，那么 $T+2$ 即期交易日期是（　　）。

A. 6月23日　　B. 6月24日　　C. 6月25日　　D. 6月27日

3. 即期汇率的买入价以（　　）最高（最贵）。

A. 电汇　　B. 信汇　　C. 票汇　　D. 钞价

4. 原则上，即期外汇交易的交割期限为（　　）。

A. 一个营业日　　B. 两个营业日　　C. 三个营业日　　D. 一周的工作日

5. 即期外汇交易与远期外汇交易的划分标准是（　　）。

A. 是否能避免汇率风险　　B. 是否可进行外汇投机

C. 外汇交割时间的不同　　D. 是否可做套期保值

6. 套汇交易赚取利润所依据的是不同市场的（　　）。

A. 汇率差异　　B. 利率差异

C. 汇率及利率差异　　D. 通货膨胀率差异

7. 通常情况下，远期汇率与即期汇率的差价表现为贴水的是（　　）。

A. 低利率国家的货币　　B. 高利率国家的货币

C. 实行浮动汇率制国家的货币　　D. 实行盯住汇率制国家的货币

8. 组成掉期交易的两笔外汇业务的（　　）。

A. 交割日期相同　B. 金额相同　　C. 交割汇率相同　　D. 买卖方向相同

二、多项选择题

1. 外汇交易的参与者包括（　　）。

A. 外汇指定银行　B. 外汇经纪人　　C. 中央银行　　D. 进出口商

2. 下面属于即期外汇交易的交割日的是（　　）。

A. 成交的当日　　B. 成交后的第一天

C. 成交后的第二天　　D. 成交后的第1个营业日

E. 成交后的第2个营业日

3. 人们从事外汇掉期交易的主要目的是（　　）。

A. 回避汇率风险　B. 寻求刺激　　C. 投机　　D. 赌博

E. 一种爱好

4. 远期对远期的掉期交易所涉及的两笔外汇业务的（　　）。

A. 金额相同　　B. 汇率相同　　C. 汇率不同　　D. 交割期相同

E. 交割期不同

5. 按照国际外汇交易的支付工具，汇率可分为（　　）。

A. 电汇汇率　　B. 信汇汇率　　C. 票汇汇率　　D. 现汇汇率

6. 套利交易的类型有（　　）。

A. 时间套利　　B. 抵补套利　　C. 无抵补套利　　D. 地点套利

三、简答题

1. 远期外汇交易的作用有哪些？

2. 为什么会出现远期汇率与即期汇率的差异？

3. 如何判断三个或多个市场、三种或多种货币之间是否存在套汇机会？

4. 抵补套利与掉期交易有哪些不同？

技能实训：

1. 若一个英国银行给出的汇率报价是：

即期汇率：	1 英镑 = 1. 632 5/35 美元	
一月期远期差价：	10—15	1. 633 5/50
二月期远期差价：	20—18	1. 630 5/17
三月期远期差价：	25—23	1. 630 0/12

请问：（1）银行买入即期美元的价格是多少？

（2）客户卖出一月期美元的价格是多少？

（3）客户卖出三月期英镑的价格是多少？

2. 中国广东 A 公司出口一批服装到美国，合同金额为 100 万美元，预计三个月后收汇，签约时汇率为 1 美元 = 8. 182 3—8. 185 6 人民币元，中国银行广州分行挂牌汇率三个月美元远期汇率为 1 美元 = 8. 024 6—8. 028 6 人民币元。请分析 A 公司如何使用远期外汇交易，有何意义？

3. 假设同一时间，香港的外汇市场报价为 1 美元 = 7. 734 6—7. 736 8 港元，纽约外汇市场的报价为 1 美元 = 7. 752 8—7. 757 8 港元，如果以 100 万美元进行套汇交易，可以获利多少？

职业拓展实训：

日本公司的远期外汇交易（阅读）

日本某一贸易事业公司，每月外币交易量为 2 000 万美元左右。在远期外汇交易中，公司规定买方持有或卖方持有只能为 200 万美元。而未结算外汇余额（相反交易完毕部分除外）买卖各为 1 000 万美元。银行买卖手续费 0. 1 日元。交易期间是从 1984 年 7 月到 11 月，共 5 个月。不考虑实际需要的预约保证金部分。这个公司进行了以下几次远期外汇买卖交易：

（1）7 月 3 日，订立美元期货买进预约（买进持有 200 万美元）。合约内容：200 万美元，1 个月期货（8 月 6 日交付），远期汇率 1 美元 = 238. 60 日元。买进远期美元的理由是：美日利率差距甚大，故判断目前美元将持续坚挺，依据对强势货币以期货折价买进的原则。

（2）7 月 24 日，订立美元期货卖出预约 400 万美元（卖出持有 200 万美元）。合约内容：①采取 7 月 3 日买进外汇期货预约的相反交易，即卖出远期外汇 200 万美元，8 月 6 日交割，远期汇率为 1 美元 = 245.50 日元。这两个买卖合约 8 月 6 日到期结算时可获得利益（245.50 - 238.60）×200 万 = 1 380 万日元。②新卖出外汇期货 200 万美元，期限 3 个月，10 月 26 日交割，远期汇率为 242.40。卖出远期美元的理由是：1 美元兑换 247 日元为 1983 年 9 月 2 日以来的最高价格，首先予以谋利，并具有支援其后的买进操作之意而重新卖出。

（3）8 月 30 日，买进远期外汇预约 200 万美元（买卖持有为 0）。期限为 1 个月，10 月 3 日交割，远期汇率 1 美元 = 239.70 日元，买进理由：8 月上旬美元行情虽为 243 日元，但当时未决定，故已来不及，以后再未突破 240 日元。由于从日本流出资本颇巨，因此月底出现 240 日元时就把握此机会。

（4）9 月 4 日，买进一个月期远期外汇预约 200 万美元（买方持有 200 万美元）远期汇率 1 美元 = 241.90 日元。理由：7 月发表了从日本流出的长期资本净额为 71.4 亿美元，以致基本收支、综合收支均有大量的逆差，由于认为美元仍将趋坚，乃考虑预约增加买进。

（5）9 月 18 日，卖出远期美元预约 400 万美元（卖出持有 200 万美元）。合约内容：①采取第三笔预约买进部分的相反交易，即卖出远期外汇 200 万美元，10 月 3 日交割，远期汇率 1 美元 = 247.80 日元。到期结算时，可获得利益为（247.30 - 239.70）×200 万 = 1 520万日元。②新卖出远期外汇合约 200 万美元，期限 2 个月，11 月 20 日交割，远期汇率 1 美元 = 246.00 日元。卖出理由：显示 248 日元的美元高价，预约买进的部分已获利，乃决定重新卖出。

（6）9 月 25 日，买进远期外汇预约 400 万美元（买进持有 200 万美元），其中 200 万为 1 个月期远期外汇，10 月 29 日交割，远期汇率 1 美元 = 243.70 日元；200 万为 2 个月期远期外汇，11 月 27 日交割，远期汇率 1 美元 = 247.80 日元。买进理由：从 9 月 18 日的高价下跌近 4 日元所致。

（7）10 月 1 日，卖出远期外汇预约 200 万美元，此为预约买进部分的相反交易（持有为 0）。因为第四笔的远期外汇预约买进部分获利，所以预约卖出约 200 万美元，10 月 8 日交割，远期汇率 1 美元 = 246.50 日元，到期结算可获得收益为（246.50 - 241.90）×200 万 = 920 万日元。

（8）10 月 18 日，卖出远期外汇预约 200 万美元（预约买进部分套利，卖出持有 200 万美元）。由于 10 月 17 日汇率到达 250 日元大关后，认为目前美元价位已达顶点，而且 9 月 25 日第 6 预约买进部分已获利，于是卖出远期外汇 200 万美元，10 月 29 日交割，远期汇率 1 美元 = 249.00 日元。

（9）10 月 24 日，从即期市场买进现货外汇预约 200 万美元（持有为 0）。第 2 笔的卖出预约 10 月 26 日到期，必须在到期 2 日前以现货买回 200 万美元，2 个营业日后即 10 月 26 日交割，即期汇率 1 美元 = 244.20 日元，结算时损失为（244.20 - 242.40）×200 万 = 360 万日元。

（10）11 月 8 日，买进远期外汇预约（卖出预约部分的买回）200 万美元（买进持有 200 万美元）。此为 9 月 18 日第 5 笔预约卖出部分的买回相反交易，11 月 20 日交割，远期汇率 1 美元 = 240.70 日元，到期结算时可获得收益为（247.30 - 240.70）×200 万 = 1 320 万日元。买进理由是现货 240 日元显示日元偏高，已获收益。

（11）11 月 26 日，预约卖出（预约买进部分的结算）远期外汇 200 万美元（持有为0)。此为第6笔预约买进的余额部分的相反交易，11 月 27 日交割，汇率为1美元 = 245.70日元，结算时可获利益（245.70 - 242.80）×200万 = 580万日元。

从以上多次外汇远期交易的总体上看，先买进后卖出的操作共1 000万美元，而先卖后买的操作仅400万美元，综合结果获利6 160万日元。先预约卖出远期美元，是为了防止万一美元下跌时所造成的损失。而从上例的美元、日元行情分析，以事先预约买进逐期美元的期货操作，则可获得上述程度的操作收益。

资料来源：《国际金融实务》（蔡玉龙、胡穗华主编，中国商业出版社，1996年）

项目五　衍生外汇交易

任务一　外汇远期交易

☞ 知识目标

1. 掌握外汇远期交易的含义和实操
2. 了解和掌握外汇远期交易的分类、外汇远期交易的汇率及作用

☞ 技能目标

1. 掌握外汇远期交易的汇率的决定因素
2. 掌握使用外汇远期交易进行套期保值和投机的一般方法

☞ 导入案例

6月15日，纽约外汇市场上3个月港元远期汇率为7.812 5HK $/$，据投机者预测，港元将在3个月中升值，即美元对港元的远期汇率下降。于是，投机者决定买入1 000万3个月远期港元，交割日为9月17日。如果港元果然升值，如8月17日，1个月远期美元汇率为7.810 5HK $/$，则该投机者将签订另一份合约，卖出1个月远期港元，交割日为9月17日，到期将获利（1/7.810 5 - 1/7.812 5）×1 000万美元。如果判断失误，3个月后港元贬值，则该投机者遭受损失。

资料来源：http://www.jrj.com.cn/

◈ 思考题

外汇远期交易与即期交易的区别。

一、外汇远期交易的含义

（一）外汇远期交易的概念

外汇远期交易（Forward Transaction）是指买卖双方预先签订合同，规定买卖外汇的数

额、汇率和将来交割的时间，到规定的交割日期再按合同规定进行交割清算的外汇交易，它包括所有交割期限超过即期外汇交易的正常交割期限（2个营业日）的外汇交易。

在外汇远期市场中，外汇买卖的交割日可以是在即期交割日（即成交第二个营业日）之后的任何一个商定的日期。在外汇远期市场中，远期交易的预约时间按月计算，或者说远期交易的期限一般以月计算，有1个月、2个月、3个月、6个月、9个月、12个月不等，但通常为3个月。只要远期交易双方同意，远期交易可以延期，也可以在规定的期限内提前交割。

在外汇市场上，购买远期外汇的主要是：远期外汇支出的进口商、负有即将到期的外币债务的债务人、输入短期资本的牟利者，以及对于远期汇率看涨的投机商等。卖出远期外汇的主要是：远期外汇收入的出口商、持有即将到期的外币债权的债权人、输出短期资本的牟利者，以及对于远期汇率看跌的投机者等。其目的主要是避免汇率变动的风险和获取投机利润。此外，外汇银行为平衡其远期业务头寸也开展远期外汇业务买卖。

（二）外汇远期交易的特点

相对于外汇即期交易而言，外汇远期交易有如下特点：

①买卖双方签订合约时，无须立即支付外汇或本币，而是按合同约定延至将来某个时间交割；

②买卖外汇的主要目的，不是为了取得国际支付手段和流通手段，而是为了保值和避免外汇汇率变动带来的风险；

③买卖的数额较大，一般都为整数交易，有比较规范的合同；

④外汇银行与客户签订的合同须经外汇经纪人担保。此外，客户还应缴存一定数量的押金或抵押品。当汇率变化不大时，银行可把押金或抵押品抵补应负担的损失。当汇率变化使客户的损失超过押金或抵押品时，银行就应通知客户加存押金或抵押品，否则，合同就无效。客户所存的押金，银行视其为存款并予以计息。

二、远期交易的分类

远期外汇买卖根据交割日是否固定，分为两种类型：

1. 固定交割日的远期外汇交易

即事先具体规定交割时间的远期买卖。其目的在于避免一段时间内汇价变动造成的风险。固定方式的交割期以星期和月份为单位，如1星期（7天）、2个月（60天）、6个月（180天）等，这是实际中较常用的远期外汇交易形式。

例如：美国进口商从德国进口机器价格为100万欧元，6个月后付款，即期汇率EUR 1 = USD 1.439 5，折合143.95万美元，如付款时EUR 1 = USD 1.454 5，美国进口商付100万欧元需145.45万美元，多付1.5万美元。为保证安全，买入六个月远期汇票，假如价格为1.445 5，到期时以144.55万美元购入100万欧元以支付，即以6 000美元的代价避免了1.5万美元的损失，假若远期价远远小于1.445 5，不但避免了损失而且赚了一笔。

2. 选择交割日的远期外汇交易

又称择期远期外汇买卖，指交易的一方可在成交日的第三天起至约定的期限内的任何一个营业日，要求交易的另一方，按照双方约定的远期汇率进行交割的交易。其特点是：①交割日期随客观形势与主观判断而转移，并不固定，它意味着客户可以在择期的第一天，也可在最后一天履行交割手续；②银行不给这类业务活动以优惠汇率。

确定择期远期交易的方法有两种：

第一种：事先把交割期限固定在两个具体日期之间。

例如：某一出口商在2010年9月25日成交一笔出口交易，预期3个月内收到货款。这样，该出口商马上在外汇市场上卖出一笔3个月的远期外汇，并约定择期日期为9月29日至12月29日。这就意味着该出口商在这段时间内，随时可以将收到的外汇卖给银行。

第二种：事先把交割期限固定在不同月份之间。

如上例中，出口商可视其需要，将交割期限规定为第一个月、第二个月、第三个月这三个月中的任意两个月，或择期3个月。

择期远期交易在外汇买卖当中发展迅速。这是因为交割日期固定就缺乏灵活性和机动性，难以满足进出口商的需要。在实际贸易中，进出口商往往事先并不知道外汇收入或支出的准确时间。但他们仍然希望通过远期市场避免汇率变动的风险。因此，他们便与银行签订一项合同，保证按双方约定的汇率，在将来规定的期限内进行外汇买卖。

三、远期交易的汇率

（一）远期外汇的报价方式

远期外汇的报价方式有两种：一是直接报出远期外汇的具体数字，采用这种方法的国家有日本、瑞士等少数国家，如银行直接报出美元兑日元的三个月汇率是78.33/78.63；二是只报出远期外汇与即期外汇的点数，即报出远期外汇的升水、贴水、平价。远期外汇升水是指远期外汇比即期外汇贵，贴水是指远期外汇比即期外汇贱，平价是指远期外汇与即期外汇相等。

（二）远期汇水数与远期实际价格

在银行的远期实际业务中，银行的报价有时说明是升水或贴水，有时仅报出即期汇率和银行的汇水数字，这时就需要计算远期汇率的实际数字。计算远期实际汇率的方法是：

（1）列出即期外汇的全部数字，将远期汇水数字对准即期汇率的买入价和卖出价相应的位置。

（2）判断远期外汇是升水还是贴水的规则是：在直接标价法下，前面的点大于后面的点是贴水，前面的点小于后面的点是升水；在间接标价法下，前面的点大于后面的点是升水，前面的点小于后面的点是贴水。

（3）在直接标价法下，远期汇率等于即期汇率加升水减贴水；在间接标价法下，远期汇率等于即期汇率减升水加贴水。

远期汇率和即期汇率的计算我们还可以进一步简化为：已知远期汇率两个数字，前面的点和后面的点相比“前小后大往上加”，“前大后小往下减”。另外要注意，实际汇率两个数字前小后大，则无论何种标价法，即无论最后算出的结果是买入价在前还是卖出价在前，都是前面的数字小于后面的数字，如果前面的数字大于后面的数字，则说明计算错误。

（三）远期外汇与利率的关系

远期外汇是升水还是贴水，受利率水平的制约。在其他条件不变的情况下，利率低的国家的货币远期汇率会升水，利率高的国家的货币远期汇率会贴水。这是因为一方面银行买卖要遵守买卖平衡的原则，即买进多少外汇应相应卖出多少外汇，同样卖出一定外汇，也要补进相应的外汇；另一方面银行必须盈利，其由于经营活动的需要而买卖远期外汇引起的汇率损失，应由客户来承担。

例：某企业需要一笔外汇资金1 000万美元，三个月远期交割。则该银行就需要为其备出一笔1 000万美元资金，根据资金主权原则，则自签订远期合同之日起，银行将这笔资金存入美元市场，按美元计息。设美元利率比该存入资金所在国利率高，那么银行将把利息盈余分享给该购买远期的客户，即远期汇率会比即期汇率低，为贴水；反之如果设美元利率比存入资金所在国利率低，则该银行将损失转嫁给客户，即远期汇率比即期汇率高，为升水。

四、外汇远期交易的作用

（一）套期保值

套期保值（Hedging）也称为“海琴”，是指预计将来某一时间要支付或收入一笔外汇时，买入或卖出同等金额的远期外汇，以避免因汇率波动而造成经济损失的交易行为。

进出口商和外币资金借贷者为避免商业或金融交易遭受汇率变动的风险，出于保值的目的进行套期保值。出口商外汇保值：对于出口商而言，是未来收汇，所以如果他预测所收外汇贬值，就可做远期进行保值。进口商付汇保值：进口商预测外汇在未来上升，因此以一个固定价格买进一笔将要支付的远期外汇，以固定成本。

1. 买入套期保值

买入套期保值（Buying Hedging）是指将来有一定债务者，先于外汇市场买入与该负债金额相等、期限相同的远期外汇，以避免因计价货币汇率上升，负债成本增加而造成实际损失的交易行为。

例如：2010年10月末纽约外汇市场行情为：

即期汇率	USD/EUR = 0.741 0/20
3个月掉期率	16/12

假定一美国进口商从德国进口价值1 000 000欧元的机器设备，可在3个月后支付欧元。若美国进口商预测3个月后美元将贬值（即欧元兑美元升值）到USD/EUR = 0.732 0/30。

请判断：① 美国进口商不采取保值措施，延后3个月支付欧元比现在支付欧元预计将多支付多少美元？

② 美国进口商如何利用远期外汇市场进行保值？

分析：

①美国进口商若不采取保值措施，

现在支付1 000 000欧元需1 000 000 ÷ 0.741 0 = 1 349 527.70美元。

3个月后所需美元数量：1 000 000 ÷ 0.732 00 = 1 366 120.20美元。

因此需多支付：1 366 120.20 − 1 349 527.70 = 16 592.50美元。

②利用远期外汇市场避险的操作为：10月末美国进口商与德国出口商签订进口合同的同时，与银行签订的远期交易合同，按外汇市场USD/EUR3个月远期汇率0.739 4（0.741 00 − 0.001 6）买入1 000 000欧元。这个合同保证美国进口商在3个月后只需1 352 447.90（1 000 000 ÷ 0.739 4）美元就能支付欧元货款的需要，比未进行保值少损失13 672.30美元（1 366 120.20 − 1 352 447.90），远期交易的成本为2 920.20美元（1 352 447.90 − 1 349 527.70）。

2. 卖出套期保值

卖出套期保值（Selling Hedging）是指将来有一定债权者，先于外汇市场卖出与该外汇资产金额相等、期限相同的远期外汇，以防止因债权的计价货币对本币贬值而蒙受损失的交易行为。

例如：2010 年 10 月中旬纽约外汇市场行情为：

即期汇率	GBP/USD ＝1. 677 0/80
2 个月掉期率	125/122

一美国出口商签订向英国出口价值 10 万英镑的仪器的协定，预计 2 个月后收到英镑。假若美国出口商预测 2 个月后英镑将贬值，即期汇率水平将变为 GBP/USD＝1. 660 0/10。

请判断：①如果美国出口商现在不采取避免汇率变动风险的保值措施，则 2 个月后将收到的英镑折算为美元时，相对 10 月中旬兑换成美元来说将会损失多少？

②美国出口商如何利用远期外汇市场进行套期保值？

分析：

① 如果美国出口商现在不采取保值措施，2 个月后将收到的英镑折算为美元为1. 660 0 × 100 000＝166 000 美元，若现在兑成美元则为 1. 677 0 × 100 000 ＝ 167 700 美元，损失了 167 700 － 166 000 ＝1 700 美元。

② 用远期外汇市场避险的具体操作是：10 月中旬美国出口商与英国进口商签订合同的同时，与银行签订卖出 10 万 2 个月远期英镑的合同。2 个月远期汇率水平为 GBP/USD ＝ 1. 664 5/58。这个合同保证出口商在付给银行 10 万英镑后一定得到 1. 664 5 × 100 000 ＝ 166 450美元，比不进行套期保值多收入 166 450－166 000＝450 美元。

（二）投机获利

投机获利是指外汇市场参与者根据对汇率变动的预测，有意保留（或持有）外汇的空头或多头，希望利用汇率变动牟取利润的行为。在投机时，投机者并不需要缴纳很多资金，所以可以起到以小搏大的作用，具体讲，投机又分为“买空”和“卖空”两类。

“买空”又称“多头”，此种投机是基于外汇即期汇率将要上升的预期。如果远期汇率在合约到期时果然上升，则合约持有者可以用约定价格交割，然后将外汇转到现汇市场上以高于买入价来卖出，从而获取利差。

同理，“卖空”又称“空头”，是指投机者基于对外汇即期汇率将要下跌的预测而在市场上卖出远期合同的一种投机活动。若到交割日时即期汇率低于远期合约汇率，则投机者可按卖出时的价格交割，折合本币比现汇要多。

当然买空和卖空都是基于正确的外汇预测，一旦预测不准将会使投机者遭受重大损失。

例如：一美国投机商预期英镑有可能大幅度下跌，假定当时英镑 3 个月远期汇率为 GBP/USD＝1. 678 0，该投机商卖出 1 000 000 远期英镑，成交时他只需付少量的保证金，无须实际支付英镑。如果在交割日之前英镑果然贬值，他可选择两种方法来了结获利。

方法一：对冲。

设远期英镑汇率跌为 GBP/USD ＝ 1. 478 0，则该投机商再次进入远期市场，买入 1 000 000远期英镑，交割日和卖出远期英镑的交割日相同。

这一买一卖使他获得 200 000 （1. 678 0 × 1 000 000 － 1. 478 0 × 1 000 000）美元的投机利润。

方法二：以即期英镑交割远期英镑。

设到期时即期英镑汇率跌为 GBP/USD = 1.478 0，则该投机商进入即期外汇市场，买入 1 000 000英镑现汇，来交割到期的远期英镑。

这一买一卖使他获得 200 000（1.678 0 × 1 000 000 - 1.478 0 × 1 000 000）美元的投机利润。

在本例中，投机者先卖后买，并且在他抛售外汇时，实际上手中并无外汇，所以这种投机活动被称为“卖空”；若该投机者预期英镑将升值，他可以采取先买后卖的手法以期获利，这叫做“买空”。

任务二　外汇期货交易

☞ 知识目标

1. 掌握期货交易的概念、功能、特点
2. 规避汇率风险的措施

☞ 技能目标

1. 了解外汇期货的概念特征和作用
2. 通过期货交易进行套期保值

☞ 导入案例

美国某公司借入 25 000 万日元，期限为 6 个月，在外汇市场上按即期汇率兑换成所需美元，即期汇价为 USD 1 = JPY 125.00，该公司可以用买进日元期货合同的方法来锁定成本。

该公司从现汇市场 1 月 10 日借入 25 000 万日元，可以换成 200 万美元，同时买进 20 份 6 月的日元期货合约，每份合约 1 250 万日元，期货价格为 USD 1 = JPY 125.00，则需 200 万美元，7 月 10 日买进 25 000 万日元交割以偿还借款。若到期即期汇率为 USD 1 = JPY 120.00，期货价格为 USD 1 = JPY 119.92，卖出 20 份日元期货合约抵补可获得盈利 8.472 3 万美元，可弥补现货市场的亏损 8.333 3 万元。

资料来源：www.fx789.com

◈ 思考题

某人从事外汇期货交易，一笔交易的利润达到 215%。这是如何实现的？为什么外汇期货交易可以使你血本无归？期货交易能保值吗？

一、外汇期货交易的含义

外汇期货交易（Futures）亦称货币期货，是买卖双方在期货交易所内以公开叫价的方式成交时，承诺在未来某一特定日期，以约定汇率交割某种特定标准数量的货币的交易方式。外汇期货交易合约是由交易所制定的标准化合约，该种交易是在期货交易所里进行的，故它又可称为场内外汇期货。

外汇期货交易的主要目的是为汇率的变动提供套期保值。其原理是，由于期货的价格以现货价格为基础，因此，它与现货价格呈同方向变动。为使未来的外汇头寸的汇率风险得以消除，可以在期货市场上进行反方向交易，以期货市场上得到的利润来抵补现汇市场上遭受的损失。

1. 外汇期货合约的交易条件

（1）外汇期货的期限，指外汇期货合约实际交割的期限。

各外汇期货交易所的交割期限一般有 3 个月、6 个月、9 个月、12 个月这四种。每个月的交割日期也是固定的，例如芝加哥商品交易所的交割日期一般分别为 3 月、6 月、9 月、12 月的第三个星期的星期三。

（2）协议价格，指外汇期货合约中规定的双方买卖外汇的汇率（价格），这由期货交易的双方根据行情自由确定。

在各期货交易所，外汇期货协议价格的标价和即期外汇的标价方法不同。它不是采用美元对其他外币的直接标价方法，而是采用美元的间接汇率，即购买单位的其他外币所需的美元数额的方式。期货合约中规定的协议汇率由交易双方经讨价还价自由确定，交易所将随时公布最新的成交价（汇率）。

（3）交易的对象及金额，指期货合约中规定的双方买卖的外汇种类及其交易金额。

在期货交易所内每份外汇期货合约的金额也是标准化的，但每份标准化的期货合约的金额各交易所也是互有差异的。

2. 外汇期货交易与远期外汇合约的区别

（1）外汇期货交易与远期外汇交易的区别。

外汇期货交易是一种在未来买卖外汇的合同，远期外汇交易也是预约在未来买卖合同规定货币的交易。二者都可用做套期保值或投机，在价格方面也有许多相似之处，但二者也有如表 5－1 所示的区别：

表 5－1　外汇期货交易与远期交易的区别

不同点	外汇期货交易	远期外汇交易
买卖双方关系	买方和卖方分别与期货交易所的清算所签订合同，成为买卖关系，而实际的买卖双方无直接合同责任关系	买卖双方，即银行和客户，签订远期合约，具有合同责任关系
标准化规定	对买卖外汇的合同规模、价格、交割期限、交割地点都有统一的、标准化的规定	对买卖外汇的这些方面都无统一的、标准化的规定，可灵活掌握
交易场所与方式	在交易所内进行场内交易，双方委托经纪人在市场上公开喊价	以电讯联系进行场外交易，双方可直接接洽成交
报价内容	买方只喊买价，卖方只喊卖价，买方或卖方只报出一种价格	银行报出两种价格，既报出买入价，又报出卖出价
手续费	双方都须支付给经纪人佣金	远期双向报价的买卖价的差
抵押要求	双方无须了解资信，只需向清算所交纳保证金	银行依据对方资信情况确定，大银行之间无须抵押
清算	每日清算所结清未冲抵的期货合同，有现金流动	到期日一次性交割结清
实际交割	在完善的市场中基本无交割，实际交割量小于 1%	基本都交割，多于 90%
管理	由期货交易委员会制定交易规则	自行管理，遵从银行同业惯例

（2）外汇期货合同的基本内容。

第一，货币种类。以美国芝加哥国际货币市场为例，它的外币期货合约共6种，依次分别为加拿大元、欧元、日元、瑞士法郎、英镑、澳大利亚元。所有这些合约均用间接标价法，即以美元计价。也就是说，在期货交易的公开叫价中，报价方式为每加拿大元、每马克、每日元、每法郎、每英镑、每澳大利亚元的美元数。

第二，合约金额。在芝加哥国际货币市场上，每份国际货币期货合约的金额都是标准的。如下列货币期货的合约金额分别为加拿大元10万、日元1 250万、瑞士法郎12.5万、欧元12.5万。

第三，最小价格波动和最高限价。最小价格波动是指国际货币期货合约在买卖时，由于供需关系使合约货币价格产生变化的最低限度。以英镑为例，规定期货合约的最低价格波动为0.000 5点（一般简称5个点）。这里每个点等于每英镑的万分之一美元。以美元价格计算，则最小价格波动应为25 000×0.000 5＝12.5美元。其他4种货币期货合约的最小价格波动均为1个点。

最高限额是指每日交易变化的最大幅度限制，超过这一限额，该种货币的期货交易就将停止。例如加拿大元的最高限价是75点（0.007 5），以美元价格换算，最高限额分别为750美元。

第四，交割月份。交割月份是期货合约规定的外币合约的到期月，芝加哥国际货币市场的外币期货合约的交割月份分别为3、6、9、12月份。若合约到期前未进行对冲（即进行相反的买卖行为），则必须进行现汇交割。

第五，交割日期。这是指到期外币期货合约进行现货交割的日期，具体是指到期月的某一天。芝加哥国际货币市场规定的交割日期都是到期月的第三个星期的星期三。例如，有人卖出一份3月英镑期货合约，若到期他没有进行对冲（即在到期前买进一份英镑期货合约），则他必须在3月份的第三个星期的星期三用英镑现货按以前商定的价格卖出。

二、外汇期货市场的交易规则

1. 保证金制度

按照期货交易所的规定，期货交易的参与者在进行期货交易时必须存入一定数额的履约保证金，作为确保买卖双方履约的一种财力担保，即如果双方在合约到期时，不能将手中的期货部位平仓了结，他们就必须按合约的规定进行交易工具的实物交割。

履约保证金的额度由交易所制定，通常随头寸情况的不同而不同。套期保值的保证金为2%～4%，投机交易可高达5%～13%，若投机者同时买进和卖出两种系列的期货，保证金为1%～3%。

2. 逐日盯市和保证金操作

盯市是指清算所每日对客户的保证金账户进行清算和调整。如果交易产生收益，客户可以将盈余部分提出，如果发生亏损，且亏损额超过初始保证金的1/3，则必须追加保证金，否则会被强行平仓而退出。

3. 价格波幅限制（每日停板额限制）

价格波幅限制是指某一交易商品每日的最大价格波动幅度是有限制的，当价格涨跌超出了最大价格波动幅度时，交易所可以停止交易，从而保证交易者免受重大损失。

4. 交易数量（头寸）限制

交易数量限制是指交易者在某一期货市场上最多可持有的期货合约或期权合约数量是有限制的。当交易者持有合约的数量超过规定的数量界限时，交易者必须向交易所逐日报告，目的是为了确保期货市场财力的完整性和减少期货市场上出现不正常的价格波动现象，从而保障广大交易者的利益。

5. 公开市场原则

凡在交易所内进行的期货交易必须通过公正、平等、竞争的方式进行。大多数交易所都是以“公开喊价”制度来实现公开市场原则，而不允许交易者私下进行“场外交易”。

三、外汇期货交易的作用

1. 价格发现

外汇期货的频繁买卖，会使货币汇率稳定在一定程度上，这种通过竞争形成的价格极具参考价值，成为外汇买卖中不可缺少的重要组成部分。

2. 套期保值转移风险

其原理是，由于期货的价格以现货为基础，因此，它与现货价格呈同方向变动，这样为使未来的外汇头寸的汇率风险得以减少，可以在期货市场上进行反方向交易，以期货市场上得到的利润来抵补现汇市场上的损失。

外汇的套期保值分为买入套期保值和卖出套期保值。

例如：一名美国商人某年3月1日签订合同从德国进口汽车，约定3个月后支付250万欧元。为了防止欧元升值带来的不利影响，他采用买入套期保值，其过程如表5-2所示。

表5-2　买入套期保值

现货市场	期货市场
3月11日即期汇率 EUR/USD = 1.319 1 支付250万欧元，计划用3 297 750美元	3月11日支付一定数量的保证金买入20份3月期欧元20×12 500欧元，汇价 EUR/USD = 1.320 1 总账面支出：3 300 250美元　收入：250万欧元
6月1日，即期汇率 EUR/USD = 1.401 0 购买250万欧元实际支付3 502 500美元	6月11日，卖出20份欧元期货 EUR/USD = 1.435 8 收入：3 589 500美元　支出：250万欧元
损失：3 502 500 - 3 297 750 = 204 750美元	盈利：3 589 500 - 3 300 250 = 289 250美元
净盈利：289 250 - 204 750 = 84 500美元	

上例中期货市场的盈利，不仅弥补了该商人因现货市场欧元的升值遭受的损失，同时还为他带来了投资收益，达到了套期保值的作用。

3. 投机

外汇期货的投机包括买空和卖空两种做法。

（1）买空。买空是指预测某种货币汇率将上升，先买进该种货币的期货合约，到期再卖出该种货币的期货合约，赚取差价的行为。

例如：某投机者预期3月期日元期货价格呈上涨趋势，于是在1月10日在IMM市场买进20份3月期日元期货合约（每张日元期货面额12 500 000日元），当天的期货价格为\$ 0.008 333/￥(即￥120.00/\$)。到3月1日，上述日元期货的价格果然上涨，价格为\$ 0.008 475/￥(即￥118.00/\$)，该投机者悉数卖出手中日元期货合约获利了结。不考虑投机成本，该投机者的投机损益情况是多少？

解析：

1月10日购入20份合约总价值为：0.008 333×12 500 000×20＝2 083 250美元；

3月1日售出时20份合约的总价值为：0.008 475×12 500 000×20＝2 118 750美元；

该投机者可获取的投机利润为：2 118 750－2 083 250＝35 500美元。

当然，如果投机者预测错误，即日元期货不涨反跌，投机者就要承担风险损失。

（2）卖空。卖空是指预测某种货币汇率下降，先卖出该种货币期货合约，然后再买进该种货币的期货合约的行为。

例如：某投机者预期9月期英镑期货将会下跌，于是在2月20日£1＝\$1.744 7的价位上卖出4份9月期英镑期货合约（每张英镑期货面额62 500英镑）。5月15日英镑果然下跌，投机者在£1＝\$1.738 9的价位上买入4份9月期英镑期货合约对全部空头头寸加以平仓。不考虑投机成本，该投机者的投机损益情况是多少？

解析：

2月20日时卖出4份合约的总价值为：1.744 7×62 500×4＝436 175美元；

5月15日买入4份合约的总价值为：1.738 9×62 500 ×4＝434 725美元；

该投机者可获取的投机利润为：436 175－434 725＝1 450美元。

任务三　外汇期权交易

☞ 知识目标

掌握关于外汇期权交易的基本概念

☞ 技能目标

掌握外汇期权交易的盈亏分析

☞ 导入案例

美国A公司买入1份欧元购买期权合约，合约金额为10万欧元，即期汇率为1欧元＝1.225 3美元，协定价格为1欧元＝1.265 3美元，两个月后到期，保险费为5 000美元。A公司应该如何使用期权外汇交易；根据不同的市场价格A公司如何作出不同的选择，有何意义？

期权对于期权合同的购买方是一种权利，而不是义务，即买方不必承担买进或卖出的义务，买方可以在到期或之前的时间行使转卖或放弃这种权利。对于期权合同的卖方，则因为收取了期权的保险费，就承担了如期或到期之前由买方所选择的交割义务的责任，承担汇率变动的风险。根据不同的市场价格，A公司可以作出不同的选择。

下面假设三种市场汇率进行分析：

市场价格低于协定价格，A公司应该放弃合约。

如假设市场价格为1欧元=1.255 3美元时，A公司不会去行使买入的权利，因此，其损失额为当初订约时付给卖方的保险费500欧元。

(2) 市场价格等于协定价格，A公司执行合约与放弃合约的结果一致。

(3) 市场价格高于协定价格，A公司应该执行合约。

如假设市场价格为1欧元=1.295 3美元时，A公司行使其买入权利，以协定价格买入10万欧元，需支付126 530美元，然后立即以1欧元=1.295 3美元的市价卖出，获得美元收入为129 530美元。129 530-126 530=3 000美元，再减去保险费500美元，净收益为2 500美元。

资料来源：http：//www.360 doc.com/relevant/

◈ **思考题**

相比于期货交易，期权交易具备哪些优点和缺点？

一、外汇期权交易概述

（一）外汇期权交易的概念

期权是指一种金融契约，它赋予持有人一种权利，使其能在规定的时期内自行决定是否按规定的价格和数量买进或卖出某种金融资产或商品。

外汇期权交易（Option）又译作外汇选择权交易，是向其购买者提供的在未来一定时期或固定日期以特定汇率购买或出售一定数量的某种外汇的交易。此种选择权称为外汇期权，购买者行使该权利时买入或卖出外汇使用的汇率为外汇期权的协议价格或敲定价格。为取得该权利支付的费用即为期权的价格，又称期权费或权利金，可以行使期权的最后日期就是期权的到期日。

在期权交易中，买方是主动的，可以行使权利，也可以放弃权利，最大的损失是期权费。期权的卖方必须存入一笔资金以保证履行合约，它称为权利保证金（Margins）。由于汇率是变化的，则同样要求保证金逐日盯市。

目前，外汇期权交易市场既有有形市场——交易所期权交易市场，也有无形市场——场外交易市场。经营外汇期权的交易所遍布世界各个金融市场，其组织制度、交易形式与外汇期货交易非常相似，实行公开叫价制、会员制、保证金和清算所制、交易所制定标准合约，而且所有的业务都实行标准化。

由于在中国尚未形成规范的外汇期货交易市场，交易所内的外汇期权交易更是无从谈起。但场外交易的外汇期权在中国却是由来已久，中国银行、中国建设银行等国有商业银行一向都将外汇期权的交易作为传统的代国内客户办理外汇买卖的重要方式。近年来，中国银行深圳分行推出的外汇期权业务也是一种具有中国特色的外汇期权创新品种。但是，各银行提供的外汇期权买卖不是以本币—外币远期汇率为标的物，而是代客户在国际外汇市场买入以两种外币汇率（其中一种一般为美元）为标的物的外汇看涨期权或者看跌期权。而且，可供客户选择的外汇期权品种只有买进欧式看跌期权和买进欧式看涨期权两种，银行作为期权出售方获得期权费收益。

（二）外汇期权交易的特点

（1）期权交易下的期权费不能收回。

（2）具有执行合约与不执行合约的选择权，灵活性强。

在期权合约有效期内，或在规定的合约到期日前，如果即期汇率对期权持有者不利，他可按协定汇率及金额行使自己拥有的买的权利或者卖的权利。如果即期汇率对期权持有者有利，期权持有者则可放弃执行合约的权利，让合约过期自动作废。而期权买方的损失也仅仅是预先付出的一笔期权费。

（3）期权费率不固定。

（三）外汇期权交易、期货交易与远期交易的比较

1. 共同之处

外汇期权交易、期货交易与远期交易都是买卖双方事先签订合约而不进行现货交割的外汇交易，有着许多共同之处：它们的交易对象都是合约而不是实物，它们的基本功能都是为交易者提供避险保值和投机的便利。

2. 不同之处

（1）交易的本质不同。

外汇期权交易中期权买方有在其认为适当的时间行使期权的权利，但不承担必须履行的义务；而期权卖方有满足期权买方要求的义务，因而双方地位是不平等的，买方处于主动地位，而卖方处于被动地位。相比之下，外汇期货和远期交易的交易双方地位是平等的，没有主动、被动之分，双方都有按合约规定进行交割的义务。

（2）合同金额不同。

外汇期货与期权交易的合同金额都是标准化的；而远期交易的合同金额是由每次交易的具体情况决定的，没有一个固定的金额。

（3）交割日不同。

远期交易的交割日是由每一笔交易具体情况决定的，是在成交后的某一固定期限日执行交割；期货和期权交易的交割日是标准化的，但期货的交割只能在固定交割日进行，欧式期权到期日才能行使权利进行交割，而美式期权买方却能够在到期日之前任何一天都能行使权利进行交割。

（4）交易方式不同。

远期交易是由交易双方在私下通过电传、电话等工具联系并达成协议的，属于无形市场，并且交易双方了解交易对手的情况；而期货和期权交易的双方是在有形市场即交易所内通过公开竞价方式进行交易的，交易双方并不清楚自己的最终交易对手。

（5）清算和保证机构不同。

远期交易中不缴或只缴纳少量保证金，双方交易的结算是一次性结算，利润的实现是“买卖价差”；而期货和期权交易都实行保证金制度，期货交易的买卖双方都缴纳保证金，期权的买方不缴纳保证金，卖方缴纳保证金，期货与期权交易都有专门的清算机构按照“逐日盯市”的原则每天结算交易者的盈亏。利润的实现通过保证金的变化和期权费的放弃来实现。

（6）市场参与者不同。

远期交易的参与者多为大公司和大银行，个人或中小企业很难进入这一市场，但是这一交易本身没有明确的资格限制；就期货和期权交易而言，直接参与场内交易的只能是交易所

的会员，但公众也可委托会员进行交易。

二、外汇期权交易的类型

外汇期权按不同标准可以划分为不同的类型。

1. 按行使期权的时间不同，可分为美式期权和欧式期权

美式期权是期权的买方在到期日之前的任何日期都可以行使权利。

欧式期权是期权的买方只能在到期日行使权利。

2. 按期权的性质不同，可分为看涨期权和看跌期权

看涨期权又称买权、买入期权，即买了一个“买的权利”，是指期权买方（Call Buyer）预计未来一定时期自己必须购买的某种资产的价格将要上涨，而现在价格较低时就买进该资产又会占用资金，影响资金周转，于是支付一定数额的期权费，购买看涨期权。

看跌期权又称卖权、卖出期权，即买了一个“卖的权利”，是指期权购买者预测未来某时期自己必须出售的资产将要跌价，因而支付一定数量期权费购买看跌期权。

3. 根据期权是否能带来收益分为价内期权、价外期权和平价期权

一个有内在价值的期权称价内期权；没有任何内在价值的期权称价外期权；协议价格等于现汇汇率的期权称平价期权。

	看涨期权	看跌期权
价　内	现行汇价 > 期权协议价格	现行汇价 < 期权协议价格
平　价	现行汇价 = 期权协议价格	现行汇价 = 期权协议价格
价　外	现行汇价 < 期权协议价格	现行汇价 > 期权协议价格

三、外汇期权交易的盈亏分析

外汇期权盈亏分析可分为看涨期权与看跌期权两种。

1. 看涨期权盈亏分析

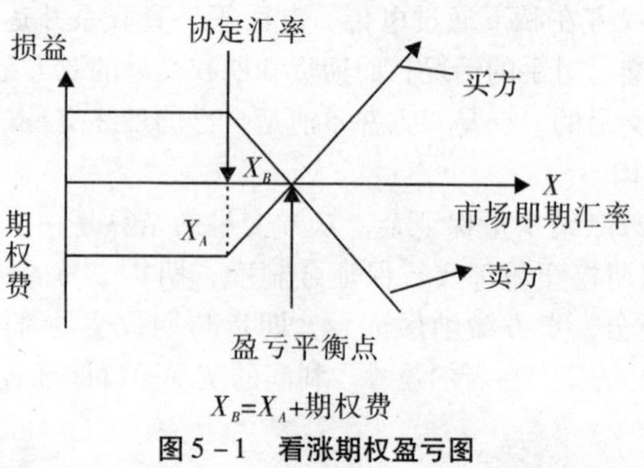

$X_B=X_A+$期权费

图 5－1　看涨期权盈亏图

从图 5－1 中可以看出，看涨期权买方的最大损失为期权费，而最大的盈利可以是无限的，卖方最大的收益是期权费，而损失可以是无限的。

2. 看跌期权盈亏分析

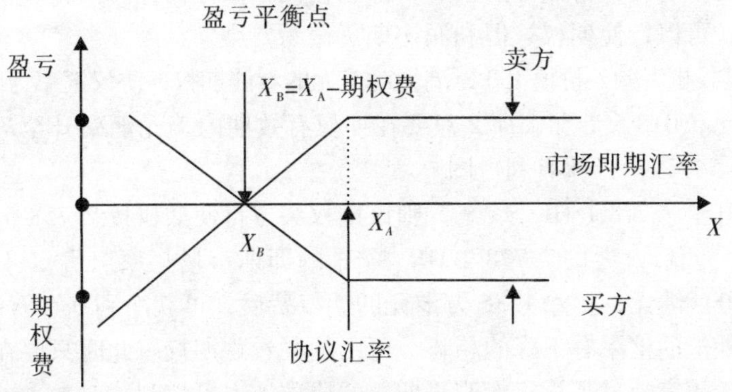

图 5-2　看跌期权盈亏图

四、外汇期权交易的应用

1. 外汇期权交易可用来避免外汇风险

例如：假设有一家香港进口商，进口了价值 100 万美元的货物，3 个月后付款，为了防止因美元对港元的汇率上升而蒙受损失，他可以买入价值 100 万港元对美元的美元看涨期权，协议汇率（Striking Price）为 US ＄1 = HK ＄7.758 6，则该进口商可以 1 美元兑 7.758 6 港元的固定价格在未来 3 个月的任一天内购入美元以支付进口货款。设购买当日的即期汇率为 US ＄1 = HK ＄7.757 0（执行价格，Exercise Price），期权费率（Premium）为 1.85%，则其保值所费单位成本为 1 美元远期溢价 0.001 6 港元加上期权费 0.018 5 港元，共为 0.020 1，总成本为 100 × 0.020 1 = 2.01 万港元。

与远期外汇合约及外汇期货交易相比，利用外汇期权进行保值的优点是买方可以在有效期内随时进行交易，也可以任意放弃交易的权利，没有义务在到期时必须购入合约规定的外汇。当国际交易者对未来的外汇收支的可能性、金额、实现日期并不能确定的时候，采用外汇期权就较为合适，这样做不仅可以减少交易的成本，简化交易的手续，也可以使远期外汇交易更好地符合国际交易的实际需要。

2. 外汇期权可以用于外汇投机

如果投机者认为某种外汇的汇率会上升，则购买该外汇的看涨期权就有利可图了，此时只要该外汇在期权有效期内汇率上升的幅度足以超过投机者购买期权所付出的成本，就可盈利。

由前述期权交易的盈亏图形分析可以得到如下结论：

买入看涨期权，当汇率大于 X_B 点时，投机获利，否则亏损；

卖出看涨期权，当汇率小于 X_B 点时，投机获利，否则亏损。

买入看跌期权，当汇率小于 X_B 点时，投机获利，否则亏损；

卖出看跌期权，当汇率大于 X_B 点时，投机获利，否则亏损。

期权交易利润的实现方法是：期权交易的买方放弃期权时，卖方通过收入期权费实现利润；执行期权时，通过卖方保证金的减少，实现期权买方的利润。

由上分析可以看出：

①买入期权交易可以将损失减到最小，并可以做到不失去任何盈利的机会。

②期权交易的保值比期货交易灵活。在到期日市场出现对买入期权方不利的情况时，可以放弃期权而选择市场，获得额外的利益，但利益比不做任何保险措施要少；在到期日市场对做期权有利时，可以行使期权，但利润比期货交易要小。

例如：假设某投机者购入价值100万港元对美元的看涨期权，协议汇率为7.758 6HK \$/\$，期权费率为1美元0.018 5港元，那么只要在期权有效期内美元汇率升至7.777 1 HK \$/\$（7.758 6+0.018 5）以上，就有利可图。

设美元汇率升至7.778 1 HK \$/\$，则该期权买方行使期权按7.758 6 HK \$/\$的协议汇率购入100万美元后，再按7.778 1 HK \$/\$的即期市场汇率出售，可获外汇增值1.95万（0.019 5×100）港元，扣除1.85万港元的期权费后，可获净利0.1万港元。同样道理，若投机者预期某外汇的汇率有下降的趋势，可以购买看跌期权。此时只要在期权的有效期内该外汇汇率下跌的幅度超过了投机者购买期权的成本，也可获利。

任务四　互换交易

☞ 知识目标

1. 掌握关于外汇互换交易的基础知识
2. 了解和掌握互换交易的交易形式

☞ 技能目标

掌握互换交易的交易形式——货币互换

☞ 导入案例

假设法国A公司在2009年6月底筹措到一笔5 000万欧元资金，期限5年，固定利率5%，融资时的汇率1欧元=1.156 3美元。该公司投资项目建成后创汇美元，需要用美元兑换欧元还债。如果欧元不断升值，美元利率为7%，试分析法国A公司如何使用货币互换交易，有何意义？

如果欧元不断升值，超过融资时的汇率1欧元=1.156 3美元，A公司必将承受汇率损失，增加融资成本。所以，该公司可以在2006年8月委托一家信誉好的银行（中介）与B公司达成货币互换交易协议，把5 000万欧元债务置换为美元债务，汇率固定在1欧元=1.186 3美元，并支付美元固定利率7%（与项目当初设计时的筹措美元出口信贷利率水平相等），每半年交易双方相互支付一次利息，互换交易终止日相互交换本金。

A公司出于规避汇率风险的目的，并且预期欧元在此后的三年中将升值的情况下利用货币互换对债务进行保值交易；而B公司则是看中欧元债务比美元债务利率低2%，在近期继续看好美元的情况下参加交易的。如果此后5年的平均汇率为1欧元=1.156 3美元，那么正好与筹资时设计的汇率水平相一致，A公司没有受到汇率波动的影响。如果欧元升值，假设平均汇率为1欧元=1.256 3美元，A公司就将承担由于汇率波动而带来的经济损失。然而，A公司采取了果断措施，通过货币互换交易，防范了汇率风险。

资料来源：http：//www.gtja.com

◈ 思考题

作为金融市场中新的保值工具，互换交易是如何为企业提供保值功能的？

一、外汇互换交易的含义

互换交易是继20世纪70年代初金融期货后，出现的又一典型的金融市场创新业务。目前，互换交易已经从量向质的方面发展，甚至还形成了互换市场同业交易市场。在这个市场上，互换交易的一方当事人提出一定的互换条件，另一方就能立即以相应的条件承接下来。利用互换交易，就可依据不同时期的不同利率、外汇或资本市场的限制动向筹措到理想的资金，因此，从某个角度来说，互换市场是最佳筹资市场。总之，互换交易的开拓，不但为金融市场增添了新的保值工具，而且也为金融市场的运作开辟了新的境地。

外汇互换交易（Foreign Exchange Swaps）指交易双方相互交换币种不同但期限相同、金额相等的货币及利息的业务。

外汇互换交易主要包括货币互换和利率互换。货币互换（又称货币掉期）是指两笔金额相同、期限相同、计算利率方法相同，但货币不同的债务资金之间的调换，同时也进行不同利息额的货币调换；利率互换是指交易双方以一定的名义本金为基础，将该本金产生的以一种利率计算的利息收入（支出）流与对方的以另一种利率计算的利息收入（支出）流相交换。在利率互换中，交换的只是不同特征的利息，没有实质本金的互换。

二、外汇互换交易的主要形式

外汇互换交易的常用形式是货币互换交易，另外还有外汇现货和外汇远期互换交易等形式，这里主要介绍货币互换交易形式。

1. 货币互换交易

货币互换交易，是指交易双方向对方提供一定金额的某种国家货币的本金，并在互换交易期限内相互逐期支付利息，在期满日再将原货币交换给对方的一种交易方式。

货币互换是指交易双方在一定期限内将一定数量的货币与另一种一定数量的货币进行交换。货币互换是规避债权、债务的中长期汇率风险的有效办法之一。

货币互换一般包括期初本金交换、期中的利息交换和期末的本金再交换三个环节。

例如：某公司有一笔日元贷款，金额为100 000 000日元，期限5年，利率为固定利率3.25%，付息日为每年6月10日和12月10日。2005年12月10日提款，2010年12月10日到期归还。公司提款后，将日元兑换成美元，用于采购生产设备，产品出口得到的收入是美元，而没有日元收入。

从以上情况可以看出，公司的日元贷款存在着汇率风险。因为公司借的是日元，用的是美元，收入的也是美元。到2010年12月10日，公司需要将美元换成日元还款。如果到期时日元兑美元升值，那么公司要用更多的美元来买日元还款。这样，由于公司的日元贷款在借、用、还上存在着货币的不统一，就存在汇率风险。公司为控制汇率风险，决定与甲银行做一笔货币互换交易。双方规定，交易于2005年12月10日生效，2010年12月10日到期，使用汇率为1美元=115日元。这一货币互换交易过程如下所述：

环节一：在2005年12月10日（提款日），公司与银行互换本金：公司从贷款行提取日元贷款本金，同时支付给甲银行，甲银行按约定的汇率水平向公司支付相应的美元。如图5－3所示：

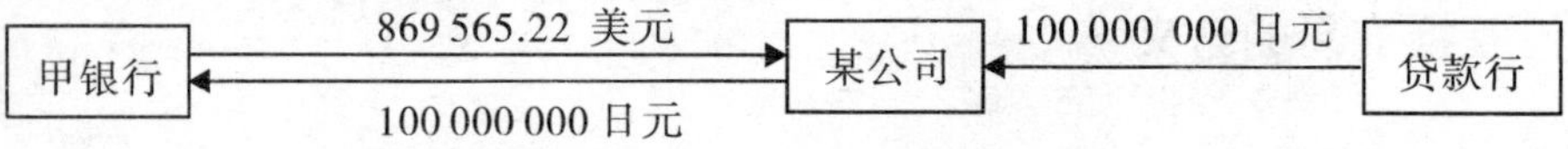

图5－3　货币互换交易过程

环节二：在2005—2010年期间每年6月10日和12月10日（付息日），公司与甲银行互换利息：甲银行按日元利率水平向某公司支付日元利息。公司将日元利息付给贷款行，同时按约定的美元利率水平向甲银行支付美元利息。如图5－4所示：

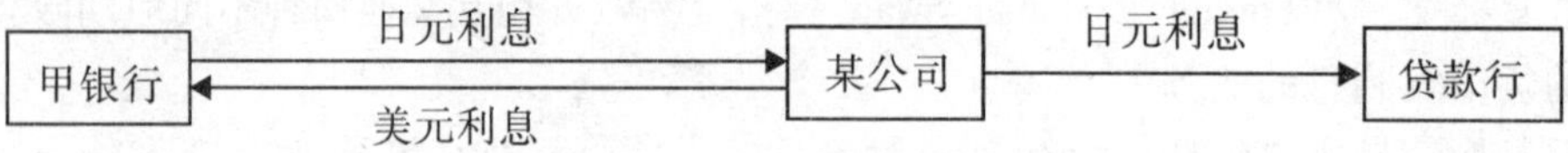

图5－4　货币互换交易过程

环节三：在2010年12月10日（到期日），公司与甲银行再次互换本金：甲银行向公司支付日元本金，公司将日元本金归还给贷款行，同时向甲银行支付相应的美元。如图5－5所示：

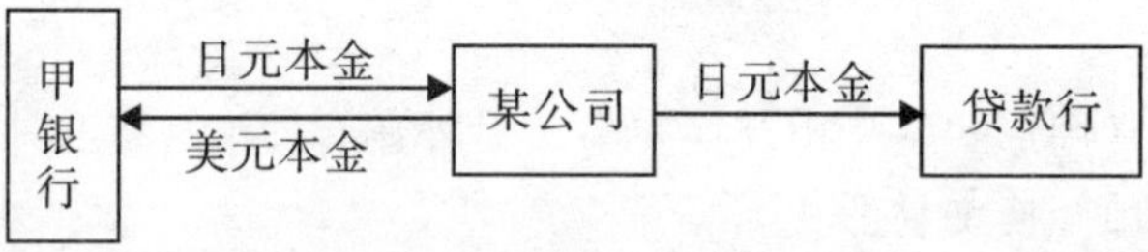

图5－5　货币互换交易过程

从上述交易可以看出，由于期初公司与甲银行均按预先约定的同一汇率（1美元＝115日元）互换本金，且在贷款期间公司只支付美元利息，而从甲银行处得到的日元利息正好用于归还原日元贷款利息，从而使公司完全避免了未来汇率变动的风险。

2. 货币互换与远期交易的结合

货币互换与远期交易的结合形式，是指外汇现货和外汇远期同时发生的互换交易。这里需要理解的一个问题是：外汇的现货买入和远期售出，实际相当于本币的现货售出和远期买入。借入一定时期一定金额的外汇，那么在期满日就需要发生一次本币和外汇的互换交易。

例如，一家美国公司借入1年期1 000万英镑，在1年后该公司需要用美元兑换1 000万英镑及1年期的利息金额，偿还给对方。在1年的借款期内，美元与英镑的汇率可能会发生变化，该美国公司可以采用外汇远期交易方式来规避其外汇风险，不过远期交易的金额需等于借入金额加利息金额的总和。因此，货币互换与远期交易的结合形式，一般的情况是某家公司或有关机构借入（或购买）一定期限一定金额的外国货币，并同时做该外国货币相同金额的一笔远期交易，以规避外汇风险。

项目小结

国际清算银行调查统计结果显示，自 20 世纪 90 年代以来，全球外汇衍生品市场发展迅速，2007 年全球外汇衍生品日均交易额达到 2 万亿美元左右。按照国际清算银行的划分，外汇衍生产品包括外汇远期、货币互换、货币期货和货币期权等品种。

本项目主要介绍了外汇衍生品的交易方式（创新型外汇交易方式）。通过详细介绍外汇远期交易、外汇期货交易、外汇期权交易和互换交易这些交易方式的基本原理和实务操作，希望学习者能够熟练掌握并运用这些外汇衍生品的交易方式。

基本概念

外汇远期交易　外汇期货交易　外汇期权交易　外汇互换交易　协议价格　保证金交易　看涨期权　看跌期权　货币互换

项目练习与实训

知识练习：

一、单项选择题

1. 外汇期货交易是按照成交单位与交割时间由（　　）原则来进行的。

A. 交易所确定的标准化　　B. 买卖双方共同确定的

C. 买方确定的　　D. 卖方确定的

2. 外币的期货交易一般都要做（　　）。

A. 实际的交割业务　　B. 不做实际的交割业务

C. 进行对冲交易　　D. 不进行对冲交易

3. （　　）通常使用标准化的合约。

A. 远期外汇交易　B. 即期外汇交易　C. 外汇期货交易　D. 汇率互换交易

4. 在下面各种外汇交易中，灵活性最强的交易是（　　）。

A. 套汇交易　B. 远期外汇交易　C. 掉期外汇交易　D. 外汇期权交易

5. 当 A 公司签订了购买外汇期权合约后，如果市场价格低于协定价格，通常 A 公司（　　）合约对自己有利。

A. 执行　　B. 放弃

C. 执行与放弃结果一样　　D. 无法判断

6. 买方可以在合约到期或到期日之前的任何一个工作日放弃或要求卖方执行期权合约的外汇交易是（　　）。

A. 外汇期货交易　B. 美式期权交易　C. 远期外汇交易　D. 欧式期权交易

7. 由远期外汇收入的出口商与银行订立远期外汇合同，是为了（　　）。

A. 防止因外汇汇率上涨而造成的损失

B. 获得因外汇汇率上涨而带来的收益

C. 防止因外汇汇率下跌而造成的损失

D. 获得因外汇汇率下跌而带来的收益

8. 当远期外汇比即期外汇便宜时，则两者之间的差额称为（　　）。

A. 升水　B. 贴水　C. 平价　D. 中间价

二、多项选择题

1. 货币期货交易的特点有（　　）。

A. 买卖双方无直接合同责任关系　B. 对远期外汇的买卖有标准化规定

C. 不收手续费　D. 实行双向报价

E. 最后要进行交割

2. 货币期货交易与远期外汇交易的共同点是（　　）。

A. 都是以合同的方式把未来买卖外汇的汇率固定下来

B. 都要进行交割

C. 都是为了保值或投机而进行外汇买卖的

D. 都要实行双向报价

E. 都要通过经纪人进行交易

3. 按外汇期权的性质划分，外汇期权一般可分为（　　）。

A. 看涨期权　B. 场外交易期权

C. 看跌期权　D. 交易所内期权

4. 需要事先缴纳一定数额的保证金的外汇交易主要包括（　　）几种。

A. 即期外汇交易　B. 远期外汇交易　C. 外汇期货交易　D. 外汇期权交易

5. 金融衍生工具的主要类型包括（　　）。

A. 外汇期货交易　B. 外汇期权交易　C. 金融互换交易　D. 远期利率协议

6. 金融互换交易按性质不同可以分为（　　）类型。

A. 货币互换交易　B. 市场互换交易　C. 期权互换交易　D. 利率互换交易

7. 根据远期外汇交易合同中规定交割日期的不同来划分，远期外汇交易可分为(　　)。

A. 远期外汇交易　B. 超远期外汇交易

C. 固定交割日期的远期外汇交易　D. 择期远期外汇交易

8. 在外汇市场上，远期汇率的标价方法主要有（　　）。

A. 直接标出远期外汇的实际汇率

B. 标出远期汇率与即期汇率的中间汇率

C. 标出远期汇率与即期汇率的差额

D. 标出即期汇率与远期汇率的差额

E. 直接标出实际远期汇率的中间价

9. 货币期货与远期外汇交易的共同点表现为（　　）。

A. 收取一定的手续费　B. 以合约方式固定买卖外汇的汇率

C. 一定时期后进行交割　D. 实际交割量小

E. 为保值或投机而进行交易

10. 远期外汇交易的特点是（　　）。

A. 买卖双方有直接合同责任关系　B. 不收手续费

C. 对远期外汇的买卖有标准化规定　D. 实行双向报价

E. 最后要进行交割

三、简答题

1. 请比较期权交易与期货交易。

2. 简述货币互换和掉期交易的区别。

3. 外汇期权交易的主要特点包括哪些方面?

技能实训:

1. 美国某公司在3月份买进英国分公司设备100万英镑，双方商定3个月后付款。美国公司担心3个月内英镑升值，决定通过期货市场防范风险。

已知3月份商品交易时的即期汇率为：GBP 1 = USD 1.8，此时6份交割的期货价为GBP 1 = USD 1.95；假定6月份的即期汇价为GBP 1 = USD 1.98，此时6月份交割的期货价为GBP 1 = USD 2.15。

请问该公司应该如何进行外汇期货交易才能防范风险?

2. 我国某外贸公司向英国出口商品，1月20日装船发货，收到价值100万英镑的3个月远期汇票，担心结汇时英镑兑美元汇价下跌，以外汇期权交易保值。

已知：1月20日即期汇价 GBP 1 = USD 1.486 5

(IMM) 协议定价 GBP 1 = USD 1.495 0

(IMM) 期权费 GBP 1 = USD 0.021 2

佣金占合同金额的0.5%，采用欧式期权。3个月后，在英镑兑美元汇价分别是GBP 1 = USD 1.400 0与GBP 1 = USD 1.600 0的两种情况下，该公司各收入多少美元?

职业拓展实训:

案例讨论:

一家英国的工程公司为一家位于米兰的意大利公司供应某种专门的飞机零部件。意大利公司要求所有的供应商都以欧元标价，英国公司得到的合同总金额为1 187 750欧元。它们最初的报价是建立在交叉汇率0.598 21英镑/欧元之上的，公司的费用都以英镑标价。合约是10月份签订的，他们将在向意大利公司交割了零部件之后拿到货款。货物交割预定在次年的6月份。如果他们希望从中获利，就必须采取措施，避免届时欧元相对于英镑贬值。英国公司的目标收入是710 500英镑。

当英国公司的司库得到签订合约的消息后，他已经进行了所有必要的研究和计算。他知道，目前需要在两种期货合约中进行选择，一种是在芝加哥CME中上市的合约，另一种是在纽约NYBOT上市的合约。这两种合约都以欧元作为标的物，唯一的区别在于二者的规模不同。CME合约的标的物是125 000欧元，NYBOT合约的标的物是100 000欧元。

试写出该公司使用期货合约对外币应收款进行套期保值的投资策略，以及可能出现的结果。

项目六　外汇风险与管理

任务一　外汇风险认知

☞ 知识目标

1. 了解外汇风险的概念与构成
2. 掌握外汇风险的种类

☞ 技能目标

能准确识别各类外汇风险

☞ 导入案例

深圳某家上市公司2008年7—8月份与欧洲某公司签订了设备进口合同，以欧元计价，设备价款为3 000万欧元，首批货款1 000万欧元于2009年5月支付。由于该公司外汇资金为美元，未对该合同做相应的外汇保值措施，当汇价从2008年7—8月份的1欧元兑0.97美元上涨到2009年5月份1欧元兑1.17美元时，首批货款从970万美元增加到1 170万美元，与2008年7—8月份的汇价相比，要多花200多万美元，使预计可能得到的利润化为乌有，遭受惨重的外汇损失。相反，深圳兰特公司于2009年4月14日与德国一厂商签订一批货物进口合同，货价为100万欧元，预计一个月后，货物收妥，立即付汇。4月14日100欧元兑889.31元人民币，当日中国银行挂牌的欧元一个月远期售价是100欧元兑889.75元人民币。该公司为防范欧元汇价进一步上涨，当日与中国银行深圳分行签订了以人民币购买100万欧元的一个月远期合同，交割日为2009年5月15日。到5月15日交割日，欧元的即期售价已上升到951.41元人民币。由于兰特公司在4月14日与银行签有预买100万欧元的一个月远期合同，因而把汇率锁定为889.75元人民币。5月15日兰特公司按合同约定，正常交割，只需支付人民币8 897 500元，从而规避了欧元汇率上涨的外汇风险。如果兰特公司不采取防范措施，不利用远期售汇锁定换汇成本，该公司需支付人民币9 514 100元。

资料来源：http：//www.czicc.com/html/info/safe/166.htm

◈ 思考题

1. 什么是外汇风险？
2. 外汇风险有哪些类型？
3. 结合案例谈谈如何防范外汇风险？

一、外汇风险的含义

外汇风险（Foreign Exchange Exposure）是指一个组织、经济实体、个人或国家在一定时期内在对外经济、贸易、金融、外汇储备的管理与营运等活动中，以外币表示的资产（债权、权益）与负债（债务、义务）因未预料的外汇汇率的变动而引起的价值的增加或减少的可能性。

外汇风险简单说就是因外汇市场变动引起汇率变动，导致以外币计价的资产遭受损失的风险；从事对外经济、贸易、投资及金融的公司、企业组织、个人及国家外汇储备的管理与营运等，通常在全球范围内收付大量外币，或持有外币债权债务，或以外币标示其资产和负债的价值，因为各国使用的币种不同，加上各国间币种汇率经常变化，所以在全球经济往来中，在全球收付结算的时候，就会产生外汇风险。如出口方与国外进口方签订以外国货币付款的销售合同，因常需一定时间才能收回货款，在此期间如汇率下跌，出口方即承担了汇率变动的风险；同样，进口方也常需承担汇率上涨的风险。

二、外汇风险的构成要素

1. 本币

一个涉外经济主体在它的涉外活动中所发生的外汇收付，如应收应付账款的收入或支出、货币资本的借入或借出等，均需与本币进行结算，并以本币考核经营成果。本币是衡量一个企业经济效果的价值尺度。

2. 外币

一个国家的外汇资产、外汇储备、企业出口获得的收益、外国资本的借贷及还本付息等，均用外币表示，然后和本币发生结算进行支付，由此带来两种货币的兑换关系。外币是一个国家对外支付能力的体现。没有外币和本币的兑换关系，也就没有外汇风险的存在。

3. 时间

有了本币和外币之间的因结算和支付带来的兑换关系还不一定构成外汇风险，还必须有时间差异。这就是经营活动中若发生外币应收账款、应付账款、外币资本的借入或贷出等情况，均需与本币进行折算，以考核其经营成果。从交易达成到应收账款的实际收进，应付账款的实际付出，以及借贷本息的最后偿付均有一个期限，这个期限就是时间因素。在确定的时间内，外币与本币的折算比例可能发生变化，从而产生外汇风险。而时间的长短对风险的大小有直接的影响，时间越长，汇率波动的可能性和幅度就较大，外汇风险就越大；时间越短，汇率波动的可能性和幅度就较小，外汇风险相对就小。例如，国内某进出口公司出口机械成套设备一套，90 天后有一笔欧元款项入账；进口 20 个集装箱散装器材，30 天后有一笔瑞士法郎款项支出；60 天后有一笔美元贷款到期等。这些款项的收入与支出都要经过一定的时间，存在着汇率变动的可能性，对该公司来说，就是外汇风险。

外汇风险构成要素之间有着一定的关系。一个企业以本币收付无外汇风险；流入外币和流出外币金额相同，时间相同，无外汇风险；不同时间的相同外币，相同金额的流出入，只有时间风险；一种外币流出，另一种外币流入，具有双重风险。

三、外汇风险的类型

（一）企业面临的外汇风险

任何一个涉及国际业务的企业的全部活动中，即在它的经营活动过程、结果、预期经营收益中，都存在着由于外汇汇率变化而引起的外汇风险。在经营活动中的风险为交易风险，在经营活动结果中的风险为会计风险，在预期经营收益中的风险为经济风险。

1. 交易风险

交易风险（Transaction Exposure）指在约定以外币计价成交的交易过程中，由于结算时的汇率与交易发生时即签订合同时的汇率不同而引起收益或亏损的风险。交易风险的主要来源包括未交付货物或提供服务的订单，各种形式的应收款、应付款，已确定的未来的资金流入或流出等。

交易风险是国际企业经营面临的最主要的外汇风险。交易风险主要发生在以下几种场合：

（1）商品劳务进口和出口交易中的风险。

以即期或延期付款为支付条件的商品或劳务的进出口，在装运货物或提供劳务后货款或劳务费用尚未收支这一期间，外汇汇率变化所发生的风险。例如：某中国公司与美国公司签订一笔以美元计价的出口合同。从中国企业在签署美元订单之日起，到收到货款的时候，都将面临汇率的风险，尤其是在当前人民币不断走高，美元不断走低的趋势下，企业面临的风险就更大了。

（2）以外币计价的国际信贷活动在债权债务未清偿前所存在的风险。

例如：某项目借入的是人民币，到期归还的也应是人民币。而该项目产生效益后收到的是美元。若美元对人民币汇率贴水，该项目要比原计划多花费一定数量的美元，才能兑成人民币归还本息，结果造成亏损。

（3）待履行的远期外汇合同，约定汇率和到期汇率变动而产生的风险。

待交割的远期外汇合同的一方，在该合同到期时，由于外汇汇率的变化，交易的一方可能要承担支出更多或较少货币去换取另一种货币的风险。

（4）向外筹资中的汇率风险。

借入一种外币而需要换成另一种外币使用，则筹资人将承受借入货币与使用货币之间汇率变动的风险。

2. 会计风险

会计风险（Accounting Exposure）又称折算风险（Conversion Exposure）或转换风险（Translation Exposure）。它是指由于外汇汇率的变动而引起的企业资产负债表中某些外汇资金项目金额变动的可能性。它是一种账面的损失和收益，并不是实际交割时的实际损益，但它却会影响企业资产负债的报告结果。

一种典型的情况是，根据会计程序，在每个会计年度结算时，公司必须编列合并会计报表，如果有分支公司在海外经营业务的话，就可能承受会计风险。境内母公司将海外关联公司以外币表示的财务报表重新以母公司的计账本位币表示，进而编制合并财务报表，而折算汇率的变动可能造成母公司净值或净利的增加或减少。

会计外汇风险根据财务报表的类别，一般分为损益表风险和资产负债表风险。企业的现金流量表是在以上两表的基础上编制而成的，因而不需单独考虑其会计风险。

（1）损益表风险。

在现行会计制度下，所有的收入和费用项目全部按照折算时即期末的现行汇率进行折算（也可按当期平均汇率折算，而平均汇率通常采用期初与期末的简单平均数），因而损益表项目都存在会计风险。

在区分流动与非流动项目下，除固定资产折旧和长期待摊费用等按照相关资产入账时的历史汇率折算而没有会计风险外，其他各项收入和费用均按照当期的平均汇率进行折算，故而存在会计风险。

在区分货币与非货币项目下，销售成本项目需根据“期初存货 + 本期购货 - 期末存货 = 本期销货”的等式，对左边项目分别折算后计算确定，尽管其中的期初存货和期末存货是按照不同时点的历史汇率折算而没有会计风险，但本期购货则要按当期平均汇率折算，因而总体上仍存在会计风险。

（2）资产负债表风险。

企业的股本项目一般是按历史汇率折算的，因而没有会计风险；留存收益项目虽为折算平衡数，但由于含有本期损益留存的部分，因而实际上也会产生会计风险；其他外币资产负债项目则适用不同的汇率，但只要是按现行汇率进行折算就存在会计风险。

3. 经济风险

经济风险（Economic Exposure），又称经营风险，指意料之外的汇率变动通过影响企业的生产销售数量、价格、成本，引起企业未来一定期间收益或现金流量减少的一种潜在损失。取决于汇率变动对该数量、价格与成本可能产生影响的程度。

通常来说，在汇率可以预期的情况下，这种预期会通过金融市场渠道反映在两国间的利率与通货膨胀上。倘若金融市场不能对此做作出调整，那么预期的汇率变动则会反映在企业的预期现金流量以及其市场价值中，所以预期到的汇率变动对企业构不成风险，只有未预期到的汇率变动才会给企业的经营造成不确定。

具体而言，经济风险通过两种形式表现出来：一是资产风险（Asset Exposure），即汇率的波动对企业资产（负债）以母国货币表示的价值影响；二是经营风险（Operating Exposure），即汇率的波动对企业现金流的影响。然而，前者不一定总能表现出来，它主要通过币别因素起作用，如果所选的计价货币改变了，例如母国资产不是以母国货币计价而是以第二国货币计价，那么该企业的资产折算成母国货币的价值就可能会面临风险。后者即经营风险要通过如下两个效应表现出来：一是竞争效应，即由于货币汇率的波动造成公司在市场中竞争地位的改变，致使公司的现金流发生改变；二是转换效应，即当现金流中部分来源于外币时，在汇率波动时，致使以本币表示的现金流价值发生变化。

（二）银行面临的外汇风险

1. 商业银行外汇资本金面临的汇率风险

目前，国内商业银行的外汇资本金来源主要分为三类：在境外股票市场，通过公开发行上市募集的外汇资金；由境外的战略投资者认购一部分股权形成的外汇资本金；由国家通过外汇储备注资方式形成的外汇资本金。受到人民币汇率波动的影响，银行的外汇资本金折算成人民币资本数额也会发生变动。如果人民币出现较大幅度的升值，则商业银行的总资本金数额可能会发生较大缩水，这无疑会对商业银行的资本充足率水平和经营绩效产生不利影响。

2. 资产与负债的敞口汇率风险

在国际汇率有变动时，银行外汇资产的头寸匹配和币种搭配是否合理，将直接影响到商业银行的抗风险能力。随着我国开放型经济的不断发展，企业外汇资金需求不断上升。对比快速增长的外汇资金需求，商业银行的外汇资金来源并没有显著增加。在过去几年中，国内银行体系的外币业务贷存比一度达90%以上，反映出银行外汇资金供应相当紧张。在这种情况下，为了保证外汇信贷业务的需要，多家银行向主管部门申请了以人民币资金购买外汇，并向客户发放外汇贷款。这样做虽然解决了外汇资金的来源问题，但是也造成了银行外汇资产与人民币负债之间币种的不匹配。当人民币出现升值时，必然给商业银行带来汇率损失。

3. 商业银行的资金账户和交易账户面临的外汇风险同时加大

新汇率机制下，商业银行的交易账户，即因交易目的而持有的以外币计价、结算的金融工具的（人民币）市值，会随着人民币对主要外币汇率的波动而变动。同时，银行账户中的外汇资产和负债，例如外汇存款、外汇贷款、同业外币拆借、投资性外币债券等，也会随着汇率的升值和贬值而产生盈亏。交易账户和银行账户的外汇风险加起来，便构成了商业银行的外汇风险。

4. 商业银行外汇信用风险加大，增大了商业银行受损的可能性

汇率形成机制改革不仅会直接影响商业银行账户和交易账户的资金头寸，还会通过影响其客户的外汇财务状况，间接地影响商业银行的资产质量和盈利能力。汇率波动的频度和幅度提高后，从事国际贸易的客户经营账户的外汇风险增加，其财务状况将随着汇率波动而盈亏不定，从而影响客户的偿债能力，进而使商业银行的贷款风险加大。

5. 结售汇等中间业务的汇率风险

由于人民币汇率浮动频率和区间不断加大，商业银行的结售汇等中间业务的汇率问题也逐渐显现出来。按照新的汇率形成机制，人民币兑美元汇率每天的波动幅度在千分之三以内。目前，国内银行人民币兑美元的牌价一般按照前一天人民银行公布的中间价确定，同时对前一天各分支机构结售汇的轧差头寸在市场中平盘。如果出现市场平盘价低于对客户的结算价，银行就要承担其中的汇率损失。

6. 外汇衍生产品给银行带来的风险增加

外汇衍生产品交易要求银行有很好的定价能力，并且能够很好地管理衍生产品的风险，这对商业银行来说是非常大的挑战。随着远期结售汇业务范围的扩大，交易期限限制放开，同时允许银行自主报价，并允许银行对客户办理不涉及利率互换的人民币与外币掉期业务，这些措施在促进银行外汇衍生品交易发展的同时，也使银行面临的相关风险增加。在提供远期、掉期等衍生产品时，银行的定价和风险管理水平直接决定其盈利能力，体现着银行的竞争力。

（三）国家面临的外汇风险

1. 外汇储备风险

外汇储备风险是指外汇储备所有者或投资人在持有、经营储备资产过程中，因偶发性、不完全确定性以及其他各种因素所引起的收益的不确定性和储备资产损失的可能性。作为一国持有的特殊金融资产，外汇储备面临金融资产普遍面临的一般金融风险。而国家外汇储备风险是指一国所有的外汇储备因储备货币贬值而带来的风险。它主要包括国家外汇库存风险和国家外汇储备投资风险。

自1973年国际社会实行浮动汇率制以来，世界各国外汇储备都面临同样的一种运营环境，即储备货币多元化，储备货币以美元为主。包括美元在内的储备货币汇率波动很大，这就使各国的外汇储备面临极大的风险。由于外汇储备是国际清偿力最主要的构成因素，是一国国力大小的一个重要象征，因此外汇储备面临的风险一旦变为现实，其造成的后果是十分严重的。

2. 外债风险

从历史的眼光来看，政府主权外债的举借对一个国家国民经济发展和社会进步有极其重要的作用。政府主权外债作为外债举借的一部分，可以缓解国民经济建设资金短缺的压力，推动出口，扩大投资，带动地方经济发展，促进经济整体增长。同时应看到，对外举借主权外债具有两面性，它既可能会带来经济增长，促进经济繁荣，也可能会带来债务危机，危害国家的经济安全和社会稳定。主权债务危机犹如地震般经常发生。

任务二　外汇风险管理实务

☞ 知识目标

1. 了解银行和国家外汇风险的管理方法
2. 掌握企业外汇风险防范的措施

☞ 技能目标

在投资、融资和国际贸易业务中，有针对性地、结合企业本身具体情况运用防止外汇风险的措施，减少汇率波动造成的损失，提高企业经济效益

☞ 导入案例

2010年8月，中国某公司从美国进口某原材料，每单位货物平均价格为300美元。双方约定3个月后交货，该公司用该批原材料加工成产品后出口至欧洲国家。计价结算货币既可以用人民币，也可以用美元。当时，中方代表同日商代表议定以人民币计价结算，此时美元与人民币的汇价是1美元兑换6.885 0元人民币。

◈ 思考题

1. 请问该公司面临什么样的外汇风险？
2. 该公司该如何防范所面临的外汇风险？

一、企业外汇风险管理

（一）交易风险的管理方法

1. 贸易策略法

（1）妥善选择合同货币。

在有关对外贸易和借贷等经济交易中，选择何种货币签订合同作为计价结算的货币或计

值清偿的货币，直接关系到交易主体将是否承担汇率风险。在选择合同货币时可以遵循以下基本原则：第一，争取使用本国货币作为合同货币；第二，在必须使用外币交易的条件下，要选择在国际金融市场上可以自由兑换的货币，如美元、日元等；第三，出口、借贷资本输出争取使用硬币，即在外汇市场上汇率呈现升值趋势的货币。具体方法有：①本国货币计价法。优点：简单易行，效果明显；缺点：受本币的国际地位及贸易双方交易习惯的制约，本国的贸易商需在商品的价格和信用期限方面作出让步。②出口选择硬币计价，进口选择软币计价［硬币（Hard Money）指的是汇率稳定，且有升值趋势的货币；软币（Soft Money）指的是汇率不稳定，且有贬值趋势的货币］。优点：把风险推给对方，把好处留给自己；缺点：受双方交易习惯的制约，且“软”、“硬”币不是绝对的，往往会出现逆转，故此法不能保证进出口商完全避免外汇风险。③选用“一篮子”货币计价结算。“一篮子”货币即多种货币分别按一定的比重构成一组货币。优点：货币升值或贬值带来的好处和损失相抵，币值稳定；缺点：货币的组成及货款的结算较复杂。

（2）在合同中加列货币保值条款。

货币保值是指选择某种与合同货币不一致的、价值稳定的货币，将合同金额转换用所选货币来表示在结算或清偿时按所选货币表示的金额以合同货币来完成收付。①黄金保值条款。签订合同时，计价货币折算成黄金货款，结算时将黄金折回计价货币。例如：某出口商签订出口合同，货款 100 万美元，假设此时 1 美元的含金量为 1 克纯金，100 万美元折成黄金 100 万克，货款结算时，1 美元的含金量是 0.95 克，100 万克黄金折成美元是 105.26 万，故进口商应支付 105.26 万。美元黄金保值条款只通行于固定汇率时期，现在由于黄金非货币化，黄金价格不稳定，此方法不再采用。②硬币保值条款。签订合同时以软币计价，以硬币保值，按合同订立时的汇率将软币折算成硬币，结算货款时按即期汇率，将硬币折回软币。例如：某进口商签订贸易合同时，货款 1 000 万日元，以日元支付，美元保值，并规定当日元和美元的汇率上下波动 5% 时，应调整货款合同，订立时 US ＄1 = JP￥100，10 万美元货款结算时 US ＄1 = JP￥110，因美元升值 10 %，故应调整货款，进口商应支付 1100 万日元。当汇率为 US ＄1 = JP￥103 时，因为货款支付日元，美元升值 3% <5%，故货款仍为 1 000 万日元；当 US ＄1 = JP￥90 时，因美元升值超过 10 %，故需调整货款为 10 万 ×90 = 900 万日元。③“一篮子”货币保值条款。签订合同时用某种货币计价，“一篮子”货币保值，将计价货币折成“一篮子”货币货款支付时，将“一篮子”货币按此时即期汇率折成计价货币。例如：某笔货款 500 万美元，签订合同时，规定用日元、英镑、美元、欧元组成的“一篮子”货币来保值美元 30 %、日元 30 %、英镑 20 %、欧元 20 %，签订合同时的汇率情况如下：US ＄1 = JP￥120、US ＄1 = £0.6667、US ＄1 = £0.685 0，则 500 万美元折成保值货币分别为：500 万 ×30 % = 150 万美元，500 万 ×30 % ×120 = 180 0 万日元，500 万 ×20 % ×0.666 7 = 66.67 万英镑，500 万 ×20 % ×0.685 0 = 68.50 万欧元，货款支付日汇率为：US ＄1 = J P￥130、US ＄1 = £0.7、US ＄1 = €0.7 各保值货币折算的美元分别为：日元 18 000 万/130 = 138.46 万美元，英镑 66.67 万/0.7 = 95.24 万美元，欧元 68.5 万/0.7 = 97.86 万美元，合计美元：150 万 + 138.46 万 + 95.24 万 + 97.86 万 = 481.56 万。在实际操作中，通常选用“特别提款权”等“一篮子”货币作为保值货币，在期限长，金额大的进出口贸易中，以“一篮子”货币保值的方法对规避汇率波动的风险很有效。目前，各国所使用的货币保值条款主要是“一篮子”货币保值条款，就是选择各种货币对合同货币保值，即在签订合同时，确定好所选择各种货币与合同货币之间的汇率和每种所选货币的

权数，如果汇率发生变动，则在结算或清偿时，根据当时汇率变动幅度和每种所选货币的权数，对收付的合同货币金额作相应调整。

（3）调整价格或利率。

在一笔交易中，交易双方都争取到对己有利的合同货币是不可能的，当一方不得不接受对己不利的货币作为合同货币时，可以争取对谈判中的价格或利率作适当调整：如要求适当提高以软币计价结算的出口价格，或以软币计值清偿的贷款利率；要求适当降低以硬币计价结算的进口价格，或以硬币计值清偿的借款利率。价格调整法使用条件：出口用软币计价，进口用硬币计价。在实际进出口贸易中，出口用硬币结算，进口用软币结算不一定能实现，因为受交易意图、市场需求、商品质量、价格条件等因素的影响。调整方法有：①加价保值法，出口商把软币计价结算所带来的风险摊在商品价格上，加价幅度，相当于软币的预期贬值幅度，加价后的单价 = 原单价 ×（1 + 软币的预期贬值率）；②压价保值法，进口商将用硬币结算的汇价损失从商品的价格中剔除，压价幅度相当于硬币的预期升值幅度，压价后的单价 = 原单价 ×（1 – 硬币的预期升值率）。

2. 金融市场操作法

（1）即期外汇交易法。

进、出口商与外汇银行之间签订即期外汇交易合同。例如：我国某进口公司两天内要支付10万美元货款，此公司与中国银行签订购买10万美元的即期外汇交易合同，假设即期汇率为：US＄1 = RMB￥6.455 0/90，此公司成交后的第二天就可用6.459 0万人民币购入10万美元支付货款给国外的出口商。

（2）远期外汇交易法。

进出口商通过与外汇银行签订远期外汇交易合同来防范外汇风险，现在锁定将来外汇兑换成本币的汇率水平。例如：我国某出口商1个月后将收到1 000万日元货款，此公司与外汇银行签订出售1 000万日元的远期外汇交易合同，假设1个月的远期汇率：JP￥100 = RMB￥6.343 5/95，进口商可在1个月后将1 000万日元兑换到63.435万元人民币。

（3）掉期交易法。

进出口商与外汇银行之间签订外汇的掉期交易合同。例如：我国某公司将在1个月后收到货款100万美元，3个月后，又将支出100万美元，则该公司可与外汇银行签订一个掉期交易合同。卖掉1个月期的100万美元的同时买入3个月期的100万美元，假设1个月期的远期汇率为：US＄1 = RMB￥6.367 0/90，3个月期的远期汇率为：US＄1 = RMB￥6.267 0/90，则该公司在防范风险的同时，还获得了掉期收益100万 × 6.367 0 ÷ 6.269 0 – 100万 = 1.563 2万元人民币。

（4）外汇期货交易法。

进、出口商通过签订外汇期货交易合同的方法来防范外汇风险的办法。例如：1月10日美国某出口商预计3月5日将收到一笔50万欧元的货款，1月10日的汇率为€1 = ＄1.5。该出口商的避险操作如下：1月10日卖出3月份的欧元合约4张（每张合约12.5万欧元），成交价为：€1 = ＄1.495，则3月5日收到50万欧元的现汇货款时，由于期货合约未到交割日，该商人再买入3月份到期的欧元合约4张，以冲抵原来卖出的欧元合约此时现汇价：€1 = ＄1.45，期货合约的成交价：€1 = ＄1.449，€1 = ＄1.495（1月10日期货价），€1 = ＄1.5（1月10日现货价），€1 = ＄1.45（3月5日现货价）€1 = ＄1.449（3月5日期货价）该出口商的损益分析：出售50万欧元现汇得：1.45 × 50万 = 72.5万美元，对冲欧元合约：（1.495 - 1.449） ×50 万 =2.3 万美元。该商人在 3 月 5 日获得货款：72.5 万美元 +2.3 万美元 =74.8 万美元，€1 =$ 1.495（1 月 10 日期货价），€1 =$ 1.5（1 月 10 日现货价），€1 = $ 1.45（3 月 5 日现货价），€1 = $ 1.449（3 月 5 日期货价），1 月 10 日 50 万欧元换美元：1.5 ×50 万 =75 万，3 月 5 日 50 万欧元换美元：1.45 ×50 万 =72.5 万，期货合约交易：（1.495 - 1.449） ×50 万 =2.3 万美元，现货损失基本被期货交易盈利弥补，达到了保值的目的。

（5）外汇期权法。

进出口商通过签订外汇期权合约来防范外汇风险的方法。例如：美国某进口商 3 个月后将支付 10 万英镑货款，现买进英镑欧式期权合约 8 张，（每张 1.25 万英镑）期权费 4 美分，协议价格：£ 1 = $ 1.6，货款支付日该进口商的选择：（ 协议价：£ 1 = $ 1.600 0）即期汇率 < £ 1 = $ 1.640 0，进口商放弃履约，损失：0.04 ×10 万 =0.4 万美元，即期汇率：£ 1 = $ 1.640 0 ，履约与不履约没区别，10 万英镑的购买成本为：16.4 万美元，汇率 > £ 1 = $ 1.640 0 ，该进口商履约，假设即期汇率为：£ 1 = $ 1.700 0 ，购买 10 万英镑因实施外汇期权合约节省了（1.70 - 1.64） ×10 万 =0.6 万美元。

（6）信贷方式转移风险法。

企业可以选择出口信贷、保理、福费廷等银行信贷融资产品来帮助自己管理外汇资产。通过这些信贷方法，一方面可以获得资金上的融通，另一方面还能冲销和转嫁外汇风险。

出口信贷可以分为买方信贷和卖方信贷。买方信贷是由出口方银行直接向进口商或进口方银行提供贷款。卖方信贷是由出口商的开户银行向出口商垫付货款，允许出口商以后分期偿还。出口信贷从一种角度来看是通过银行产品将外汇风险转嫁给了银行。此外保理和福费廷也是将外汇风险转嫁给了银行，企业通过这两项产品将应收的款项向银行进行贴现，提前取得货款，之后汇率再如何向不利方向变动也和企业无关。企业既获得了资金上的融通又转移了风险。

3. 其他管理方法

（1）期限调整法。

在国际金融市场瞬息万变的情况下，提前或推迟收款、付款，对外贸企业来说会产生不同的利益效果。因此，企业应根据实际情况灵活掌握收付时间。作为出口商，当计价货币坚挺，即汇率呈上升趋势时，由于收款日期越向后推就越能收到汇率收益，故企业应在合同规定的履约期限内尽可能推迟出运货物，或向外方提供信用，以延长出口汇票期限。若汇率呈下跌趋势时，应争取提前结汇，即加速履行合同，如以预收货款的方式在货物装运前就收汇。当然，这要在双方协商同意的基础上才能进行。反之，当企业作为进口商时，则作出相应调整。由于使用这种方法，企业所受利益，便是外方的损失，故不易为外方所接受。但企业应对此有所了解，一方面在有条件时可借此避免收汇风险，另一方面则可以防止外方向我方企业转嫁风险。

（2）对销贸易法。

对销贸易法是一种将进口和出口相互联系起来进行的货物交换的贸易方法。在这种方法中，其中最普遍的是补偿贸易。这主要是用于对外进行投资过程的外汇风险的规避。补偿贸易是在传统的易货贸易的基础上发展起来的，是投资方在外汇资金短缺的情况下，从国外引进技术、设备，待工程建成投产之后以产品偿还价款的一种投资和贸易相结合的国际投资方式。在这种方法下，设备和回购产品的作价都预先确定且数量相等，因此不发生显性的外汇支付，对进出口双方都没有外汇风险。

（二）会计风险的管理方法

1. 资金管理法

资金管理法的重点在于必须正确预测出子公司所在地货币的升值或贬值。如果预期所在地货币升值，则要增加所在地货币的资产减少该地负债。如果子公司位于强势货币的国家，则应减少该种货币持有的负债；反之，如果子公司位于弱势货币国家，则应减少以该种货币持有的资产。由于母子公司之间常有买卖交易，也可以透过买卖来规避部分换算风险。资产负债表避险的基本精神是要使合并资产负债表中的净承受风险的资产等于零，即要使将承受风险的资产等于将承受风险的负债。

2. 资产负债表保值法

这种方法要求在资产负债表上各种功能货币表示的受险资产与受险负债的数额相等，以使其折算风险头寸（受险资产与受险负债之间的差额）为零。只有这样，汇率变动才不致带来任何折算上的损失。

实行资产负债表保值，一般要做到以下几点：

①弄清资产负债表中各账户、各科目上各种外币的规模，并明确综合折算风险头寸的大小。

②根据风险头寸的性质确定受险资产或受险负债的调整方向，如果以某种外币表示的受险资产大于受险负债，就需要减少受险资产，或增加受险负债，或者双管齐下。

③在明确调整方向和规模后，要进一步确定对哪些账户、哪些科目进行调整。这正是实施资产负债表保值的困难所在，因为有些账户或科目的调整可能会带来相对于其他账户、科目调整更大的收益性、流动性损失，或造成新的其他性质的风险（如信用风险、市场风险等）。在这一意义上说，通过资产负债表保值获得折算风险的消除或减轻，是以经营效益的牺牲为代价的。因此，需要认真对具体情况进行分析和权衡，决定科目调整的种类和数额，使调整的综合成本最小。

（三）经济风险的管理方法

经济风险的管理，是预测意料的汇率变动对未来现金流量的影响，并采取必要措施的过程。主要方法有：

1. 经营多样化和财务多样化

经营多样化是指在国际范围内分散其销售、生产地址以及原材料来源地。财务多样化，即在多个金融市场以多种货币寻求资金的来源和资金去向，实行筹资多样化和投资多样化，这样在有的外币贬值，有的外币升值的情况下，公司就可以使绝大部分的外汇风险相互抵消，从而达到防范风险的目的。

2. 分析和预测外汇汇率变动趋势，重视外汇的操作

外汇的正确操作也是企业规避外汇风险的重要手段，尤其是那些进出口额较大的企业。面对国际外汇市场的风云变幻，如不采取应对措施，自己手中的外汇可能就会贬值，给企业带来损失。当然，如果我们充分利用外汇市场的波动、发挥外汇汇率这把双刃剑好的一面，就可以取得丰硕的利得。例如：2004 年 8 月人民币兑欧元汇率为 9. 952 1∶1，某公司在此时购入了 100 万欧元，用于日后信用证到期付汇，之后由于汇率变动，节约了采购成本 14. 89 万元。再如，2005 年 7 月 22 日人民币升值前办理进口押汇 1 369 万美元，至到期日则可多取得汇兑收益 220 多万元。在预期人民币升值的情况下，如能将满足进口付汇需要之外的外

汇收入以现时汇率结汇，就能防止因人民币升值而带来的汇兑损失。

3. 借助银行的金融产品

企业借助银行的金融产品来帮助自己很好地管理好汇率的波动，最常用的一种方法就是远期合约避险。例如：一家在国内的公司将在三个月之后收到500万美元的货款，为规避人民币汇率上升的风险，公司就可以与银行签订一年期远期外汇买卖合同，将汇率锁定。到期时，企业按约定的汇率结算，从而减少人民币可能升值的交易风险。在当前，随着外汇管制政策的开放，人民币掉期产品也正在推出，各种避险工具会为企业提供更多的避险方法。

二、外汇银行外汇风险管理

（一）外汇银行的外汇头寸管理

1. 外汇头寸的概念

外汇头寸（Foreign Exchange Position）是指银行的外汇持有额。银行在外汇业务中随着各种外汇大量的买进、卖出或收入、付出，在银行的外汇账户上就必然表现为某种外汇多了，另一种外汇少了；或者某种外汇今天多了，而明天又少了等，这就是外汇头寸的变化。外汇头寸的变化有多头、空头和平衡头寸三种情况。

多头和空头统称为“敞口头寸”（Open Position）或头寸暴露（Position Exposure）。敞口头寸是银行的受险部分，因此银行在多头和空头时都面临外汇风险，即当银行处于多头地位时，面临该种货币汇率下跌的风险，而当银行处于空头地位时，则面临该种货币汇率上升的风险，只有当银行处于平衡头寸地位时，才没有外汇风险。银行为了防范外汇风险，就要主动轧平各种外汇的头寸，即抛出多头，补进空头，使敞口头寸重新平衡；或者增加硬币的净持有额，减少软币的净持有额。

2. 外汇头寸的额度管理

（1）头寸限定法。

头寸限定法即银行通过制定外汇交易头寸的限额来防范外汇风险的方法。

银行制定交易头寸的限额时，应考虑以下因素：第一，本银行在外汇市场中所处的地位，即本银行在外汇市场中是市场领导者，还是市场活跃者，或者是一般参与者；第二，本银行的最高领导层对外汇业务收益的期望值，以及对外汇风险的容忍程度；第三，本银行外汇交易人员的整体素质；第四，交易货币的种类。

一般来说，银行在外汇市场中的地位越重要，最高领导层对外汇业务收益的期望值越大，对外汇风险的容忍程度越高，外汇交易人员的整体素质越好，货币的交易越频繁，交易的币种越多，制定的限额就可以越大。

交易头寸的限额可按以下几方面来制定：

①按外汇交易的种类制定。针对不同的外汇交易种类分别制定不同的交易限额，一般应制定：即期外汇交易头寸限额、远期外汇交易头寸限额、互换外汇交易头寸限额等。

②外汇交易的币种制定。根据交易的币种分别制定各种外汇的敞口头寸，同时还可按照货币的软硬程度调整限额。

③按外汇交易人员的等级和素质制定。外汇交易人员一般可分为：资金部经理、首席交易员、高级交易员、交易员、助理交易员和见习交易员等，外汇交易人员的等级越高，在外汇交易中的表现越好，头寸的限额就越多，敞口头寸平仓补仓的时间也越长。

在外汇市场上，外汇交易头寸限额一般由外汇交易人员掌握，以美元来表示。例如，首席交易员的头寸限额为1 000万美元，这就意味着首席交易员在不断从事外汇的买进卖出时，只要在规定的时间范围之内敞口头寸不超过1 000万美元，他就没有超越规定的权限；否则，他就违反了头寸限额规定，应该受到处罚。

（2）亏损控制法。

亏损控制法即银行通过对外汇交易制定止损点限额来防范外汇风险的方法。止损点限额（Cut - Loss Limit）是银行对由于外汇风险所造成的损失的最大容忍程度。当市场汇率向不利的方向变动时，一旦亏损达到止损点限额，交易人员就应不问情由，一律斩仓，以避免发生更大的亏损。

止损点限额可分为两部分：一是外汇资金部的止损点限额，这适合于即期外汇交易、远期外汇交易和互换外汇交易等业务，止损点限额既可以按敞口头寸的百分比计算，也可以按每天或每月外汇交易的损失不超过一定金额来确定；二是外汇交易人员的止损点限额，通常按亏损额占交易额的百分比来计算，例如规定每笔交易的亏损额不超过该笔交易额的1%等。显然，百分比越大，表示容忍亏损的额度越大。当然，不同的外汇交易人员，止损点的限额也不同。

3. 外汇头寸的调整方法

银行防范外汇风险的重要措施就是调整外汇的敞口头寸，或者尽量缩小敞口头寸，或者使敞口头寸的情形与外汇汇率的走势相一致。银行调整外汇头寸一般是通过银行同业间的外汇交易来实现的。银行在同业交易中报送价格的原则是，当本银行需要买进某种外汇时，就应该提高这种货币的买入价，使其略高于外汇市场的平均水平；当本银行需要卖出某种外汇时，就应该降低这种货币的卖出价，使其略低于外汇市场的平均水平。这样才能促成其他银行尽快与本银行成交，以达到本银行调整外汇头寸的目的。

（1）单一货币头寸的调整。

即银行只存在某一种货币的敞口头寸，防范外汇风险时只需对这一种货币的头寸进行调整。

①即期头寸的调整。例如：某银行某日的买卖情况为买进美元1 000万，价格为US＄1 = RMB￥6.75，付出6 750万元人民币；卖出美元800万，价格为US＄1 = RMB￥6.67，收进5 336万元人民币，结果是该银行持有美元多头200万。为防范外汇风险，该银行就要设法抛出这200万美元，使其美元的头寸平衡，从而获得利润。

②即期头寸与远期头寸的综合调整。在上例中，银行的外汇买卖和头寸的调整都是即期的，操作起来比较简单。实际上，银行在进行大量的即期外汇买卖的同时，也有大量的远期外汇买卖。这样，银行不仅在即期交易中会出现敞口头寸，而且在远期交易中也会出现敞口头寸，这就要求银行将即期头寸和远期头寸结合起来进行调整。

例如：某银行某日的外汇交易情况为即期交易买进1 000万美元，卖出800万美元，多头200万美元；远期交易买进100万美元，卖出400万美元，空头300万美元。该银行的综合头寸为空头100万美元。

对上述头寸综合调整的方法有两种：

第一，将即期头寸和远期头寸同时进行抛补，使两者的头寸都为零，即卖出即期外汇200万美元，同时买进远期外汇300万美元。该方法虽然可使外汇风险完全得以消除，但在实际的外汇业务中，如此严密的操作既无必要，也难以实现，因为远期交易中外汇的买进、卖出，以及远期空头的补进，这三项交易要做到交割日期完全一致几乎不可能。第二，只抛补综合头寸，使综合头寸为零。此方法又有两种具体措施：一是买进即期外汇 100 万美元，使即期交易的多头增加为 300 万美元，与远期交易的空头 300 万美元相匹配，综合头寸为零；二是卖出远期外汇 100 万美元，使远期交易的空头减少为 200 万美元，与即期交易的多头 200 万美元相匹配，综合头寸为零。综合头寸为零，则该银行的外汇风险大大降低。

③不同交割日的远期头寸的综合调整。由于各个远期交易的交割日不尽相同，因此银行在实际的外汇交易中，也必然会产生不同交割日的远期头寸。为防范外汇风险，银行对不同交割日的远期头寸也应结合起来进行调整。

例如：某银行某年 1 月 1 日的外汇交易情况为第一笔远期交易买进 100 万美元，该年的 3 月 31 日交割，第二笔远期交易卖出 100 万美元，该年的 5 月 31 日交割。

此例中虽然银行的综合头寸为零，但由于两笔远期交易的交割日不同，银行依然面临外汇风险，即 3 月 31 日交割的美元面临美元贬值的风险，而 5 月 31 日交割的美元则面临美元升值的风险。为此，银行可通过互换交易来防范外汇风险，即 1 月 1 日银行卖出 100 万美元，交割日定为该年的 3 月 31 日，同时又买进 100 万美元，交割日定为该年的 5 月 31 日。通过该笔远期对远期的互换交易，银行实际上将 3 月 31 日买进的 100 万美元，推迟到 5 月 31 日才持有，而此时这 100 万美元又正好与该银行所卖出的 100 万美元相抵，外汇风险得以完全避免。

当然，此例带有某种特殊性，即银行在 1 月 1 日所进行的远期外汇交易中，买进的美元与卖出的美元在金额上刚好相等，只是交割日不同，事实上可能并非如此巧合。如果银行在不同交割日的远期外汇交易中，买进的某种货币的金额与卖出的该种货币的金额不相等，为了防范外汇风险，银行既可以通过互换交易防范部分风险，也可以通过以后的外汇交易来加以平移，或两种方法并用。

现假设该银行 1 月 1 日买进远期美元 300 万，该年的 3 月 31 日交割；卖出远期美元 400 万，该年的 5 月 31 日交割，此时银行可在 1 月 1 日，先进行一笔远期对远期的互换交易，卖出远期美元 300 万，3 月 31 日交割，同时买进远期美元 300 万，5 月 31 日交割；到 1 月 2 日或以后合适的时间，再补进远期美元 100 万，5 月 31 日交割。

（2）多种货币头寸的调整。

即银行同时存在多种货币的敞口头寸，防范外汇风险时需要将这些头寸结合起来进行调整。由于银行在每天所进行的外汇交易中所使用的货币是多种多样的，因此，敞口头寸也就会出现在各种币种上。银行对多种货币头寸的调整可通过以下方法来进行：

①分别调整各种货币的头寸。一般通过具有敞口头寸的货币与美元之间的交易来转换。例如，某银行同时存在英镑的多头和欧元的空头，在调整头寸时，该银行首先要将英镑的多头转换为美元；同时以美元补进欧元的空头，也就是将英镑和欧元的敞口头寸转换为美元的敞口头寸；然后，再通过美元与本币之间的交易最终消除美元的敞口头寸。

在应用此方法时，非美元货币的敞口头寸一般不宜相互之间直接抛补，也不宜将非美元货币的敞口头寸通过与本银行所在国的货币之间的交易直接抛补。如英镑多头，欧元空头时，不宜直接将英镑转换为欧元，也不宜将英镑直接转换为本银行所在国的货币，同时又以本银行所在国的货币补进欧元。这是因为外汇市场上非美元之间的交易较为稀少，通过非美元货币之间的交易来防范外汇风险，既减慢了速度，又增加了成本。

②调整综合头寸。即允许各种货币的头寸同时并存，只将综合头寸调整为零，使来自各

种货币的风险相互抵消。例如，当某银行持有瑞士法郎空头时，该银行并不补进瑞士法郎，而是买进金额相当的欧元，当汇率发生变动时，用欧元多头的收益或损失，抵补瑞士法郎空头的损失或收益。

采用此方法防范外汇风险的前提是预测欧元的汇率与瑞士法郎的汇率将呈同方向变动。如果现实汇率的变化与预测的结果相反，则银行不仅没有防范外汇风险，而且还会遭受双重损失。只有当具有敞口头寸的货币的种类越多时，此方法防范外汇风险的效果才越好。采用此方法防范外汇风险，往往也是银行资金结构安排的需要。

③预防性头寸的调整。所谓预防性头寸是指银行在预测汇率的变动趋势之后，积极制造出来的用以预防外汇风险的头寸。

银行防范外汇风险时，除了尽量缩小敞口头寸直至为零外，还可采取相反的做法，即积极地制造敞口头寸。当预测某种货币将升值时，就大量买进该种货币，以增加该种货币的多余头寸；当预测某种货币将贬值时，就大量卖出该种货币，以增加该种货币的短缺头寸。通过调整预防性头寸来防范外汇风险的方法，带有明显的投机性。

（二）外汇银行的外汇资产负债管理

外汇银行的外汇风险，一方面来源于银行的自营外汇交易和代客外汇交易，另一方面来源于银行经营的外汇存贷款业务和投资业务。对于前一种外汇风险，可以通过对外汇头寸进行管理来防范，对于后一种外汇风险，则需通过对外汇的资产负债进行管理来防范。外汇资产负债管理，就是通过对外汇资产负债在币种、期限、利率、金额等方面进行调整，以防范外汇风险。

外汇资产负债管理的内容主要有：

1. 调整资产负债的币种

实行分散筹资和投资，筹得何种货币，就贷出何种货币；贷款到期收回什么货币，筹资到期就付出什么货币。尽量保证在借贷和收付货币时，不需通过外汇交易来调换币种。

2. 调整资产负债的期限

在同一种货币的资产负债中，力争在将来任一时点上到期的资产都能抵付到期的负债，而且尽量做到吸收多长期限的存款，就发放多长期限的贷款。不出现超借、超贷的现象。当出现将短期负债长期运用时，就要适当增加长期负债，减少长期资产；当出现长期负债短期运用时，一般不能盲目增加长期资产，而应适当调整负债的结构，有意识地增加短期负债。

3. 调整存款贷款的利率

由于利率的高低影响利息的高低，而以外币收付的利息又是外汇风险的受险部分，因此调整存贷款的利率，也与外汇风险的防范相关联。调整利率的方法主要是，压低以硬币所吸收的外汇存款的利率，提高以软币所发放的外汇贷款的利率。

4. 调整存款贷款的金额

调整存款贷款的金额包括：①同一种货币中，利率相匹配且期限一致的存款和贷款，在金额上要使之相等。②市场利率上升时，要争取浮动利率的贷款额大于浮动利率的存款额，或者使固定利率的贷款额小于固定利率的存款额；而在市场利率下降时，则要争取使浮动利率的贷款额小于浮动利率的存款额，或者使固定利率的贷款额大于固定利率的存款额。

三、国家外汇风险管理

（一）外汇储备风险管理

国家外汇储备的管理原则是“安全、灵活、保值、增值”。第一位是安全，只有在安全的前提下，保值和增值才有可能实现。但由于储备资产是支付工具，是应该随时能变现的，因此必须具有灵活性，这两者缺一不可。当然，这里所说的安全，不仅是对货币汇率、利率风险的防范，更重要的是对变现、流通、兑换风险的防范。因此，为减少储备资产风险，在考虑对外支付的情况下，应该采取积极主动的手段，把储备当作金融资产进行管理和运营。在保值的基础上，不仅仅要获取基本的利息收益，还要努力争取获得较高的投资收益，实现储备资产的增值。

外汇储备风险管理主要有以下内容：

①保持外汇储备的货币多元化，以分散汇率变动的风险；

②根据进口商品、劳务和其他支付需要，确定各种货币的数量、期限结构以及各种货币资产在储备中的比例；

③在确定储备货币资产的形式时，既要考虑储备资产的收益率，也要考虑其流动性、灵活性和安全性；

④密切注意储备货币汇率的变化，及时或不定期调整不同币种储备资产的比例。

（二）外债风险管理

外债风险管理是指在符合国家外债外汇管理相关规定的前提下，利用适当的金融工具或产品进行交易，以规避外债风险，降低外债成本，同时，严格控制为偿还外债本息而存放的外汇资金规模和时间，严禁规模过大和存放期限过长。

外债风险管理的目的是积极规避市场风险，利用金融工具或产品在一定区间内锁定汇率或降低外债利率，有效控制和降低外债成本。

任务三　外汇管制

☞ 知识目标

1. 了解和掌握外汇管制的概念和起源
2. 掌握外汇管制的方式和内容
3. 了解和掌握外汇管制的影响

☞ 技能目标

能利用所学外汇管制相关知识防范外汇管制风险

☞ 导入案例

2006年底，我国出口商Y通过美国中间商N，向委内瑞拉电信运营商A出口价值近100万美元的产品。为了保证如期收汇，出运前，Y要求买方必须获得委内瑞拉外汇管理委员会

(CADIVI) 颁发的外汇使用许可证。随即A企业向委内瑞拉外汇管理委员会提出美元购汇申请，即AAD (Authorization of Acquisition of Divisas，Divisas在西班牙语里的意思为“外汇”)，并于2006年9月得到了批准。出口企业Y于2006年9月至11月安排出运货物。但委内瑞拉查维斯政府在2006年底、2007年初宣布对石油、电信行业实行国有化。2007年1月货款到期，A企业在申请对外支付美元时，委内瑞拉外汇管理委员会以A企业需要审计为由，没有给予批准，导致A企业无法付出外汇。

资料来源：http://www.ywbest.com/cn/shownews.asp? code=82

◈ 思考题

1. 试对该案件进行简要评析。
2. 该案例给我们什么启示？

一、外汇管制的起源

外汇管制 (Foreign Exchange Control) 是指一国政府为平衡国际收支和维持本国货币汇率而对外汇进出实行的限制性措施。在中国又称外汇管理。外汇管制分为数量管制和成本管制。前者是指国家外汇管理机构对外汇买卖的数量直接进行限制和分配，通过控制外汇总量达到限制出口的目的；后者是指国家外汇管理机构对外汇买卖实行复汇率制，利用外汇买卖成本的差异，调节进口商品结构。

外汇管制有狭义与广义之分。狭义的外汇管制指一国政府对居民在经常项目下的外汇买卖和国际结算进行限制。广义的外汇管制指一国政府对居民和非居民的涉及外汇流入和流出的活动进行限制性管理。

外汇管制始于第一次世界大战期间。当时国际货币制度陷于崩溃，美、法、德、意等参战国都产生了巨额的国际收支逆差，本币对外汇率波动剧烈，大量资本外逃。为集中外汇资本进行战争，减缓汇率波动及防止本国资本外流，各参战国在战时都取消了外汇的自由买卖，禁止黄金输出，实行了外汇管制。1929—1933年世界经济危机时期，很多在战后取消外汇管制的国家又重新实行外汇管制，一些实行金块和金汇兑本位制的国家也纷纷实行外汇管制。1930年土耳其首先实行外汇管制，1932年，德国、意大利、奥地利、丹麦、阿根廷等20多个国家也相继实行了外汇管制。第二次世界大战爆发后，参战国立即实行全面严格的外汇管制。1940年，在100个国家和地区中，只有11个国家没有正式实行外汇管制，外汇管制范围也比以前更为广泛。战后初期，西欧各国基于普遍存在的“美元荒”等原因，继续实行外汇管制。50年代后期，西欧各国经济有所恢复，国际收支状况有所改善，从1958年开始，各国不同程度地恢复了货币自由兑换政策，并对国际贸易收支解除外汇管制，但对其他项目的外汇管制仍维持不变。1961年，大部分国际货币基金组织的会员国表示承担《国际货币基金组织协定》第8条所规定的义务，即避免外汇限制而实行货币自由兑换。但时至90年代，绝大多数国家仍在不同程度上实行外汇管制，即使名义上完全取消了外汇管制的国家，仍时常对居民的非贸易收支或非居民的资本项目收支实行间接的限制。

二、外汇管制的对象和范围

（一）外汇管制的对象

1. 人的对象

人包括法人和自然人。根据法人和自然人在外汇管制国家内外的不同划分为居民和非居民。对居民和非居民的外汇管制待遇不同。由于居民的外汇支出涉及居住国的国际收支问题，故管制较严；对非居民的管制则较宽。

2. 物的对象

对物的管制主要涉及国际支付手段，包括进出口商品、货币、有价证券和其他支付凭证以及黄金、白银等贵金属及其制成品。

（二）外汇管制的范围

一般对贸易外汇的收支、非贸易外汇的收支、资本输出输入、银行账户存款和汇率采取一定的管制。外汇管制的地区一般以本国为限，但在相当一段历史时期内，有些国家外汇管制的地区是以其所组织的货币区如英镑区、法郎区等为限，在货币区内办理外汇收支和国际结算基本自由，对货币区外则进行外汇管制。

三、外汇管制的基本方式

1. 对出口外汇收入的管制

在出口外汇管制中，最严格的规定是出口商必须把全部的外汇收入按官方汇率结售给指定银行。出口商在申请出口许可证时，要填明出口商品的价格、数量、结算货币、支付方式和支付期限，并交验信用证。

2. 对进口外汇的管制

对进口外汇的管制通常表现为进口商只有得到管汇当局的批准，才能在指定银行购买一定数量的外汇。管汇当局根据进口许可证决定是否批准进口商的买汇申请。有些国家将进口批汇手续与进口许可证的颁发同时办理。

3. 对非贸易外汇的管制

非贸易外汇涉及除贸易收支与资本输出输入以外的各种外汇收支。对非贸易外汇收入的管制类似于对出口外汇收入的管制，即规定有关单位或个人必须把全部或部分外汇收支按官方汇率结售给指定银行。为了鼓励人们获取非贸易外汇收入，各国政府可能实行一些其他措施，如实行外汇留成制度，允许居民将个人劳务收入和携入款项在外汇指定银行开设外汇账户，并免征利息所得税。

4. 对资本输入的外汇管制

发达国家采取限制资本输入的措施通常是为了稳定金融市场和汇率，避免资本流入造成国际储备过多和通货膨胀。它们所采取的措施包括：对银行吸收非居民存款规定较高的存款准备金；对非居民存款不付利息或倒收利息；限制非居民购买本国有价证券等。

5. 对资本输出的外汇管制

发达国家一般采取鼓励资本输出的政策，但是它们在特定时期，如面临国际收支严重逆差时，也采取一些限制资本输出的政策，其中主要措施包括：规定银行对外贷款的最高额度；限制企业对外投资的国别和部门；对居民境外投资征收利息平衡税等。

6. 对黄金、现钞输出输入的管制

实行外汇管制的国家一般禁止个人和企业携带、托带或邮寄黄金、白金或白银出境，或限制其出境的数量。对于本国现钞的输入，实行外汇管制的国家往往实行登记制度，规定输入的限额并要求用于指定用途。对于本国现钞的输出则由外汇管制机构进行审批，规定相应的限额。不允许货币自由兑换的国家禁止本国现钞输出。

7. 复汇率制

对外汇进行价格管制必然形成事实上的各种各样的复汇率制。复汇率制指一国规章制度和政府行为导致该国货币与其他国家的货币存在两种或两种以上的汇率。

四、外汇管制的利弊

（一）外汇管制的作用

实施外汇管制的有利方面在于政府能通过一定的管制措施来实现本国国际收支平衡、汇率稳定和国内物价平稳等政策目标。

1. 促进国际收支平衡，改善国际收支状况

长期的国际收支逆差会给一国经济带来显著的消极影响，维持国际收支平衡是政府的基本目标之一。政府可以用多种方法来调节国际收支，但是对于发展中国家来说，其他调节措施可能意味着较大代价。例如，政府实行紧缩性财政政策或货币政策可能改善国际收支，但它会影响经济发展速度，并使失业状况恶化。

2. 稳定本币汇率，减少涉外经济活动中的外汇风险

汇率的频繁大幅度波动所造成的外汇风险会严重阻碍一国对外贸易和国际借贷活动的进行。拥有大量外汇储备的国家或有很强的借款能力的国家可以通过动用或借入储备来稳定汇率。对于缺乏外汇储备的发展中国家来说，外汇管制是稳定本币对外币的汇率的重要手段。

3. 防止资本外逃或大规模的投机性资本流动，维护本国金融市场的稳定

经济实力较弱的国家存在着非常多的可供投机资本利用的缺陷。例如，在经济高速发展时商品价格、股票价格、房地产价格往往上升得高于其内在价值。在没有外汇管制的情况下，这会吸引投机性资本流入，后者会显著加剧价格信号的扭曲。一旦泡沫破灭，投机性资本外逃，又会引发一系列的连锁反应，造成经济局势迅速恶化。外汇管制是这些国家维护本国金融市场稳定运行的有效手段。

4. 增强金融安全

金融安全指一国在金融国际化条件下具有抗拒内外金融风险和外部冲击的能力。开放程度越高，一国维护金融安全的责任和压力越大。影响金融安全的因素包括国内不良贷款、金融体制改革和监管等内部因素，也涉及外债规模、使用效益和国际游资冲击等涉外因素。发展中国家经济发展水平较低，经济结构有种种缺陷，特别需要把外汇管制作为维护本国金融安全的手段。

（二）外汇管制的弊端

外汇管制的弊端在于市场机制的作用不能充分发挥，由于人为地规定汇率或设置其他障碍，不仅造成国内价格扭曲和资源配置的低效率，而且妨碍国际经济的正常往来。一般情况是，发展中国家为振兴民族经济，多主张采取外汇管制，而发达国家则更趋向于完全取消外

汇管制。

1. 汇率扭曲，不利于资源合理配置

无论是政府规定官方汇率，还是政府限制外汇买卖，都会使汇率偏离市场均衡汇率。对发展中国家来说，汇率扭曲主要表现在本币汇率过高。这可能是由于政府为本币规定了偏高的官方牌价，也可能是由于政府对外汇供求施加限制的结果。这种扭曲的汇率对资源配置有不利影响。首先，它会打击发展中国家的农业。在发达国家普遍对农产品出口提供巨额补贴的情况下，世界农产品市场价格已经偏低；高估本币汇率进一步降低了进口农产品的本币价格，使发展中国家本国农产品价格随之下降，这是许多发展中国家农业发展缓慢、城乡差别较大的重要原因。其次，高估本币汇率会普遍性地打击该国的出口产业和进口替代产业，因为它抬高了本国出口商品的外币价格并压低了进口商品的本币价格。最后，从世界范围来看，汇率是指引国际资本流动的价格信号之一，汇率的扭曲使人们难以作出正确的投资决策。对发展中国家来说，本币汇率过高不利于吸引外资，它使外资只能支配较少数量的该国实际资源。从长远来看，这不利于该国的经济发展、技术进步和国际竞争能力的提高。

2. 在一定程度上影响国际贸易的发展和对外开放的进程

从世界范围来看，外汇管制阻碍着自由多边结算体系的形成，自然阻碍了国际贸易和国际资本流动的正常进行。对发展中国家来说，高估本币汇率和限制外汇自由交易会打击出口企业的创汇积极性，而外汇短缺也影响该国进口贸易的发展。限制资本外流和限制投资收益回流的做法也会打击外商对该国投资的积极性。许多国家的经验证明，要打破国际收支逆差、外汇储备不足、外汇管制、对外开放程度低、经济发展速度慢之间的恶性循环，需要在逐步取消外汇管制上寻找突破口。

3. 出现外汇黑市，而且外汇官价和黑市并存可能带来权钱交易

当外汇牌价被显著压低之时，就很难避免外汇黑市的出现。当外汇黑市规模较大时，政府甚至不得不开放外汇调剂市场，使该国出现合法的双轨制汇率。为了以较低的官价购买外汇，某些个人和企业可能向掌握外汇配给权的官员行贿，助长社会的腐败风气。

对于世界经济的长远发展来说，各国逐步放宽和最终取消外汇管制是一种历史趋势，但是这将是一个十分漫长的过程。特别是发展中国家需要实施一定程度的外汇管制，因为它们的经济发展水平较低，经济结构中存在不少缺陷，政府缺乏足够的经济实力运用经济手段调节经济运行。在当代游资充斥的国际金融市场上，市场机制本身也存在重大缺陷，完全听任市场自发调节并非是各国最优的选择。外汇管制是一把双刃剑，它既能产生积极作用，又能带来消极影响。发展中国家面临的问题是在何种情况下实施何种外汇管制，在什么条件下取消某种外汇管制，以及如何尽可能地发挥外汇管制的积极作用，避免或减少其可能带来的消极影响。

项目小结

1973 年初布雷顿森林体系崩溃后，主要发达国家都实行了浮动汇率制，汇率再无波动上下限的规定，汇率变得波动频繁、变化无常，由此带来了各种各样的外汇风险。随着中国金融体制改革的不断深入以及经济市场化程度的提高，更加灵活、更加富有弹性的汇率制度必将逐渐形成，对外贸易的经营效率将进一步提高，面临的外汇风险也将增加。企业面临的外汇风险：交易风险、会计风险和经济风险。银行面临的外汇风险：一方面来源于银行的自营外汇交易和代客外汇交易，另一方面来源于银行经营的外汇存贷款业务和投资业务。国家

面临的外汇风险：国际储备风险和外债风险。外汇风险的增加势必影响利润收入，如何处理财务报表、如何反映外汇风险，在外汇业务中如何合理运用金融衍生工具，是一个值得密切关注的问题。本项目结合实际主要介绍了企业、银行、国家面临的各种外汇风险及其风险管理办法。

基本概念

外汇风险　交易风险　会计风险　经济风险　外汇头寸　外汇管制

项目练习与实训

知识练习：

一、单项选择题

1. 国际企业的一种最主要外汇风险是（　　）。
   A. 会计风险　B. 交易风险　C. 经济风险　D. 转换风险
2. 时间越长，外汇风险（　　）。
   A. 越大　B. 越小　C. 时大时小　D. 无关
3. 若国际企业以本币收付，则一定（　　）外汇风险。
   A. 有　B. 无　C. 不确定　D. 有双重外汇风险
4. 由于外汇汇率发生波动而引起国际企业未来收益变化的一种潜在风险称为（　　）。
   A. 交易风险　B. 会计风险　C. 经济风险　D. 折算风险
5. 企业的外汇风险归根结底是由（　　）引起的。
   A. 外币计价　B. 汇率变动　C. 时间过长　D. 本币计价
6. “如果业务的发生日和结算日在同一天，则不会发生外汇风险”这句话（　　）。
   A. 正确　B. 以上答案都不对
   C. 错误　D. 其他
7. 以出口为例，如果以美元计价，当人民币贬值时会发生外汇风险的（　　）。
   A. 收益　B. 损失
   C. 外汇风险等于零　D. 以上答案都可以
8. 在国际收付中，常用的保值条款有（　　）。
   A. 硬货币保值　B. 黄金保值
   C. “一篮子”货币保值　D. 以上答案都对
9. 如果经济风险是由本国货币升值造成的，企业的主要对策应当是尽可能地使成本成为（　　）货币。
   A. 升值更快的　B. 升值稍慢的　C. 贬值的　D. 以上答案都可以
10. 经济风险是一种（　　）的风险。
    A. 现实　B. 过去已经发生　C. 潜在　D. 以上答案都不对

二、多项选择题

1. 一个国际企业组织的全部活动中，存在着外汇汇率引起的（　　）风险。

A. 交易　B. 会计　C. 经济　D. 价值

E. 时间

2. 外汇风险的种类有（　　）。

A. 交易风险　B. 会计风险　C. 社会风险　D. 经济风险

3. 下列各项，外汇风险不存在的是（　　）。

A. 以本币收款

B. 以本币付款

C. 相同外币收付，金额相同，时间相同

D. 不同外币收付，金额相同，时间相同

4. 硬币是指（　　）。

A. 具有升值趋势的货币　B. 具有贬值趋势的货币

C. 币值坚挺的货币　D. 不可自由兑换货币

5. 中国一公司出口，预测到远期美元汇率下跌、人民币汇率上涨，则该企业回避外汇风险损失的措施是（　　）。

A. 以人民币计价　B. 提前收回美元计价的货款

C. 推迟收回美元计价的货款　D. 以人民币保值

6. 下列属于银行外汇头寸风险管理方法的有（　　）。

A. 头寸限定法　B. 本币计价法

C. 提前（推迟）收付法　D. 借款法　E. 亏损控制法

7. 可能会引起交易风险的交易过程包括（　　）。

A. 商品或劳务交易　B. 外汇借贷交易

C. 远期外汇交易　D. 以外汇进行投资

8. 在选择有利的计价货币中，应该（　　）。

A. 收汇用硬货币

B. 付汇用硬货币

C. 在外汇借款时，应争取用同一种货币

D. 应尽量争取用本国货币

9. 在预测计价货币将贬值时，以下方法中比较有利的是（　　）。

A. 在进口方面，要求延期付款　B. 在进口方面，要求提前付款

C. 在出口方面，要求延期收款　D. 在出口方面，要求提前收款

10. 以下情况中，可以不采取任何防范外汇风险措施的是（　　）。

A. 预测汇率变动不会带来损失

B. 防范风险的成本可能会大于发生的损失

C. 防范风险的成本可能会小于发生的损失

D. 预测汇率变动会带来收益

三、简答题

1. 企业、银行、国家面临的外汇风险分别有哪些？

2. 企业如何防范外汇风险。

3. 试分析外汇管制的利弊。

技能实训：

假设对于外汇交易风险，企业有五种管理办法可供选择：

（1）不从事套期保值，即投机；

（2）利用远期外汇市场进行套期保值；

（3）利用货币市场进行套期保值；

（4）利用期权市场进行套期保值；

（5）利用期货市场进行套期保值。

假定 1 月份，一家美国公司向一家英国客户出口一批商品。商品的交易价为 GBP3 750 000，信用期为 3 个月（即公司可望在 4 月份收到货款）。

外汇市场和货币市场上相关的资料如下：

即期汇率（GBP/USD）1. 400 0

三个月远期汇率（GBP/USD）1. 417 5

美国三月期国库券利率 9. 05%（年率）

英国三月期国库券利率 4. 00%（年率）

费城证券交易所上，4 月份到期的英镑期权交易价为 1. 40USD，期权交易费为每镑 2. 50 美分，标准合约为 2. 5 万英镑。

双方直接交易市场（银行）上，4 月份到期的英镑期权交易价为 1. 40USD，期权交易费为 2. 00%，标准合约为 2. 5 万英镑。

期货交易的价格为 1. 40USD，标准合约为 2. 5 万英镑。

根据外部预测公司和本企业财务人员的预测，三个月后美元与英镑的可能汇率为：

最高预期汇率（GBP/USD）1. 450 0

最可能的预期汇率 1. 430 0

最低预期汇率 1. 370 0

假定企业的资本成本为 10%。

分别计算说明以上五种办法的具体运用并作盈亏分析。

职业拓展实训：

案例分析：

1. 2010 年 12 月，一家中国超市连锁公司正在考虑一项进口计划，该公司在未来三年中将每月一次进口 50 吨优等牛肉，公司目前有两个潜在的供货商，一个是加拿大公司（以加元标价），另一个是法国公司（以欧元标价）。按当前汇率，公司从这两个国家进口所支付的人民币（包括运费）进口价格刚好相同。假设该中国公司没有其他汇率波动风险，而且比较偏好较低的汇率风险，请通过计算交易风险，说明该公司应选择哪个供货商？

2. 2007 年 1 月，中华集团公司与美国某公司签订出口订单 1 000 万美元，当时美元/人民币汇率为 7. 20，6 个月后交货时，人民币已经大大升值，美元/人民币汇率为 7. 00，由于人民币汇率的变动，该公司损失了 200 万元人民币。这一事件发生后，该公司为了加强外汇风险管理，切实提升公司外汇风险防范水平，于2007年3月召开了关于公司强化外汇风险管理的高层会议，总结本次损失发生的经验教训，制定公司外汇风险管理对策。有关人员的发言要点如下：

总经理陈某：我先讲两点意见：第一，加强外汇风险管理工作十分重要，对于这一问题必须引起高度重视。第二，外汇风险管理应当抓住重点，尤其是对于交易风险和折算风险的管理，必须制定切实的措施，防止汇率变化对于公司利润的侵蚀。

常务副总经理吴某：我完全赞同总经理的意见，在人民币汇率比较稳定的背景下，我们只要抓好生产，完成订单，利润就可以实现，而目前我国人民币汇率的形成机制发生了变化，我们不能再固守以往的管理方式，漠视汇率风险，必须对所有的外汇资产和外汇负债采取必要的保值措施。另外，总经理提出的加强折算风险管理的观点也十分重要，我们建立的海外子公司即将投入运营，应当采取必要的措施对于折算风险进行套期保值，避免出现账面损失。

总会计师李某：加强外汇管理的确十分重要。我最近对外汇风险管理的相关问题进行了初步研究，发现进行外汇风险管理的金融工具还是比较多的，采取任何一种金融工具进行避险的同时，也就失去了汇率向有利方面变动带来的收益，外汇的损失和收益主要取决于汇率变动的时间和幅度，因此强化外汇风险管理，首先必须重视对于汇率变动趋势的研究，根据汇率的不同变动趋势，采取不同的对策。

董事长张某：以上各位的发言我都赞同，最后提两点意见：第一，思想认识要到位。自2005年7月21日起，我国开始实行以市场供求为基础、参考“一篮子”货币进行调节、有管理的浮动汇率制度。人民币汇率不再盯住单一美元，形成了更富弹性的人民币汇率机制。在此宏观背景下，采取措施加强外汇风险管理十分必要。第二，建议财务部成立外汇风险管理的小组，由财务部经理担任组长，具体负责外汇风险管理的日常工作。

请解析如下问题：

（1）案例中给出的汇率是采用的是直接标价法还是间接标价法？

（2）案例中的举例体现的是哪一种风险？

（3）从外汇风险管理基本原理的角度，指出总经理陈某、常务副总经理吴某、总会计师李某以及董事长张某在会议发言中的观点有何不当之处？并分别简要说明理由。

模块三　国际金融业务篇

项目七　国际资本流动

任务一　国际资本流动概述

☞ 知识目标

1. 掌握国际资本流动的概念和类型
2. 了解国际资本流动的原因
3. 了解国际资本流动的影响

☞ 技能目标

1. 掌握国际资本流动的形式
2. 了解当前国际资本流动的特点以及发展趋势

☞ 导入案例

2010 年全球经济摆脱了 2009 年 GDP 负增长的阴霾，整体上展现了复苏的态势。世界经济展望（World Economic Outlook）数据库数据显示，2010 年世界产出增长率约为 4.8%，复苏动力主要来源于新兴市场国家，其 GDP 增长已接近潜在产出水平。中国是其中表现最为突出的。由于国际资本流动总量取决于国际经济形势，故 2010 年国际资本流动规模也由低谷转向了复苏。

总体上，2010 年流向新兴市场的私人资本超过 2009 年水平。其中，证券投资类强劲复苏，FDI 缓慢增长，信贷类资本流入尚未恢复。按类型来看，证券投资领域，2010 年证券投资流入达到 1 860 亿美元，远高于 2005—2009 年年均 620 亿美元的水平，这也是新兴市场，尤其是印度、印度尼西亚和泰国等国家 2010 年股市上涨的一个重要原因。对中国而言，2010 年上半年证券投资净流出 73 亿美元，而 2009 年同期净流入 202 亿美元。

直接投资领域，2010 年，FDI 仍然在新兴市场的私人资本流入中占据最大的部分，约为 3 670 亿美元，亚洲新兴市场仍为 FDI 最大流入区，吸收 FDI 流入约为 1 600 亿美元。其中，中国数量最大，有望达到 1 000 亿美元。联合国贸发组织最新发布的《2010 年世界投资报告》将中国列为全球 15 个首选投资地的第一名，表明国际资本持续看好中国，特别是在世界经济前景尚不明朗的情形下，保持平稳较快增长的中国市场显得“魅力十足”。

资本流入的增长导致新兴市场的外汇储备不断增加，对新兴市场的物价、股市和楼市产生了很大的上行压力，实际汇率不断升值。不少新兴市场国家，包括印度尼西亚、印度、韩国和越南已经实施了紧缩的金融政策以缓解压力。印度尼西亚于6月将隔夜拆借率从5.5%提高到了6.5%，并于8月和9月分别发行了9个月期和12个月期的国库券。之后，又上调主要利率各25个基点，其中现金回购利率上调至6.25%，反向回购利率上调至5.25%。韩国和越南于2010年11月中旬加息。中国也已经于2010年10月20日将金融机构人民币存贷款基准利率上调了0.25个百分点，之后又三次上调存款类金融机构人民币存款准备金率，之后又于12月26日将金融机构人民币存贷款基准利率上调了0.25个百分点，以紧缩的货币政策来对抗通胀和股市压力以及热钱的流入。

资料来源：中国科学院研究生院管理学院课题组，摘自《中国金融》2011年第1期

◈ 思考题

1. 什么是国际资本流动？国际资本流动的渠道有哪些？
2. 国际资本的流动会对经济产生什么样的影响？
3. 面对资本流入的增长，为什么不少新兴市场国家要采取紧缩的金融政策？

一、国际资本流动的概念

国际资本流动（International Capital Flows）是指资本从一个国家（或地区）转移到另一个国家（或地区），即国际资本的转移、输出或输入。

资本流出（Capital Outflow）是指本国资本流到外国，也就是本国的资本输出。这种资本流出项目，包括本国在外国的资产增加；本国对外国的负债减少；外国在本国的资产减少；外国对本国的负债增加。资本流出是付出本国货币或外汇，属于支付项目，应记入本国国际收支平衡表的借方或应用“-”号表示。

资本流入（Capital Inflow）是指外国资本流入本国，即为本国的资本输入。这种资本流入项目，包括外国在本国的资产增加；外国对本国的负债减少；本国在外国的资产减少；本国对外国的负债增加。资本流入是收入本国货币或外汇，属于收入项目，应记入本国国际收支平衡表的贷方或应用“+”号表示。

二、国际资本流动的类型

国际资本流动的类型主要分为两种：一种是长期资本的流动；一种是短期资本的流动。

（一）长期资本流动

长期资本流动是指一年以上到期或未定期限的直接投资，如对海外工矿等企业的投资；财务资本，如通过购买外国债券、股票等的投资；对外的债权与债务，如国际信贷等。长期资本流动方式主要有国际直接投资、国际证券投资和国际信贷。

1. 国际直接投资（FDI）

国际直接投资是指一国企业和居民对另一国进行生产性投资，并由此获得对投资企业控制权的一种投资方式。国际直接投资包括对厂房、机械设备、交通工具、通讯、土地或土地使用权等各种有形资产的投资，以及对专利、商标、咨询服务等无形资产的投资。

直接投资可以分为四种形式：一是创办新企业，即投资者在国外直接创办独资企业、设立跨国公司分支机构或创办合资企业；二是直接收购，即投资者在国外直接购买企业；三是购买国外企业股票，并达到一定比例；四是利润再投资，即投资者利用在国外投资所获利润对原企业或其他企业进行再投资。

国际投资最早出现在“二战”以后，20 世纪 80 年代迅速发展，20 世纪 90 年代，成为国际资本流动的主要形式，目前发达国家的国际资本流动中有 75% 以上是国际直接投资。

2. 国际证券投资（FPI）

国际证券投资是指以在境外公开市场流通的股票、债券等有价证券为投资对象的投资行为，主要包括国际债券投资和股票投资两种。一般来讲，国际债券分为外国债券和欧洲债券。外国债券是一国政府、金融机构、工商企业或国际组织在另一国发行的以当地国货币计值的债券。比如在美国发行的外国债券（美元）称为扬基债券；在日本发行的外国债券（日元）称为武士债券。欧洲债券是一国政府、金融机构、工商企业或国际组织在国外债券市场上以发行国以外的第三国货币为面值发行的债券。比如美国政府在伦敦发行的以日元为面额的债券。

国际证券投资是国际资本流动的一个重要渠道，也是一种新趋势。近年来，一些发达国家的国际证券投资规模已经超过直接投资，成为国际资本流动的主要形式。

3. 国际信贷

信贷是货币持有者将约定数额的资金按约定的利率暂时借出，借款者在约定期限内，按约定的条件还本付息的信用活动。国际信贷则反映了国家之间借贷资本的活动，是国际经济活动的一个重要方面。国际信贷包括三个方面：一是国际金融机构贷款，如国际货币基金组织、世界银行及其附属机构对成员国所提供的各种贷款；二是政府援助贷款，如美国的国际开发署、日本的海外经济合作基金以及一些国家的进出口银行，以优惠利率对外国政府提供支援其经济建设或指定用途的贷款；三是其他贷款，指上述形式以外的其他国际性贷款，如出口信贷、补偿贸易信贷以及银行双边信贷等。

（二）短期资本流动

短期资本流动是指一年或一年以下的货币资金、财务资金和信贷资金的流动，主要是通过各种信用工具如票据来进行的。此项信用工具有政府短期债券、可转让银行定期存单、银行票据、商业票据以及银行活期存款凭证等。短期资本流动分为以下几种：

1. 贸易资金流动

贸易资金在短期资本流动中占重要地位。这是因为国际的进出口贸易往来的资金融通和资金结算，经常大量地引起国际短期资本的流动。各国出口贸易资金的结算，导致出口国或代收国的资本流入；进口贸易资金的结算，则导致进口国或代付国的资本流出。

2. 银行资金调拨

各国经营外汇业务的银行，由于外汇业务和获得利润的需要，经常不断地进行套汇、套利、掉期、多、空外汇头寸的抛补和调拨，短期外汇资金的拆进、拆出，国际银行同业往来的收付和结算等，都要产生频繁的国际短期资金的流动。

3. 安全性流动

这类资本流动通常称为资本逃避。资本逃避主要是由于下列情况影响资金安全所引起的：第一，国内政局动荡发生危机，资金安全失去保障；第二，国内经济情况恶化，国际收支持续逆差，货币贬值；第三，国内外汇管制将进一步加紧，或有关税率将进一步提高使资金运营受到更多限制，或使企业经营无利可图，甚至发生亏损，当然也包括资本所有者有意逃避法律规定的义务或进行各种违法活动等情况。

4. 投机性流动

投机性流动是指各种投机者利用国际市场行情的涨落差异和对变动趋势的推测，绩效投资，以获取预期利润为目的的资金流动。这些国际市场行情的涨落变动包括：汇率的变动、利率的变动、金价的变动、证券价格的变动和商品价格的变动。

三、国际资本流动的原因和特点

（一）国际资本流动的原因

国际资本流动的原因很复杂。原动力来自等量资本要求获得等量利润，并进一步要求在风险最低的前提下获得尽可能多的超额利润，这就是资本在国际上流动以求获益的根本原因。资本能否在国际上自由流动，还取决于外界环境是否宽松。引起国际资本流动的原因很多，有根本性的、一般性的、政治的、经济的，归结起来主要有以下几个方面：

1. 过剩资本的形成或国际收支大量顺差

随着资本主义的发展，资本在国外获得的利润也大量增加，反过来又加速了资本积累，加剧了资本过剩，进而导致资本对外输出规模的扩大，加剧了国际资本流动。

2. 利用外资策略的实施

无论是发达国家，还是发展中国家，都会不同程度地通过不同的政策和方式来吸引外资，以达到一定的经济目的。它们往往通过开放市场、提供优惠税收、改善投资软硬环境等措施吸引外资的进入，从而增加或扩大国际资本的需求，引起或加剧国际资本流动。

3. 利润的驱动

增值是资本运动的内在动力，利润驱动是各种资本输出的共有动机。当投资者预期到一国的资本收益率高于他国，资本就会从他国流向这一国；反之，资本就会从这一国流向他国。

4. 汇率的变化

如果一个国家货币汇率持续上升，则会产生兑换需求，从而导致国际资本流入，如果一个国家货币汇率不稳定或下降，资本持有者可能预期到所持的资本实际价值将会降低，则会把手中的资本或货币资产转换成他国资产，从而导致资本向汇率稳定或升高的国家或地区流动。

5. 通货膨胀

如果一个国家出现了财政赤字，该赤字又是以发行纸币来弥补的，必然增加了对通货膨胀的压力，一旦发生了严重的通货膨胀，为减少损失，投资者会把国内资产转换成外国债权。

6. 政治、经济及战争风险

政治、经济及战争风险的存在，也是影响一个国家资本流动的重要因素。

7. 国际炒家的恶性投机

国际炒家的恶性投机的普遍发生，毫无疑问会导致有关国家货币汇率的大起大落，进而加剧投机，汇率进一步动荡，形成恶性循环，投机者则在“乱”中牟利。这是一种以经济利益为目的的恶性投机。

（二）当前国际资本流动的特点

全球资本流动自20世纪90年代以来，总体趋势上一直保持稳步增长。2001年，由于全球经济同步下滑，全球资本流动突然回落，2002年后反弹，一直保持增长态势。从2004年起，全球对外直接投资（FDI）迅速增长。2007年，全球对外直接投资总额达到183 30亿美元，同比增长30%。其中，发达国家的对外直接投资总额达到12 480亿美元，同比增长33%。2007年，发展中国家和地区的对外直接投资流入量也创下了历史新高，达5 000亿美元，同比增长21%。其中，全球外国直接投资流入量居于前三位的分别是中国、中国香港和俄罗斯。

2000年以来，对外证券投资（FPI）呈快速上升趋势。2007年，美国、欧元区、英国、加拿大、日本和新兴市场国家的外国证券投资流入量为30 913亿美元，流出量为17 369亿美元，净值为13 544亿美元。

2008年9月以来，世界经济遭受到了第二次世界大战以来最严峻的挑战，在危机冲击下，全球资本市场剧烈动荡，对国际资本流动产生了重大影响。受全球金融危机和世界经济衰退的影响，全球跨国兼并和收购（并购）活动明显减少，跨国公司利润也有所下降。最新统计数据显示，2008年，全球对外直接投资总额为14 491亿美元，同比下降21%。其中，发达国家为8 401亿美元，下降32.7%；发展中国家为5 177亿美元，小幅增长3.6%。受危机影响，从2008年起，全球外国证券投资增速明显放缓，2009年外国证券投资规模出现大幅缩减，尤其是对发展中国家的外国证券投资净值出现回落。

但是，从目前情况看，世界经济已经出现了企稳迹象，正逐渐恢复增长。2009年5月，美国消费者信心指数进一步上升，创六年来新高；欧元区采购经理人指数明显上升，达到一年来高点。这些都显示了消费者和企业家对未来预期较为乐观，表明世界经济有望逐步走出低谷。随着世界经济复苏，国际贸易活动将重振活力，全球国际资本流动将重新恢复较快增长。

四、国际资本流动的影响

（一）国际资本流动的积极影响

1. 促进全球经济效益的提高

资本在国际上的流动可以获得高利润，资本输入国利用资本的经济效益要大于资本输出国，而前者所增加的产量要大于后者减少的产量，实际总产出就会增加，两国均可以获利。另外，从全球经济一体化角度来看，国际资本流动也起到了推动的作用。资本在国与国之间大规模流动，不仅打破了各国金融市场之间的封闭状态，加强了彼此之间的联系，而且带动了各种生产要素和产品在国际上的流动，使国际分工在世界范围内充分展开，促进经济国际化和全球经济一体化进程。

2. 调节国际收支

国际资本流动可以使某国的国际收支达到收支平衡。对资本输入国来说，长期资本流入可以增大资本输入国的投资能力，而且可以扩大生产，增加出口，起到改善国际收支的作用。

3. 有助于克服贸易壁垒

向国外输出长期资本尤其是直接投资，是绕过贸易壁垒的有效途径。

（二）国际资本流动的消极影响

1. 造成货币金融混乱

虚拟经济的过度发展，会加剧国际金融市场的不稳定性；国际游资庞大，在国际上迅速和大规模地流动，会导致利率大起大落，冲击国际金融市场。

2. 造成资本输出国投资风险

资本输出国的投资者面临资本输入国实施某些不利于输入资本的法令条例，如管制外国企业利润使之无法正常汇出国外，或没收外国投资资产以收归国有，甚至不偿还外债等，使投资者投资失败。

3. 造成资本输入国对国际资本产生依附性

资本输入国盲目而过量的资本输入，可能使输入国在经济、技术等方面成为资本输出国的附庸地。当大量外资渗透到国民经济的重要部门，可能使资本输入国的经济被外国资本所控制。

任务二　国际资本流动与国际金融危机

☞ 知识目标

1. 掌握国际金融危机的定义。
2. 掌握债务危机的形成原因及其对经济的影响。
3. 了解“热钱”对国家经济的影响。

☞ 技能目标

根据实际分析国际金融危机与国际资本流动的内在联系

☞ 导入案例

欧洲债务危机进程

开端	2009年12月全球三大评级公司下调希腊主权评级，希腊的债务危机随即愈演愈烈，但金融界认为希腊经济体系小，发生债务危机影响不会扩大	2009年12月8日 惠誉将希腊信贷评级由A-下调至BBB+，前景展望为负面 2009年12月15日 希腊发售20亿欧元国债 2009年12月16日 标准普尔将希腊的长期主权信用评级由“A-”下调为“BBB+” 2009年12月22日 穆迪宣布将希腊主权评级从A1下调到A2，评级展望为负面
发展	欧洲其他国家也开始陷入危机，包括比利时这些外界认为较稳健的国家，及欧元区内经济实力较强的西班牙，都预报未来三年预算赤字居高不下，希腊已非危机主角，整个欧盟都受到债务危机困扰	2010年1月11日 穆迪警告葡萄牙若不采取有效措施控制赤字将调降该国债信评级 2010年2月4日 西班牙财政部指出，西班牙2010年整体公共预算赤字恐将占GDP的9.8% 2010年2月5日 债务危机引发市场惶恐，西班牙股市当天急跌6%，创下15个月以来最大跌幅

（续上表）

蔓延	德国等欧元区的龙头国都开始感受到危机的影响，因为欧元大幅下跌，加上欧洲股市暴挫，整个欧元区正面对成立十一年以来最严峻的考验，有评论家更推测欧元区最终会解体收场	2010 年 2 月 4 日 德国预计 2010 年预算赤字占 GDP 的 5.5% 2010 年 2 月 9 日 欧元空头头寸已增至 80 亿美元 创历史最高纪录 2010 年 2 月 10 日 巴克莱资本表示，美国银行业在希腊、爱尔兰、葡萄牙及西班牙的风险敞口达 1 760 亿美元
升级	希腊财政部长称，希腊在 5 月 19 日之前需要约 90 亿欧元资金以渡过危机。欧盟成员国财政部长 10 日凌晨达成了一项总额高达 7 500 亿欧元的稳定机制，避免危机蔓延	2010 年 4 月 23 日 希腊正式向欧盟与 IMF 申请援助 2010 年 5 月 3 日 德内阁批 224 亿欧元援希计划 2010 年 5 月 10 日 欧盟批准 7 500 亿欧元希腊援助计划，IMF 可能提供 2 500 亿欧元资金救助希腊

资料来源：新浪财经

◈ 思考题

1. 什么是欧洲债务危机？
2. 欧洲债务危机的成因是什么？试分析欧洲债务危机的影响。
3. 面对债务危机中国该采取何对策？

一、国际金融危机的概念

金融危机又称金融风暴，是指一个国家或几个国家与地区的全部或大部分金融指标（如短期利率、货币资产、证券、房地产、土地（价格）、商业破产数和金融机构倒闭数）急剧、短暂和超周期的恶化。金融危机可以分为债务危机、货币危机、银行危机等类型。近年来的金融危机越来越呈现出某种混合形式的危机。

国际债务危机，是指在国际债权债务关系中，债务国因经济困难或其他原因，不能按照债务契约规定按时偿还债权国的债务本金和利息，从而导致国际金融业（主要是银行业）陷入金融危机，并严重地影响国际金融和国际货币体系稳定的一种经济现象。自 2008 年金融危机以来，冰岛、迪拜、希腊以及爱尔兰等国家先后爆发了较为严重的债务危机。

国际货币危机，即一国货币汇率短时间内出现异常的剧烈波动，并导致相关国家或地区乃至全球性的货币支付危机发生的一种经济现象。1997 年 7 月 2 日，亚洲金融风暴席卷泰国，泰铢贬值。不久，这场风暴横扫马来西亚、新加坡、日本和韩国等地，打破了亚洲经济快速发展的景象。亚洲一些经济大国的经济开始萧条，一些国家的政局也开始混乱。

国际银行危机，是指由于国际银行出现信用危机，从而导致地区性或全球性银行出现经营困难甚至发生银行破产的一种经济现象。2008 年 9 月，美国第四大投资银行雷曼兄弟公司提出申请破产保护，引发美国新一轮金融风暴，并迅速波及全球股市，引发进一步的全球金融风暴。

二、国际中长期资本的流动与债务危机

在国际经济发展的过程中，一方面，一些国家和国际组织出现大量闲置的资本；另一方

面，一些国家为了加速本国经济发展需要大量资本，在自己资金缺乏的情况下，就需要引进外资以弥补不足。然而借款国如果对国际资本盲目借入、使用不当和管理不善，到期无法偿还债务，就会引发债务危机。

自金融危机爆发以来，一些西方国家相继爆发了较为严重的债务危机。第一轮债务危机是在2008年10月，冰岛成为第一个整个国家濒临破产的国家。2009年11月，阿联酋的迪拜酋长国因为最大的国企出现将近600亿美元的债务问题，引发了第二轮全球对债务危机的担忧。第三轮是希腊的债务危机。希腊债务危机在2009年11月份，新政府上台之后公开承认预算赤字占GDP的比重超出了原来公布的5%。当年新增的公共部门的债务达到GDP的12.5%，大大超出了原来的预计。到2011年，希腊的债务总额将从占GDP的110%多上升到135%，这是第三轮国际债务危机的起点。此后几个月，到2011年的1月底、2月初，因为国际著名评级机构降低对希腊的评级而引发国际股市、金融市场的重大波动，世界主要股市的跌幅都超过了2%。在2011年5月10号，欧盟达成了救助机制。救助机制的效果还有待观察，不管怎么说，西方国家的债务危机增加了世界经济在恢复过程中的不确定性。

（一）国际债务与国际债务的衡量指标

1. 国际债务的定义

国际债务即外债，一国的国际债务可定义为“对非居民用外国货币或本国货币承担的具有契约性偿还义务的全部债务”。

对国际债务有两个基本的判断：一是债权方必须是非居民，本国居民的负债包括外币负债均在国际债务之列；二是债务必须具有契约性偿还义务，按此定义国际债务不包括外国直接投资，因为它不是“具有契约性偿还义务”的债务。

2. 国际债务的主要衡量指标

（1）偿债率。

即一国当年应偿还的外债还本付息额占当年商品和劳务出口收入的比率。这是衡量一国还款能力的主要参考指标。用公式表示为：

偿债率 =（当年应偿还债务本金 + 当年应付债务利息）/当年商品与劳务出口收入

一般认为偿债率指标在20%以下是安全的 。

（2）负债率。

即一国当年外债余额占当年商品和劳务出口收入的比率。衡量一国负债能力和抗风险的主要参考指标。用公式表示为：

负债率 = 当年年末外债余额/当年商品和劳务出口收入

国际上公认的负债率参考数值为100% 。

（二）国际债务危机产生的原因

国际债务危机的爆发是国内、国际因素共同作用的结果，外因往往具有不可控性，且外因总是通过内因起作用。因此，从根本上说债务危机产生的直接原因在于内因，即对国际资本盲目借入、使用不当和管理不善。具体表现为：

1. 外债规模膨胀以及出口创汇能力的不足

现在国际上一般把偿债率作为控制债务的标准。因为外债的偿还归根到底取决于一国的出口创汇能力，所以举借外债的规模要受制于今后的偿还能力，即扩大出口创汇能力。如果债务增长率持续高于出口增长率，就说明国际资本在使用及偿还环节上存在着严重问题。从理论上讲，一国应把当年还本付息额对出口收入的比率控制在 20% 以下，超过此界限，借款国应予以高度重视。

2. 外债使用不当

从长期来看，偿债能力取决于一国的经济增长率，短期内则取决于它的出口率。所以人们真正担心的不是债务的规模，而是债务的生产能力和创汇能力。许多债务国在大量举债后，没有根据投资额、偿债期限以及宏观经济发展速度和目标等因素进行综合考虑，制定出外债使用走向和偿债战略，而是不顾国家的财力、物力和人力等因素的限制，盲目从事大工程建设。由于这类项目耗资多、工期长，短期内很难形成生产能力，未能创造出足够的外汇，造成债务积累加速。同时，不仅外债用到项目上的资金效率低，而且还有相当一部分外债根本没有流入到生产领域或用在资本货物的进口方面，而是盲目过量地进口耐用消费品和奢侈品，这必然导致投资效率的降低和偿债能力的减弱。有些国家则是大量借入短期贷款在国内作长期投资，而投资的方向主要是房地产和股票市场，从而易形成泡沫经济。一旦泡沫破灭，危机也就来临了。

3. 对外债缺乏宏观上的统一管理和控制

外债管理需要国家对外部债务和资产实行技术和体制方面的管理。如果外债管理混乱，多头举债，无节制地引进外资，往往会使债务规模处于失控状态和债务结构趋于非合理化。它妨碍了政府根据实际已经变化了的债务状况对政策进行及时调整，而政府一旦发现政策偏离计划目标过大时，偿债困难往往已经形成。

冰岛的债务危机起源于该国金融业在全球金融危机中的惨重损失。全球金融危机发生后，冰岛金融业才发现他们遭受了巨大的损失。这一损失使冰岛外债超过 1 383 亿美元，而其国内生产总值仅为 1 937 亿美元。因此，冰岛面临“国家破产”。

业界普遍认为，迪拜债务危机源于其长期倚重外来投资和房地产业的发展模式。多年来，迪拜房地产业积累了大量泡沫，随着条件变化，当地房价缩水明显，不少在建大型项目被迫停工，资金链断裂，出现偿付困难。

希腊债务危机的原因是综合的。其直接原因是该国长期存在财政赤字，不遵守欧盟的财政纪律。根本原因则是该国经济竞争力相对不强，经济发展水平在欧元区国家中相对较低，经济主要靠旅游业支撑。金融危机爆发后，世界各国出游人数大幅减少，对希腊造成很大冲击。此外，希腊出口少进口多，在欧元区内长期存在贸易逆差，导致资金外流，从而举债度日。

（三）债务危机的影响

债务危机严重干扰了国际经济关系发展的正常秩序，是国际金融体系紊乱的一大隐患，尤其对危机爆发国的影响更是巨大，会给经济和社会发展造成严重的后果。

1. 国内投资规模会大幅缩减

债务危机的爆发使债务国的国际资信大大降低，进入国际资本市场筹资的渠道受阻，不仅难以借到条件优惠的款项，甚至连条件苛刻的贷款也不易借到。同时，国际投资者也会视危机爆发国为高风险地，减少对该国的直接投资。外部资金流入的减少，使债务国无法筹措到充足的建设资金。而国内资金的持有者对国内经济前景持悲观态度，也会纷纷抽回国内投资。这不仅加重了国家的债务负担，也使国内投资资金减少，无法维持促进经济发展应有的投资规模。

2. 通货膨胀会加剧

为还本付息，一方面，国家将出口置于国内需求之上；另一方面，进口商品中一些基本消费品也大幅减少。当国内市场的货物供应量减少到不能满足基本要求，以致发生供应危机时，通货膨胀就不可避免。

3. 经济增长会减慢或停滞

80 年代拉丁美洲爆发债务危机后，其经济基本上在原地踏步。整个 80 年代，拉丁美洲国内生产总值累积增长 12.4%，而人均增长 -9.6%。亚洲金融危机中深受外债危机困扰的泰国、印度尼西亚与韩国等国 1998 年国内生产总值分别为 -5.5%、-14% 和 -2%。

4. 社会后果严重

随着经济衰退的发生，大批工厂、企业倒闭或停工停产，致使失业人口剧增。在高通货膨胀的情况下，职工的生活也受到严重影响，工资购买力不断下降，对低收入劳动者来说，更是入不敷出。失业率的上升和实际工资的下降使债务国人民日益贫困化，穷人队伍越来越庞大。另外，因偿债实行紧缩政策，债务国在公共社会事业发展上的投资经费会越来越少，人民的生活水平也会日趋恶化。因此，人民的不满情绪日增，他们反对政府降低人民的生活水平，反对解雇工人，要求提高工资。而政府在债权银行和国际金融机构的压力下，又不得不实行紧缩政策。在此情况下，会导致民众用游行示威甚至暴力的方式表达对现状的极度不满，从而导致政局不稳和社会动乱。

希腊国家统计局 2011 年 6 月 8 日公布的最新数据显示，2011 年 3 月份希腊失业率增至 16.2%。这是希腊从 2004 年 1 月开始每月统计失业率以来的最高纪录。统计数据显示，希腊至少有 81.1 万人失业，就业人数为 410 万。失业率攀升是国家为应对债务危机采取的紧缩措施而造成的。这些数据显示了严重的债务危机对希腊社会的影响。2011 年 3 月份欧元区成员国的失业率也高达 9.9%。

5. 对国际金融体系的影响

债务危机的产生对国际金融体系运作的影响也是十分明显的。首先，债权国与债务国同处于一个金融体系之中，一方遭难，势必会牵连另一方。债权人若不及时向债务国提供援助，就会引起国际金融体系的进一步混乱，从而影响世界经济的发展。其次，对于那些将巨额贷款集中在少数债务国身上的债权银行来说，一旦债务国出现问题，必然使其遭受严重损失，甚至破产。再次，债务危机使债务国国内局势急剧动荡，也会从经济上甚至政治上对债权国产生不利影响。在这种情况下，债权人不得不参与债务危机的解决。

2011 年 5 月 10 日，经过长期的迟疑和反复的磋商，欧盟各成员国财政部长终于达成一项总额为 7 500 亿欧元的救助计划，希望借此防止希腊债务危机蔓延。但是，经过艰苦协调而来的一致行动并没有彻底提振市场的信心。目前不仅像葡萄牙、西班牙、爱尔兰等国与希腊同病相怜，英、法、意等欧盟大国也面临着巨大的清偿风险和赤字规模。如果危机发展到使欧元汇率大幅波动，那么一直为这些国家主权债务提供担保的欧洲中央银行及大批欧元区银行也会面临巨大的风险。

三、国际短期资本的流动与货币危机

（一）货币危机的概念

货币危机概念有狭义和广义之分。狭义的货币危机与特定的汇率制度（通常是固定汇率制）相对应，指的是实行固定汇率制的国家，在非常被动的情况下（如在经济基本面恶化的情况下，或者在遭遇强大的投机攻击情况下），对本国的汇率制度进行调整，转而实行浮动汇率制，而由市场决定的汇率水平远远高于原先所刻意维护的水平（即官方汇率），这种汇率变动的影响难以控制，这一现象就是货币危机。广义的货币危机泛指汇率的变动幅度超出了一国可承受的范围这一现象。

（二）“热钱”的流动与货币危机的产生

1. 货币危机产生的主要原因

货币危机产生的原因有很多，包括汇率政策不当、外汇储备不足、银行系统脆弱、金融市场开放过快等。许多研究材料表明，近几年来，一些拉美、东亚、东欧等新兴市场国家过快地开放金融市场，尤其是过早取消对资本的控制、金融市场开放过快是导致货币危机发生的主要原因。金融市场开放会引发大规模资本流入，在固定汇率制下导致外汇汇率高估，极易扭曲国内经济；而当国际或国内经济出现风吹草动时，则会在短期内引起大规模资本外逃，导致货币急剧贬值，由此不可避免地爆发货币危机。

在转型经济国家中，捷克本是一个较为成功的范例。1992 年底，捷克经济出现复苏迹象，物价稳定，财政盈余，外国直接投资增加，国际收支状况良好。然而，为加入经合组织，捷克加快了资本项目开放步伐。1995 年 10 月生效的新《外汇法》规定了在经常项目下的完全可兑换和在资本项目下的部分可兑换，接受了国际货币基金组织第八条款中的义务。由于银行体系脆弱和有效监管缺乏，1997 年底大量短期外资外流，最终引爆了货币与金融危机。据统计，在还没有做好充分准备就匆匆开放金融市场的国家已有 3/5 发生过金融危机，墨西哥、泰国都是比较经典的例子。

2. “热钱”的概念及其影响

“热钱”（Hot Money/Refuge Capital），又称游资或叫投机性短期资本，指为追求最高报酬以最低风险在国际金融市场上迅速流动的短期投机性资金。当投机者预期某种通货的价格将下跌时，便出售该通货的远期外汇，希望在将来期满之后，可以较低的即期汇率买进而赚取汇兑差价的利益。在外汇市场上，此种投机性资金常从有贬值倾向的货币转换成有升值倾向的货币，增加了外汇市场的不稳定性。

“热钱”会产生以下影响：

首先，热钱进来对经济的虚假繁荣推波助澜。热钱在赌一国货币升值预期的同时，乘机在其他市场如房地产市场、债券市场、股票市场等不断寻找套利机会。一些套利资本进入房地产市场导致这些国家房地产价格直线上升，造成这些国家经济虚假繁荣的现象，积聚泡沫。

其次，热钱大量进入，加大外汇占款规模，影响货币政策正常操作，扰乱金融体系的正常运行，加剧一国通货膨胀的压力。热钱流入如果超过了全年基础货币的投放额，将迫使央行在公开市场大量运用央行票据强行冲销，这大大增加了央行的操作成本，同时也使得一国货币政策主动性不断下降，货币政策效果大打折扣，增加了通货膨胀的压力。

再次，热钱流入人为地加大了货币对外升值的压力。只要一国货币升值预期不变，随着流入的热钱增多，该国货币升值的压力就会增大。

最后，热钱的流出，也同样会使经济剧烈波动。如果热钱大规模迅速流出，就会使一些投机气氛较大的市场价格大幅波动，如房地产价格迅速回落、债券价格以及股票市场大幅震荡等。

四、国际资本流动的管理

一般来说，国际资本流动管制大致可以划分为两种类型：一是直接控制型；二是市场导向型，或者说是间接控制型。另外，资本流动管理还可以分为资本流入管制和流出管制；长期资本流动管制和短期资本流动管制；常态资本流动管制和资本流动危机管制等。具体而言，相关的管理措施包括：

1. 合理引导外资的投资方向

利用外资必须把握其合理的投向，要从国民经济发展的总体战略出发，通过政策引导，将外资吸引到国民经济发展最需要的产业及地区，以促进国民经济结构调整和合理布局。如中国，则要把吸引来的外资用到发展高新科技产业、引进国外的先进技术；改造传统的工业，提高这些企业的高科技成分，进行产品的深加工和精加工。

2. 颁布法令条例

各国政府可以颁布适当的法令条例来限制国际资金流动。如美国联邦储备银行曾经通过Q字、M字条例的颁布，分别规定美国商业银行存款的最高利率，对吸引外国的存款须缴存累进的存款准备金，对非居民存款的限制等，其目的都是为了限制资本的输入。

3. 限制贷款用途

国际金融组织的贷款和各国银行的某些贷款，都明确规定贷款的建设项目或指定用途，以便使每笔贷款达到预期的目的，防止任意把资金挪作别用或进行投机性活动，影响贷款的安全和国际经济贸易的正常进行。同时，国际上的贷款还要受到“外债清偿比率”的限制。目前世界各国掌握的外债清偿比率为20% ~25%，超过这个比率，就反映借款国的偿还能力将会出现问题。当然，还应对借款国的国民生产总值、财政收支、国际收支、外汇储备等情况加以全面审核，以便控制贷款数额。

4. 实施外汇管制

外汇管制在控制资本流动方面的范围是比较广泛的，既包括投机性的短期资本流动，也包括对本国不利的长期资本流动。例如，非外汇管理当局或中央银行批准，不得进行外汇买卖活动等。

任务三 国际资本的流动与中国的金融开放

☞ 知识目标

1. 了解国际资本在中国流动的现状
2. 了解和掌握 QFII 和 QDII 的含义

☞ 技能目标

1. 了解国际资本流动对中国金融安全的影响
2. 掌握中国对国际资本流动的监管

☞ 导入案例

2011 年 4 月发布的《博鳌亚洲论坛亚洲经济一体化进程 2011 年度报告》指出，虽然始于 2007 年的国际金融危机沉重打击了亚洲地区的国际资本流入，但自 20 世纪 90 年代中期以来，中国一直是吸收国际直接投资最多的发展中国家。

据该报告披露，近年来流入亚太地区的国际投资主要流向了东亚和东南亚地区。2008 年中国的国际直接投资流入增长了 29.7%，2009 年只下降了 2.6%，而在 2010 年保持了 6.3% 的温和增长。中国香港对国际资本也是极具吸引力的热点市场之一，但流入中国香港的资本很大部分可能进一步流入其他市场如中国内地等。

国际资本大量流入，缓解了我国经济发展进程中资本短缺的矛盾，促进了外向型经济的迅猛增长，而且由于国际资本流入，尤其是外国直接投资通过“外溢效应”与“学习效应”，中国经济的技术水平、组织效率不断提升，从而提高了国民经济的综合要素生产率。

资料来源：新华网海南频道　作者：王英诚、夏冠男

◈ 思考题

1. 什么是国际直接投资？
2. 国际直接投资对中国经济的发展带来了什么样的影响？

一、国际资本在中国流动的现状

（一）中国吸收外资情况

自 20 世纪 90 年代中期以来，中国一直是吸收国际直接投资最多的发展中国家。截至 2010 年 9 月，累计吸收外商直接投资约 10 600 亿美元，利用贷款累计 3 400 亿美元。2009 年在全球金融危机影响下，跨国投资大幅度下降近 40%，但中国仍然实际吸收外商直接投资约 940 亿美元，升至全球第二位。2010 年，中国吸收外商直接投资首次突破 1 000 亿美元，创历史新高。2010 年中国实际吸收外资金额 1 057.4 亿美元，同比增长 17.4%，同时扭转了 2009 年下降 2.6% 的局面；全国非金融领域新批设立外商投资企业 27 406 家，同比增长 16.9%。

国际资本大量流入，缓解了我国经济发展进程中资本短缺的状况，促进了外向型经济的迅猛增长，而且由于国际资本流入，尤其是外国直接投资通过“外溢效应”与“学习效应”，中国经济的技术水平、组织效率不断提升，从而提高了国民经济的综合要素生产率。“引进来”为中国的发展作出了重要贡献，也为跨国公司和各类外国企业在中国提供了广阔的发展空间和良好的经济效益。

（二）中国对外直接投资情况

20 世纪 90 年代以来，中国企业对外直接投资异军突起，引起了广泛关注。1997—1998 年东南亚金融危机后，中国政府提出“走出去”战略，希望借助发展 FDI（特别是境外加工贸易），带动中国出口。

在宏观层面，20世纪90年代，中国国际收支平衡表上FDI流出额从不足10亿美元增长至每年20亿美元以上；2005年首次突破百亿美元大关达到118.71亿美元。2009年全球FDI流量锐减43%，而中国FDI流量则创造了565.3亿美元的历史最高纪录，同比增长1.1%，其中非金融类FDI 478亿美元，同比增长14.2%。

根据官方统计，截至2009年底，中国12 000家境内投资者在全球177个国家和地区投资设立了1.3万家境外企业，FDI存量2 457.5亿美元，境外企业资产总额超过1万亿美元。2009年末，中国境外企业就业人数97万，其中雇用外方员工43.8万人。

与联合国贸发会议（UNCTAD）《2010年世界投资报告》数据对比计算，2009年中国FDI占全球当年流量（1.1万亿美元）的5.1%、年末存量（18.98万亿美元）的1.3%，FDI流量仅次于美国（2 480.1亿美元）、法国（1 471.6亿美元）、日本（747亿美元）、德国（627.1亿美元），居世界第五，位于发展中国家和地区首位，比随后的两个发展中对外直接投资大国俄罗斯（460.6亿美元）、印度（149亿美元）分别高23%和279%。

2010年，中国FDI继续保持在较高水平。据商务部对外投资和经济合作司统计，2010年中国境内投资者共对全球129个国家和地区的3 125家境外企业进行了直接投资，累计实现非金融类FDI 590亿美元，同比增长36.3%。

作为一个迅速成长的新兴FDI母国，中国也吸引了越来越多的投资者。中国吸引的并不仅仅是发展中国家，也包括不少西方国家，英国等具有自由贸易传统且与中国优势产业不重叠的发达国家尤其如此。

进入新世纪以来，中国的对外开放战略已由“引进来”为主向“引进来”和“走出去”相结合转变。从引进来看，需要进一步提高利用外资的水平，使外资在推动国内的产业升级、结构优化、科技创新、区域均衡发展等方面发挥更积极的作用。在走出去上，中国将继续按照市场导向和自主决策原则，引导各类所有制企业有序到境外投资合作，扩大在能源、资源、高科技和先进制造业等领域的投资，提高企业的国际化经营水平。

（三）中国国际资本流动机制

1. QFII制度

QFII是Qualified Foreign Institutional Investor（合格的境外机构投资者）的首字母缩写。它是指一国在货币没有实现完全可自由兑换、资本项目尚未开放的情况下，有限度地引进外资、开放资本市场的一项过渡性的制度。这种制度要求外国投资者若要进入一国证券市场，必须符合一定的条件，得到该国有关部门的审批通过后汇入一定额度的外汇资金，并转换为当地货币，通过严格监管的专门账户投资当地证券市场。《合格境外机构投资者境内证券投资外汇管理暂行规定》已于2002年11月28日由国家外汇管理局发布实施。首家进入中国证券市场的QFII是瑞银华宝。2003年7月9日，瑞银华宝下单买下宝钢股份、上港集箱、外运发展和中兴通讯这四只股票，这标志着合格境外机构投资者正式进入我国证券市场。此后，又有高盛、盖茨基金、美国景顺资产管理公司、法国兴业银行等境外机构进入我国证券市场。在经历最初三年严格控制QFII数量之后，从2006年开始，政府对QFII的审批速度明显加快，仅2006年一年就批准了18家，到2007年初，共计有27家QFII来到我国投资，其中花旗环球金融集团持股家数最多，共持有58家公司的股票。

2. QDII制度

QDII是Qualified Domestic Institutional Investor（合格的境内机构投资者）的首字母缩写。它是指在一国境内设立，经该国有关部门批准从事境外证券市场的股票、债券等有价证券业务的证券投资基金。和 QFII 一样，它也是在货币没有实现完全可自由兑换、资本项目尚未开放的情况下，有限度地允许境内投资者投资境外证券市场的一项过渡性的制度安排。

2006 年 4 月 13 日，经国务院批准，中国人民银行第 5 号公告发布，第 5 号令允许符合条件的银行、基金公司和保险机构按照相关规定，进行境外理财投资，并允许个人参与。2006 年 7 月，中国工商银行推出首只银行系 QDII 产品，同年 11 月，国内首只基金试点 QDII 产品——华安国际配置基金正式成立。

2007 年 6 月 20 日，中国证监会颁布《合格境内机构投资者境外证券投资管理试行办法》，该办法于 2007 年 7 月 5 日正式实施，这使得券商、基金系 QDII 最终得以全面开闸。2007 年 9 月 12 日，首只股票型 QDII 基金成立。南方全球精选发售，当天认购 491 亿元人民币，远超其 150 亿元人民币的预定规模。2007 年 10 月 15 日，上投摩根亚太优势发行，当日有效认购申请金额 1 162.6 亿元人民币，成为中国基金史上第一只认购金额突破千亿元的新基金。

二、国际资本的流动对中国金融稳定的影响

引进外资既是对外开放的出发点，也是推动中国融入经济全球化的重要力量。但国际资本大量流入的同时，也对中国经济环境和宏观经济政策产生了重大影响，还带来了诸如外汇储备持续上升，货币供应量快速增长；人民币升值压力加大，货币政策面临两难选择；各类资产价格持续冲高，资本市场风险加大等一系列问题。

（一）国际资本流动给银行业带来的影响

根据货币供给方程式：$M_S = M \times B$（M_S代表货币供给量，M 代表货币乘数，B 代表基础货币），由上面分析知道国际资本的大量流入会引起基础货币 B 的增加，致使国内货币供给 M_S的大量增加，商业银行持有的超额存款准备金增加，从而银行的信贷规模也将随之扩大。

随着银行货币供给量的不断增加，银行会把大量货币投资于证券市场，但其有着很强的不稳定性，特别是我国的证券市场发育程度还比较低、金融监管相对薄弱，国际资本流动通过证券市场的传导机制极易诱导危机爆发。一旦某突发事件引起市场参与者对金融市场或者是相关经济活动的预期发生重大变化时，在金融市场“羊群效应”的推动下，股票市场价格有可能出现大幅度震荡，信用链条断裂，资本市场的风险通过资金链传递给商业银行，当风险达到一定程度就会引发银行危机乃至金融危机。1990 年的日本“泡沫经济”的破灭以及 1997 年的亚洲金融危机都有银行信用大举进入证券市场的背景。

（二）国际资本流动对货币市场的影响

我国实行有管理的浮动汇率制度，在这种汇率管理制度下，当出现来自国外的资本流入，如直接投资时外汇市场上外汇的供应增加，本国货币的汇率有升值的趋势，由于中央银行有维持汇率稳定的义务，所以央行必须随时干预外汇市场以防止汇率升值。具体地说，央行将准备通过抛售本币吸纳过多的外汇供给来防止本币汇率升值，这就会导致国际资本流入转化为央行的外汇储备。国际资本流入转化为外汇储备，储备的增加使央行创造出更多的基础货币，从而导致货币供应量的增加，进而提高国内价格水平。这一作用过程可以表示为：外资流入→国家外汇储备增加→中央银行基础货币投放增加→国内货币供应总量增加→价格水平上升。相反，国际资本流出也会减少外汇储备从而对国内货币供应量产生紧缩效应。

（三）国际资本流动对金融市场的影响

1. 资产价格的波动性风险

所谓波动性风险，是指在资本市场对外开放的条件下，外国投资者的投资活动将造成或者加剧国内资本市场资产价格波动的风险。2006 年 12 月 29 日，我国股票市场总市值已达到10. 3 万亿元，但流通市值仅为2. 36 万亿元，占流通市值的22. 9%，比重明显偏低。主要由于我国的证券市场是在各项体制都不太健全的情况下逐渐发展起来的，所以在缺乏有力的保护以及我国投资者普遍的投机心态和较差的风险防范意识情况下，拥有巨额资本的国际投资者，集中地、大规模地对我国资本市场投资，而我国的资本市场的流动性和吸收资本的能力不够，这些投资活动则显著地影响到我国的资产价格，使得较多的资金追求较少的可交易市值，造成股票指数飞涨，形成虚假的繁荣，产生泡沫，出现资产价格波动性风险。

2. 短期资本流动的冲击

在经济上涨的趋势下，我国的资本市场开始吸引巨额资金持续流入，这使得资产价格逐渐上升，如果价格持续上升以至于脱离了基本面将会形成价格泡沫。一旦泡沫破裂或者经济出现下跌趋势，这些巨额资金将会流出，最终导致价格恐慌性大跌以及流动性紧缩等一系列连锁反应，增加发生金融危机的可能性。20 世纪 90 年代，泰国、马来西亚等东南亚国家和阿根廷、巴西等拉美国家在资本市场开放后，相继爆发了金融危机。除了当事国经济结构失衡等基本因素外，外国机构投资者的大规模资本流动是引发东南亚和拉美金融危机的一个重要因素。

3. 对我国金融机构经营的冲击

近年来，随着我国资本市场国际化进程的推进，海外金融机构纷纷以合资或独资的方式进入国内资本市场。比如中国在2007 年下半年，取消了对新外资证券公司的准入限制，并重新准许证券公司进入，包括合资公司。这标志着中资金融机构将和海外金融巨头在中国资本市场上展开全方位的竞争。与国际金融巨头相比，我国的金融机构在资本规模、风险管理能力及盈利能力等方面都存在不小的差距。在可预见的未来，在海外金融巨头的冲击下不排除一些经营状况不佳、竞争力低下的中资金融机构出现动荡和危机，甚至威胁我国的金融安全。

三、我国对国际资本流动的监管措施

1. 逐步取消内外资的政策区别

市场中存在一部分的国际资本通过外商直接投资等方式项入境，而这部分境外资金入境后并未直接进入实业投资领域。另外也有不法外商利用我国对外商投资企业的超国民待遇以及监管盲区，打着投资经商的旗号，大搞虚假投资。因此，应逐步取消资本流动管理中的内外资企业政策的区别，逐步加大对外资企业的资本流入和转换的渠道及方式的监管。

2. 推进汇率市场化进程

近几年人民币因为升值而成为热钱的觊觎对象。为此，可适度扩大人民币汇率浮动范围，完善人民币汇率形成机制，增强人民币汇率对资本流动和外汇供求的弹性，同时扩大外汇远期市场的规模、品种和交易范围，大力发展汇率避险工具，缓解人民币升值预期对汇率稳定目标的压力，降低国际套利资本的获利空间。

3. 完善外汇管理政策

建立健全立法和执法体系，加强执法检查，加大对违规资本流动的打击力度，打击“地下钱庄”、外汇黑市交易、现钞非法携带出入境等破坏外汇金融秩序的违法行为，全面梳理现行外汇管理政策法规。同时建立系统全面的外汇资金跨境监测预警体系，实现对异常资金流动的全方位监控。

项目小结

国际资本流动（International Capital Flows）是指资本从一个国家（或地区）转移到另一个国家（或地区），即国际资本的转移、输出或输入。国际资本流动的类型主要分为两种：一种是长期资本的流动；一种是短期资本的流动。国际资本的流动对经济产生的影响是双重的。国际资本流动的积极影响包括：促进全球经济效益的提高、调节国际收支、有助于克服贸易保护壁垒。国际资本流动的消极影响包括：造成货币金融混乱、造成资本输出国投资风险、造成资本输入国对国际资本产生依附性。金融危机又称金融风暴，是指一个国家或几个国家与地区的全部或大部分金融指标［如短期利率、货币资产、证券、房地产、土地（价格）、商业破产数和金融机构倒闭数］的急剧、短暂和超周期的恶化。金融危机可以分为货币危机、债务危机、银行危机等类型。

基本概念

国际资本流动　长期资本流动　短期资本流动　直接投资　证券投资　国际金融危机　债务危机　货币危机　QDII　QFII

项目练习与实训

知识练习：

一、单项选择题

1. 下列不属于国际直接投资的表现形式有（　　）。

A. 一国在国外开设工厂

B. 一国在国外购并企业

C. 国外企业所获利润在当地进行再投资

D. 购买国外企业股票

2. 与人民币资本账户开放密切相关的有（　　）。

A. FDI　　B. QFII　　C. QDII　　D. 以上全部

二、填空题

1. 长期资本流动包括________、________与________。

2. 短期资本流动包括________、________、________与投机性资本流动。

3. QFII 和 QDII 的中文含义分别是________、________。

三、简答题

1. 简述国际资本流动的类型。

2. 简述希腊债务危机产生的原因及其对经济产生的影响。

职业拓展实训：

从 FDI 到 QFII 与 QDII

QFII 与 QDII 是继 FDI 后的重大金融举措。2002 年 11 月 5 日，外资可以通过 QFII（合格的境外机构投资者）方式进入中国证券市场。据统计，截至 2005 年底，共有 34 家机构获批 QFII 资格，累计批准额度 56.5 亿美元，QFII 持有证券资产近 347 亿元人民币，占其总资产的 90%。由于看好中国市场，外资金融机构对 QFII 的额度竞争激烈，QFII 额度成为稀缺资源。2006 年 4 月 13 日，被市场称作 QDII 开闸的央行五号公告发布，境内资本投资于境外金融产品的大门就此正式徐徐打开，人民币资本账户开放，亦由此迈出决定性的一步。

请结合上述信息，思考并分组讨论以下问题：

1. 讨论 QFII 和 QDII 与人民币资本账户开放的关系。放行 QDII 距离放行 QFII 已经超过了三年时间，如此审慎的原因是什么？

2. QDII 的实施形成了资本的双向流动，外汇风险会有所加大，该如何应对？

项目八　国际融资

任务一　国际融资的概述

☞ 知识目标

1. 掌握国际融资的概念

2. 了解国际融资的特点以及类型

☞ 技能目标

能够运用所学国际融资方法进行融资

☞ 导入案例

广深高速公路为联系广州、深圳特区、香港的重要通道，也是国道主干线同江至三亚公路广东省的重要路段。总投资 10.56 亿美元及 7.72 亿元人民币。1987 年 5 月动工，1993 年 12 月 2 日建成，1994 年 7 月 18 日全线试通车，1997 年 7 月 1 日正式通车营运。

广深高速公路由广东省公路建设公司（甲方）与香港合和中国发展（高速公路）有限

公司（乙方）合作，共同成立广深珠高速公路有限公司。1990 年 3 月，在合作双方的努力下，项目融资得到中国银行香港分行和香港汇丰银行的支持而得以重新开展，并于 1991 年 3 月成功地组成国际融资银团签订 8 亿美元项目抵押贷款协议。

广深高速公路项目总投资为 13.4 亿美元和 7.04 亿元人民币（包括皇岗口岸工程、深圳经济特区检查站工程和建设期利息），其中由香港合和中国发展（高速公路）有限公司提供注册资金 0.9 亿美元及提供股东贷款 4.5 亿美元，国际融资银团提供项目抵押贷款 8 亿美元，该项贷款以香港合和中国发展（高速公路）有限公司为第一借款人，以同等条件转贷给广深高速公路有限公司，国内银行提供用于支付征地拆迁费贷款人民币（含建设期挂账利息）7.04 亿元。

资料来源：摘自百度百科，网址 http://baike.baidu.com/view/230152.htm

◈ **思考题**

1. 什么是国际融资？
2. 什么是国际银团贷款？国际银团贷款在融资活动中起到的作用是什么？
3. 国际融资活动在广深高速公路的建设中起到了什么样的作用？

一、国际融资的概念

国际融资（International Financing），是指各国或地区的资金需求者通过各种途径在国际上向资金供应者进行资金融通，以调剂资金余缺的经济活动。

国际融资业务是国际金融市场的基本业务。在世界经济一体化高度发达的今天，各国间的经济关联性和依存度不断提高，国际融资发挥了越来越大的作用，对各国经济发展也越来越重要。

在现今国际金融市场中，融资业务迅速扩大，而且出现融资方式多样化、融资工具创新和融资技术不断革新的发展趋势。

二、国际融资的特点

1. 以价值增值为目的

绝大多数国际融资方式都是在信用基础上的借贷行为，因此都具有信贷的基本特征，即偿还性和生息性。因此，以价值增值为目的是国际融资最基本的特征。

2. 主客体比较复杂

国际融资的主体是指融资双方当事人，即筹资人（借款人）和供款人（贷款人），既包括本国的银行、保险公司、投资公司等金融机构和本国政府、工商企业等非金融机构及个人，又包括外国银行、非银行金融机构、国际金融组织和外国政府、外国企业等非金融机构及个人。

国际融资的客体是指国际融资所使用的货币和金融工具。国际融资的货币既可以是筹资人所在国货币，也可以是贷款人所在国货币，或第三国货币，但一般必须是可兑换货币。

国际融资的金融工具除了存款单、贷款合约、票据、债券、股票、信用证等传统的融资工具外，还有许多创新的国际融资工具，如期货、期权、互换、远期利率协议等。

3. 风险较大

国际融资的风险远大于国内融资的风险。国际融资除面临国内融资的一般风险外，还面临着其特有的外汇风险和政治风险。

国际融资通常以外国货币计值，如果汇价波动，融资货币发生贬值或升值，既可能影响借款人的偿债负担和能力，又可能影响贷款人按期收回贷款和债权收益。

政治风险又称为国际风险，通常指由于有关国家政局或政策的变化，导致投资环境的变化，从而给国际融资活动的预期收益带来的不确定性。这种风险对国际融资当事人来说往往是一种难以规避的风险。

三、国际融资的作用

国际融资对经济的影响是把"双刃剑"，既有积极作用，同时又有消极影响，利用得好可以促进对外贸易或国内经济的发展，利用不好则会影响一国经济、金融的稳定，从而对其经济贸易带来负面影响。

（一）国际融资的积极作用

1. 有利于推动国际贸易的发展

国际融资的重要内容是国际贸易融资。在国际贸易融资中，银行对进出口商融通资金，提供信贷担保，对国际贸易的发展起着极大的推动作用。尤其是大型资本货物的进出口贸易，需要的资金量大、期限长、风险大，一般必须借助于国际融资才能顺利地进行。

2. 有利于解决闲置资金的出路

世界各国的资金总是余缺不均的。国际融资作为一种调剂资金余缺的手段，可以把国际上的各种闲置资金，按照市场经济的规律，加以筹集运用，合理疏导，充分发挥资金的应有作用。

3. 便利全球资源的优化配置

通过国际融资，对投资国来说，既可促进存量资产重组，合理配置资源，增强企业实力，又有利于进入他国市场，打开销售渠道，获取更大的收益；对筹资国来说，既可以得到来自不同渠道的海外融资，又可以降低融资成本，提高公司的经营效率和国际知名度。这对企业自身发展及全球经济增长都可以起到重要的推动作用。

4. 有利于促进世界各国经济的发展

国际融资作为企业、金融机构、各国政府筹措资金的手段和途径，既可满足东道国企业及投资项目的资金需求，又可满足各国政府调节财政开支和国际收支的资金需求，从而促进世界各国经济的发展。

（二）国际融资的消极影响

1. 给东道国带来负面效应

对东道国来说，如果利用外资政策失误，或不能合理有效地利用引进的外资，会带来一系列的负面效应。如外债负担过重，容易形成债务危机；冲击国内产业，造成对外资的过分依赖；对利润汇出控制不当，造成外汇大量流失；项目审批不严，引进高污染产业，加重环境污染。

2. 对投资国的消极影响

对投资国来说，如果对自身实力和风险认识不足，盲目扩大对外投资，也会造成严重的不利后果：一是挤占国内正常发展所需的资金，影响国内经济发展，导致国际收支状况恶化；二是受东道国政治和经济波动影响，投资风险增大，导致收益减少甚至出现损失。

四、国际融资的主要类型

1. 按是否通过金融中介分类

国际融资按是否通过金融中介，可分为直接融资和间接融资。

2. 按融资期限分类

国际融资按融资期限，可分为短期融资、中期融资和长期融资。

短期融资是指融资期限在1年以下的融资活动。其融通资金周转较快，大多属于信用融通，往往是为了解决进出口商短期资金需要、克服临时性的资金短缺、调剂外汇资金、弥补国际收支逆差或维持货币汇率等问题。

中期融资是指融资期限为1~5年的融资活动。一般需由资金的供需双方签订融资协议，有的还需要担保或抵押。

长期融资是指融资期限在5年以上（最长甚至可达50年）的融资活动。中长期融资的目的一般是为了满足大型机器设备和技术出口的资金需求，或重要工程项目和基础设施建设的资金需求。

3. 按融资来源分类

国际融资按融资来源，可分为官方融资、商业融资和混合融资。

官方融资是指资金来源于各国政府和国际金融机构的国际融资，如国际货币基金组织贷款、世界银行贷款或各国政府贷款等。

商业融资是指资金来源于私人部门的国际融资，如国际商业银行贷款、国际债券融资等。

混合融资则是将官方融资和商业融资结合在一起进行的国际融资，其目的通常是为了降低融资的风险和成本。

4. 按融资目的分类

国际融资按融资目的，可分为贸易融资和项目融资。

5. 按运作方式分类

国际融资按照运作方式，可分为国际信贷融资、国际证券融资、国际项目融资、国际租赁融资等形式。

任务二　国际直接融资

☞ 知识目标

1. 掌握国际直接融资的概念以及分类
2. 掌握BOT的概念
3. 了解国际证券融资的特点以及种类
4. 了解国际租赁的概念以及作用

☞ **技能目标**

能够熟练运用BOT、国际证券融资和国际租赁等方式进行融资

☞ **导入案例**

2011年6月，深圳地铁4号线全线开通。开通仪式现场，香港特别行政区政府政务司司长唐英年、深圳市市长许勤出席并发表讲话，许勤在致辞中说，轨道交通龙华线是CEPA正式签署以来深港合作的第一个大型基础设施项目，它的全线开通是深圳轨道交通建设取得的一项重大成果，也是粤港合作、深港合作的新亮点。

深圳地铁4号线分为两期工程，一期工程已经由深圳市政府投资建设完成，二期工程采用BOT方式，确定由香港地铁公司完成。根据签署的协议，香港地铁公司在深圳成立项目公司，以BOT方式投资建设4号线二期工程，具体经营模式是“地铁+沿线物业综合发展经营”模式。深圳市政府将4号线二期工程在一期工程通车前租赁给香港地铁的深圳项目公司，香港地铁的深圳项目公司负责二期工程的建设和全线的运营。

4号线二期通车之日始，4号线全线将由香港地铁公司成立的项目公司统一运营，该公司拥有30年的特许经营权，并承担运营期内更新改造和设备维护费用。

此外，香港地铁还获得4号线沿线290万平方米建筑面积的物业开发权。在整个建设和经营期内，项目公司由香港地铁公司绝对控股，项目公司自主经营、自负盈亏，运营期满，全部资产无偿移交深圳市政府。

资料来源：根据广州日报2011年6月17日相关新闻整理，作者蒋偲

◈ **思考题**

1. 什么是“BOT”？
2. “BOT”的特点是什么？
3. 采用BOT的模式完成深圳地铁4号线二期工程的建设的优势在哪里？

直接融资是指不通过金融中介机构（主要是银行、保险公司和信托投资公司等），由资金供应者（投资者）直接向资金需求者（筹资者）提供资金的融资活动。直接融资的形式主要有国际项目融资、国际证券融资和国际租赁。

一、国际项目融资

（一）国际项目融资的概念

国际项目融资（International Project Financing）是一种新型的国际融资方式，即融资者对一个大型工程项目贷款或投资，等工程项目建成后，再用销售该项目所生产的产品换回的现金来偿还融资者的投资或贷款。

项目融资始于20世纪30年代美国的油田开发事业，此后，一些发达国家和发展中国家基础设施需求不断增长，但又缺乏足够的建设资金，一些国家的政府通过促进公共部门与私营企业的合作，为基础设施建设提供资金，从而出现了这种融资形式。

项目融资主要用于资源开发项目、基础设施项目和大型设备的制造项目。项目融资的筹资功能强，融资方式灵活多样，能有效地解决大型工程项目的筹资问题，也能减轻政府的财政负担。

（二）国际项目融资的风险

一个融资项目存在着各种各样的风险，如何预测风险，有效地减轻和预防风险是项目成功的关键。国际项目融资中的常见风险主要有以下几种：

1. 信用风险

在大多数情况下，有限追索的项目融资是依靠一定的信用保证结构支撑起来的。因此，组成信用保证结构的各方项目参与者是否有能力履行其合同义务，是否愿意并且能够按照法律文件的规定在需要的时候履行其所承担的对项目融资的信用保证义务，这就构成了贯穿于项目融资各个阶段的信用风险。

2. 完工风险

项目融资中的完工，不同于一般项目建设意义上的完工，即它不仅是指项目按照设计建设完成，而且通常要求在所规定的成本范围内按时开工，并且达到预期的生产能力，也就是所谓的“商业完工”标准。

项目完工风险是指项目因故中途停建，或不能按规定的质量标准竣工投产，或不能按期达到设计生产能力或盈利能力。完工风险是项目融资的主要核心风险之一，因为如果项目不能按照预订计划完工投产，项目融资所依赖的经济基础就受到了破坏。而且从国际上的实践经验来看，项目建设期出现完工风险的概率无论在发达国家还是在发展中国家都是比较高的。因此，贷款银行对项目的完工风险都非常重视，通常会要求投资者或工程公司等其他项目参与者提供相应的“完工担保”作为保证。

3. 经营风险

项目的生产经营风险是在项目试生产阶段和生产运行阶段中所存在的技术、资源储量、能源和原材料供应、生产经营等风险因素的总称。它是项目融资的另一个主要的核心风险。

4. 市场风险

市场风险是指项目产品的市场需求和市场价格的变化对项目收益所产生的影响，它包括价格和市场销售量两个要素。项目产品的销售是项目收益的主要来源，是偿还项目贷款本息的根本保证。如果项目产品的市场需求和市场价格发生波动，势必会影响到项目的收益和贷款银行的贷款资金的收回。

5. 金融风险

项目的金融风险主要表现在利率风险和汇率风险两个方面。国际项目贷款的借款、收入和支出，往往以几种不同的货币计价，因此，如果有关货币之间的汇率发生变化，则会产生汇率风险。至于利率风险，则是指由于贷款利率发生变化而对项目所产生的影响。

6. 政治风险

项目所在国的经济发展状况、社会安定状况和政治法律制度环境都会对国际项目融资带来不同程度的风险。这种风险可能影响到项目的经济效益。因此，贷款人一般要向政府保险机构投保或与东道国政府签订某种协议，以规避此类风险。

（三）国际项目融资的主要种类

1. BOT 项目融资

BOT 是英文“Build - Operate - Transfer”的缩写，即“建设—经营—转让”。它是指政府和项目承包人签订特许权转让的协议，由项目承包人组织成立的项目公司承担大型基础设施项目的融资设计、建设、运营和维护的任务，同时，在规定的特许期内，拥有该项目的所有权并收取费用，用来偿还项目的债务，并获得预期的投资回报。在特许期结束后，项目将无偿移交给政府。

BOT 投资方式作为一种新的国际投资方式，在 20 世纪 80 年代初开始得到较快发展，目前已被广泛用于发达国家和发展中国家的基础设施建设中。如著名的横贯英法的英吉利海峡隧道、澳大利亚悉尼的港口隧道、泰国曼谷的高架铁路、土耳其的博斯普鲁斯第二大桥、菲律宾的诺瓦塔斯火电厂等，都采用了 BOT 投资方式。我国的深圳、上海浦东开发区等地也利用 BOT 方式建设了一批基础设施项目。

BOT 项目的运作程序大都经过以下几个阶段：项目确定、招标、合同谈判及签约、建设与经营、投资回收和到期产权移交。

（1）项目的确定。

在项目确定阶段，东道国政府负责完成对 BOT 项目的选择和确定，主要是对项目进行技术、经济和法律上的可行性论证。

（2）招标。

在项目招标阶段，政府的主要工作是对投标者进行资格预审和发出投标邀请书，并在收到投资商投标书后在规定时间内进行评标和决标。

（3）选标。

收到投标书后在规定时间内进行评标和决标。

（4）授权。

项目决标后，政府必须与获得授权的项目公司就项目协议条款进行实质性谈判，谈判内容涉及项目的技术、经济和法律等各个方面。通过谈判和协商，正式形成有关项目建设、经营和转让的权利义务及相关安排的全部合同和法律文件。

（5）项目建设。

BOT 项目的建设一般采取交钥匙方式进行，即项目公司在取得政府授权后，通过项目建设总承包协议，将项目交由签约的建设公司全面负责，包括项目的规划、设计、建筑施工、设备安装等，直到项目建成投产且有关工程质量、产品质量符合合同要求为止。

（6）项目运营。

项目建成交付后，项目公司即取得了项目的经营权和受益权，可以自己直接经营，也可以委托其他机构经营。但在经营过程中，必须遵循特许权协议中的有关规定，并向政府提供有关信息资料。

（7）项目的移交。

在授权期结束后，东道国政府将接管该项目，不仅拥有项目的所有权，而且拥有正常运营项目的收益权。

对东道国来说，BOT 方式的优点主要是：既可以高效率地完成基础设施和公益项目的建设目标，满足公众的需要，又可以减轻财政负担和外债负担，避免政府的债务风险；同时，由于项目成功与否直接关系到投资商的利益，投资商必然会对项目建设质量严格把关，这不仅有利于提高项目的经营管理水平和效率，而且有利于东道国获得国外先进的技术设备和管理经验。

2. 产品支付法融资

产品支付法融资（Production Payment）是借款方在融资项目投产后，不是以项目产品的销售收入来偿还债务，而是直接以项目产品来还本付息的一种项目融资方式。这种融资方式广泛应用于英美等国的石油、天然气、矿产品等项目的开发融资中。

二、国际证券融资

国际证券融资（International Security Financing）是指一国的借款人在国际金融市场上通过发行债券或股票的方式进行的融资活动，以此促进公司规模的快速增长。发行证券的目的在于筹措长期资本，是一种长期融资的方式。

（一）国际债券融资

1. 国际债券融资的概念

国际债券融资是指一国政府及其所属机构、企业、私人公司、银行或国际金融机构等在国际金融市场上发行国际债券进行融资的活动。

2. 国际债券的特点

（1）发行人和投资者分属不同的国家。

国际债券的发行要求有关国家的金融市场对外开放，借款国要允许本国的借款人到国外的债券市场上发行债券，投资国也要允许本国的投资者购买外国发行的债券。

（2）受到有关国家资本市场管制法规、政策的约束。

（3）对发行人的资信要求较高。

国际债券市场的投资者对外国发行人的要求很高，只有资信特别好的借款人才能成功地发行国际债券。发行国际债券不仅可以大大提高发行人的国际声誉，而且可为发行人今后对融资方式和中介机构的选择奠定良好的基础。

3. 国际债券的主要种类

（1）外国债券。

外国债券即一国政府、企业、银行或其他金融机构及国际性组织为发行人，在某一外国的债券市场上，以发行所在国货币为面值发行的债券。外国债券的发行主要由在债券发行地注册的银行和证券公司承销。发行外国债券须经发行地货币当局的批准，接受其管理。投资者必须根据债券市场所在国的法规交纳税金。

一些外国债券在国际债券市场上具有广泛使用的专用名称，如扬基债券（Yankee Bonds）、武士债券（Samurai Bonds）、猛犬债券（Bulldog Bonds）等。

（2）欧洲债券。

欧洲债券即一国政府、企业、银行或其他金融机构及国际性组织为借款人，在国外债券市场上以发行所在国以外的第三国货币为面值发行的债券。欧洲债券主要面向发行地的非居民发行，所筹措的主要是欧洲货币资金即发行地的境外货币资金，因此，对发行当地国的货币资金流动影响不大。

（二）国际股票融资

1. 国际股票融资的概念

国际股票融资是指符合发行条件的公司组织依照规定的程序向境外投资者发行可流转股权证券的国际融资方式。

国际股权融资在性质上不同于国际债券融资，它本质上是股票发行人将公司的资产权益和未来的资产权益以标准化交易方式售给国际投资人的行为。

2. 国际股票融资的特点

（1）国际股票的发行要得到东道国与投资国两国政府的批准。

发行国际股票对国民经济的影响很大，很复杂。因此，各国政府对国际股票的发行制定了更为规范和严密的法律体系。

（2）各国一般对外国股票的发行持慎重态度。

对东道国而言，发行国际股票是利用外资的重要形式，一般乐于采用，却面临本国企业被外国投资者控股的风险。对投资国而言，国际股票投资涉及资本外流，对投资国国内增加就业机会、扩大产品出口等宏观经济目标并无多大益处。

（3）国际股票投资的风险较大。

与国内股票相比，影响国际股票投资的因素更多，发行国和投资国的经济状况对国际股票的发行和交易都有很大影响，加之不同国家之间相距遥远、语言不通、信息流通渠道不畅，信息收集难度较大，因而使投资者面临的风险更大，投资决策的难度也较大。

3. 国际股票的主要类型

根据发行市场和交易市场的国别关系划分为：境内交易外币股票和境外直接上市股票。

（1）境内交易外币股票在中国又简称B股，是以本币为面值，以外币认购、买卖，采取记名股票的形式，在境内证券交易所上市交易的股票。

B股是中国股市的创新，它是在中国股票市场尚未对外开放的条件下，为了吸引外商投资中国股票而专门向外国投资人发行的，其投资人最初仅限于外国投资人，现已扩大到包括本国居民在内的所有外币持有人。除了计价货币、交易清算机制不同外，B股股东与A股股东在股份公司中享有同等的权利并承担同等的义务。

（2）境外直接上市股票是指股份有限公司向境外投资人发行，并直接在境外的证券交易所挂牌上市进行交易的股票。境外上市股票一般采取记名股票的形式，以东道国货币标明面值，以外币认购。

境外上市股票为我国企业的国际融资提供了一条重要渠道。我国境外上市股票主要有H股、N股和S股。H股是一种只供香港及海外投资者以港元认购及买卖，在香港联合证券交易所上市的人民币特种股票；N股以美元认购及买卖，投资者为美国及海外自然人、法人和其他组织，发行后在美国纽约证券交易所上市；S股在新加坡证券交易所上市发行，以新加坡元认购和交易。

三、国际租赁

（一）国际租赁的概念

国际租赁是一国出租人根据与外国承租人订立的租赁合同，以收取一定租金为条件，将机器、设备等设施交给承租人在一定期限内使用的一种融资方式。租赁的设备通常有飞机、汽车、船舶、石油钻机、大型电子计算机、起重机和某些成套设备等。

出租人一般为金融机构，即附属于银行或信托投资公司的租赁公司，也有专业租赁公司或生产制造商自营自己产品的租赁业务。承租人通常为生产或服务企业。

租赁是在信贷基础上进行的。出租人向承租人提供所需设备，承租人则按租赁合同向出租人定期支付租金。设备的所有权属于出租人，承租人取得的是使用权。租赁期一般较长，是一种以融物的形式实现中长期资金融通的贸易方式。

租赁贸易多为三边贸易形式，即有三个当事人：出租人、承租人和供货商。承租人选定所需设备和确定供应商后，由租赁公司进行洽谈购买，一般程序如图8-1所示：

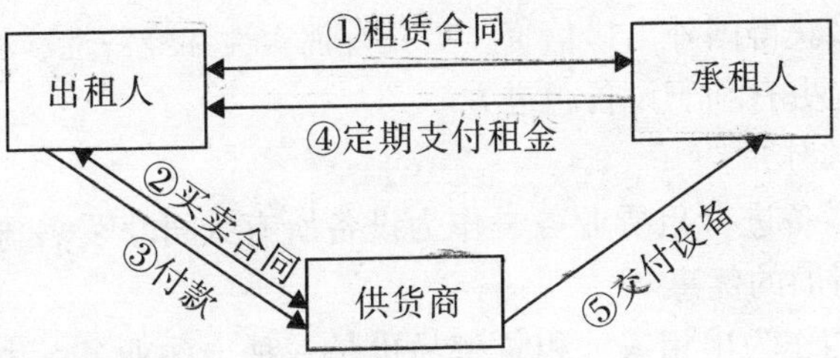

图 8－1

（二）国际租赁的特点

1. 当事人分属不同的国家或地区

国际租赁中出租人、承租人和供货人可分别属于三个不同的国家或地区。

2. 所涉及的合同中至少有一个涉外合同

国际租赁往往涉及两个以上的合同，包括租赁合同、设备供应合同、金融机构的贷款合同等，其中至少有一个为涉外合同。

3. 租赁风险比较大

除了经营风险、信用风险和利率风险等外，国际租赁还包括政治风险和外汇风险。

4. 可享受有关国家减免税优惠

国际租赁一般有减税优惠，但各国税法不同，必须充分掌握各国税法，遵循其规定，才能享受减税优惠。

（三）国际租赁的作用

国际租赁实质上是出租人向承租人提供信贷的一种交易方式。从利用外资、引进设备的角度看，它与一般的中长期信贷和延期付款有相似之处，但对供需双方来说，有其特有的优越性。

1. 对承租人方面的作用

（1）企业利用中长期国际信贷或延期付款的方式购入设备，将记录在企业的资产负债表内。而租赁的设备，则不作为企业的负债记录，不影响企业的举债能力。即使企业能以自有资金购入设备，若改用租赁方式，则可增强流动资金的周转能力，改善企业的资产质量。

（2）承租人支付的租金可列入生产或经营成本，从而降低了企业应税收入的数额。另外，在固定租赁利率时，可以避免发生利率风险。

（3）承租人可按自身需要选择生产厂商和所需设备，确定技术指标。而国际租赁公司作为市场中的大买家，往往拥有优越的谈判地位，能以相对优惠的价格购进设备，从而降低承租人支付的租金。

（4）以租赁方式引进设备，承租人只需和国际租赁公司达成协议，而落实资金和采购设备均由国际租赁公司负责，因此业务环节减少，设备到位所需时间较短，可以节省很多业务费用。

（5）承租人可以分享国际租赁公司所享受的减免税优惠以及所具有的资金运作优势，从而降低租金支出。

（6）承租人所支付的租金，包括设备价款、利息和租赁手续费。租金在租赁期内一般固定不变，而中长期贷款的利率往往是浮动的，有上升的趋势。

（7）国际市场是买方市场。承租人作为用户，具有一定的优势，充分利用这一优势在一定条件下，比起直接获得国外出口信贷，更具有现实性和经济性，比起外商直接投资，在收益分配和经营控制上更有利于设备引进方。

2. 对出租人方面的作用

（1）出租人购买设备进行租赁业务，作为设备所有人可享受各国的投资减税待遇，以及折旧或按政策加速折旧的优惠。

（2）国际金融机构作为出租人，租赁贸易也是一种金融业务，由此扩大了资金投放市场。由于拥有设备所有权和应收租金的承诺，贷款风险较小。

（3）专业国际租赁公司作为出租人，一般只需支付所购设备款项的20%～40%，其余部分则以设备所有权和租金受让权作为抵押，由银行等金融机构提供贷款，但出租人仍享受全部减税利益。

（4）一些大型制造公司往往附设国际租赁公司，通过以租代销，扩大出口贸易业务，特别对于一些售价高，相对陈旧老化的设备，租赁是一种行之有效的促销方式。

（四）国际租赁的一般业务程序

国际租赁是租赁国际化的趋势。以国际融资租赁为例，其基本程序如下：

（1）委托租赁。

用户企业将已选定的租赁物品向已确定的国际租赁公司作出明显的提示，并根据具体的要求，填写租赁委托书。租赁委托书中应包括企业资产负债状况、经营指标和经济效益。如有必要，应表明可以提供的担保。在租赁贸易中，除非承租人自身有足够好的信誉，经国际租赁公司评估后，在一定额度内实现租赁，通常国际租赁公司要求承租人提供经济担保人，比如银行、投资信托公司等出具的保函。

（2）洽购标的物。

由用户企业或国际租赁公司或双方联合，根据拟订的经营和收益目标，与租赁标的物的制造厂或供应商磋商购买标的物的贸易条件，包括租赁时间、形式和所要达到的目标。

（3）签订租赁合同。

当购买标的物的贸易条件双方已商定，国际租赁公司即出具租赁费估计价单。双方然后就租期、租金、租赁标的物的交接验收、维修保养以及保险等条件达成一致，并签署租赁合同。

（4）签订购货合同。

国际租赁公司与制造商双方就事先达成的贸易条件，按要求正式签订购货合同。

（5）交货验收。

制造商按合同规定直接向用户企业交货。在中国的情况是：企业以租赁方式引进设备，其手续等同于一般进口贸易。用户企业验收合格，以承租人身份向国际租赁公司出具验收收据。

（6）支付租金和履行合同义务。

承租人应按合同规定定期支付租金，并履行合同中规定的其他义务。国际租赁公司亦应按合同规定，承担保险和维修责任。在融资租赁中，除特殊情况和在合同已达成的默契，一般由用户自行负责维修。

（7）期满留购。

融资租赁期满后，通常标的物所有权即归承租人所有，但另有协议的除外。租赁合同也可规定由用户支付一定数额的设备残值后，拥有所有权。

任务三　国际间接融资

☞ 知识目标

1. 掌握出口信贷的概念
2. 了解国际货币资金借贷的概念以及种类

☞ 技能目标

1. 熟练操作卖方信贷业务
2. 熟练操作买方信贷业务

☞ 导入案例

据俄罗斯“中国年”中国新闻中心提供的消息，中国进出口银行行长李若谷与俄罗斯外贸银行行长科斯京于2007年3月26日在莫斯科签署了金额为5亿美元的出口买方信贷总协议。

根据该协议，只要有关项目通过中国进出口银行和俄罗斯外贸银行的评审，就可以纳入该协议下，得到相应的融资支持。

中国进出口银行作为国家政策性银行，一直致力于推动中俄两国间的经贸合作，并与俄罗斯外贸银行在促进中俄经贸发展方面建立了良好的合作伙伴关系。

早在2002年，两家银行就签署了总额为1亿美元的出口买方信贷框架协议。自2003年6月首个项目得到支持以来，中国进出口银行已经批准该协议项下的贷款金额超过6 000万美元。此外，俄方还向中国进出口银行提供了总额度超过1亿美元的项目信息。

中国进出口银行负责人表示，与俄罗斯外贸银行再次签署合作协议将有助于改善双边贸易结构，加强双方经济优势互补，推动中俄两国经贸关系深入发展。

资料来源：中国新闻网

◈ 思考题

1. 什么是出口买方信贷？
2. 出口买方信贷的特点是什么？
3. 出口买方信贷在推动中俄两国经贸关系深入发展方面起到了什么样的作用？

间接融资是指通过金融中介机构进行的融资活动。金融中介机构主要通过吸收存款、保险金或信托资金等手段汇集闲置资金，同时又通过发放贷款或购买原始有价证券等方式将其所汇集的资金转移到资金短缺的筹资者手中。间接融资的种类主要包括国际贸易信贷以及国际货币资金借贷。

一、国际贸易信贷

（一）国际贸易信贷概述

国际贸易信贷历史久远，早在13世纪时欧洲国家就已有了对国际贸易的融资活动。今天，各国经济的相互依赖和影响越来越深，国际贸易的重要性日益突出，贸易信贷融资已成为促进国际贸易发展的重要手段。

（二）国际贸易信贷融资的种类

1. 按照融资期限的不同分为短期融资和中长期融资

短期融资主要指的是贷款期限在1年以及1年以下的融资活动。中长期融资主要指的是期限在1年以上的融资活动。国际贸易信贷融资主要以中长期融资形式为主。

2. 按照提供资金的主体不同，分为商业信用和银行信用

3. 按照接受信贷资金对象的不同，分为出口融资和进口融资

出口融资是指以出口商为信贷对象的国际贸易融资。进口融资是指以进口商为信贷对象的国际贸易融资。

（三）国出口信贷的特点和形式

出口信贷（Export Credit）是出口国政府为了支持和扩大本国大型设备的出口，加强本国商品的国际竞争能力，以利息补贴和提供信贷担保的方式，鼓励本国银行向本国出口商或外国进口商（或进口方银行）提供优惠性中长期贷款的一种融资方式。

随着经济自由化和世界经济一体化的发展，各国经济的相互依存度越来越高，国际贸易的重要性日益突出，出口信贷融资已成为促进国际贸易发展的重要手段。

1. 出口信贷的特点

出口信贷具有四个突出特点：

一是与出口贸易相联系。出口信贷必须与贷款国的出口贸易项目相联系，而且通常规定出口资本货物的国产化率必须达到一定的标准。

二是贷款条件优惠。出口信贷通常由出口国的官方金融机构，或获官方利息补贴等财政拨款支持的私人商业银行提供，其贷款条件比金融市场一般贷款条件优惠，贷款利率低于市场利率，利差由出口国政府给予补贴。

三是政府承担风险。由于出口信贷期限长，金额大，信贷银行存在较大的风险。因此，国家一般设有专门机构对出口信贷发放银行提供安全保障措施——信贷保险，如果发生不能收回货款的情况，信贷保险机构就予以补偿。

四是国家设立专门机构管理出口信贷资金。这种国家信贷机构一般在出口信贷金额巨大、商业银行信贷资金不足的情况下，发放出口信贷来支持出口。

2. 出口信贷的形式

出口信贷主要有两种形式：买方信贷和卖方信贷。

（1）卖方信贷（Supplier’ s Credit）是指在大型机械装备与成套设备贸易中，为便于出口商以延期付款方式出口设备，出口方银行向出口商提供的中长期信贷。

出口商从银行获得卖方信贷，除按出口信贷利率支付利息外，还需支付信贷保险费、承担费、管理费等。这些费用均附加于出口设备的货价之中，但每项费用的具体金额进口商不得而知。所以，延期付款的货价一般高于以现汇支付的货价，有时高出3%～4%，有时甚

至高出 8% ~10%。

卖方信贷的一般程序如下：

①进出口商洽谈签订贸易合约；

②出口商向本国银行寻求出口信贷支持；

③进口商在签约后以现汇预付 10% ~15% 的货款，其余款项分期支付；

④出口商收到预付货款后，按贸易合约一次或分次办理出口；

⑤出口方银行向出口商提供贷款支持；

⑥出口商分期偿还贷款本息。

卖方信贷具有自身的优点。出口商获得了贷款支持，可以向进口商提供延期付款的优惠条件，增强了竞争能力；进口商得到了延期付款的便利，解决了其筹集现汇资金支付的困难。其贷款手续比较简单，费用较低。

但是，卖方信贷是以商业信用为基础，出口商和出口方银行要承担较大的风险，出口价格中包含了贷款的利息和费用，计算比较复杂，价格透明度较差，货价较高，不利于谈判成交。

（2）买方信贷（Buyer's Credit）是指在大型机械装备或成套设备贸易中，为扩大本国设备的出口，由出口方银行直接向进口商或进口方银行提供的信贷融资。

买方信贷包括出口方银行贷款给进口商（买方）和进口方银行两种情形。出口方银行贷款给进口方银行后，进口方银行再向进口商（买方）提供信贷，这是一种间接提供出口信贷的买方信贷。直接的买方信贷是指不经过进口方银行，出口方银行直接把银行贷款发放给进口商。

直接的买方信贷的一般程序是：

①进口商与出口商洽谈贸易，签订贸易合同后，进口商缴纳相当于货价 15% 的现汇定金；

②进口商与出口商所在地银行签订贷款协议；

③进口商用其借得的款项，以现汇付款条件向出口商支付贷款；

④进口商对出口商所在地银行的欠款，按贷款协议的条件分期偿付并支付利息。

间接的买方信贷的一般程序是：

①进出口商洽谈签订贸易合约；

②出口商将进口商的情况及有关资料提供给银行，以获得其贷款承诺；

③经进口商提出书面申请并签订正式贷款协议，出口方银行向进口方银行或通过进口方银行担保向进口商提供贷款；

④进口方银行向进口商提供贷款；

⑤进口商在签约后至出口商出口前以现汇预付 15% 的货款，其余款项一次或分期支付；

⑥出口商收到预付货款后，按贸易合约一次或分次办理出口；

⑦进口商分期偿还贷款本息；

⑧进口方银行向出口方银行偿还贷款本息。

买方信贷的优势，对于进口商而言，是获得了一种延期偿还债务的便利，可以在取得产品或服务的同时分期偿还货款；对于出口商而言，在发货或完工后可以即期得到款项，不需要长期负债，从而改善企业的财务状况。

目前，出口买方信贷作为官方支持的出口信贷品种，已被国际上众多的发达国家和发展中国家的出口信用机构所采用，90% 以上的出口信贷是以买方信贷方式提供的。在鼓励本国产品出口、占领和扩大海外市场方面，出口买方信贷有着重要的引导和推进作用。

中国进出口银行是我国外经贸支持体系的重要力量和金融体系的重要组成部分，是我国机电产品、成套设备和高新技术产品出口与对外承包工程及各类境外投资的政策性融资主渠道、外国政府贷款的主要转贷行和中国政府援外优惠贷款的承贷行，为促进我国开放型经济的发展发挥着越来越重要的作用。

中国进出口银行的主要职责是贯彻执行国家产业政策、外经贸政策、金融政策和外交政策，为扩大我国机电产品、成套设备和高新技术产品出口，推动有比较优势的企业开展对外承包工程和境外投资，促进对外关系发展和国际经贸合作，提供政策性金融支持。

二、国际货币资金借贷

（一）国际货币资金借贷的概念

国际货币资金借贷是指不同国家的借款人和贷款人之间按约定的利率、期限等条件进行的资金借贷活动。

（二）国际货币资金借贷的种类

国际货币资金借贷的种类包括国际银行贷款、政府贷款和国际金融机构贷款。

1. 国际银行贷款

国际银行贷款又称国际商业贷款，是指一国借款人在国际金融市场上向外国银行借入的贷款。国际银行贷款的贷款人是国际性商业银行，主要是跨国银行。借款人主要是政府、银行和企业。借款人向国际商业银行借款的原因，通常是资金紧缺或外汇不足。

国际银行贷款按期限可分为短期贷款和中长期贷款两大类。

短期贷款的期限多为1天、7天、1个月至6个月。贷款期限为1天的称为日拆，只借一天，第二天即归还。7天一般称为通知放款，贷款人只需24小时前通知借款人，即可收回贷款。借款人一般只支付利息，没有费用负担。短期贷款的成本主要为利息，没有费用负担。

中长期贷款的期限为1年以上，通常1~5年为中期，5年以上为长期。贷款方式主要为双边贷款和银团贷款。

双边贷款是指独家贷款银行同外国借款人之间的贷款。贷款期限一般为3~5年。双边贷款的借贷双方需签订贷款协议，有时还需借款人所属国家的政府或官方机构担保。如借款人为非银行机构，其担保人一般是银行机构。

银团贷款也称国际辛迪加贷款，是由若干家银行（它们分属不同国家）组成银团，共同向某一国家的借款人提供的贷款。银团贷款可以同某一工程项目联系，也可以没有联系。组成银团的银行可以是几家、十几家甚至几十家。对贷款银行来说，银团贷款的优点是，分散贷款风险，减少同业竞争和贷款客户面较广。对借款人来说，优点则是可以较快地筹措到独家银行无法提供的、数额庞大的长期资金。

2. 政府贷款

政府贷款（Government Loan）是指一国政府利用其国库资金向另一国政府提供的优惠性贷款。

政府贷款优惠性主要体现在期限长（可达20~30年，且还有5~10年的宽限期）、利率低（一般只有3%左右，有时还是无息贷款）。但由于政府贷款一般都是从贷款国的财政资金中拨出，受该国财政预算状况的约束，因而贷款金额不大，而且贷款往往指定用途，规定采购限制，或附加其他限制条件。

提供政府贷款的国家通常是经济发达国家，借款国主要是经济欠发达且资金比较紧缺的发展中国家。政府贷款的提供往往要考虑借款国是否与贷款国关系密切或者友好，能否促进贷款国商品与资本输出，或者能否向贷款国提供重要资源。除了经济因素外，政府贷款有时也会出于政治的需要而提供。因此，政府贷款的政治性较强。

3. 国际金融机构贷款

国际金融机构贷款是指国际金融机构向一国政府或政府担保的项目提供的贷款。国际金融机构的贷款比较常见的有：国际货币基金组织（IMF）贷款、世界银行贷款。

项目小结

国际融资（International Financing）是指各国或地区的资金需求者通过各种途径在国际上向资金供应者进行资金融通，以调剂资金余缺的经济活动。国际融资对经济的影响是把“双刃剑”，既有积极作用，同时又会有消极影响，利用得好可以促进对外贸易或国内经济的发展，利用不好则会影响一国经济、金融的稳定，从而对其经济贸易带来负面影响。国际融资包括直接融资和间接融资，直接融资的主要形式有：国际项目融资、国际证券融资和国际租赁。间接融资的种类主要包括：国际贸易信贷以及国际货币资金借贷。

基本概念

国际融资　国际直接融资　国际间接融资　国际项目融资　国际租赁　国际证券融资
出口信贷　卖方信贷　买方信贷

项目练习与实训

知识练习：

一、单项选择题

1. 下列属于国际租赁的特征是（　　）。

A. 一项国际租赁交易至少同时涉及两方当事人——出租人和承租人

B. 承租人可以提前中止合同

C. 设备的所有权与使用权长期分离

D. 设备的维护、保养等费用由出租人负担

2. 中国银行在新加坡发行以美元为面额的债券是（　　）。

A. 外国债券　B. 欧洲债券　C. 扬基债券　D. 武士债券

二、填空题

1. 直接融资包括________、________与________。

2. 出口信贷的种类主要有________、________。

3. B、O、T 三个英文字母的中文含义分别是________、________与________。

三、简答题

1. 什么是出口信贷？出口信贷主要有哪些类型？

2. 请简述间接买方信贷的业务程序。

职业拓展实训：

案例分析一：　　　　　　**2008 年奥运主场馆——鸟巢的项目融资**

北京是以 BOT 的方式建设奥运场馆的。最早启动的国家体育场项目被确定由中信集团联合体中标。这个投资达 35 亿元的鸟巢形建筑，由中信集团联合体负责其设计、投融资、建设、运营及移交，项目公司提供体育场项目总投资的 42%，其余 58% 由北京市政府出资，前者将获得 2008 年奥运会后 30 年的国家体育场经营权。这种 BOT 方式被沿用于其他场馆建设之中。其中，北京城建投资发展有限公司在公开招标的 7 个项目中，中了 3 个标。不过，中标的几乎都是国有或国有控股企业，原因是我国的民营企业还不够强大。

请结合上述信息，思考并分组讨论以下问题：

1. BOT 的一般业务程序是什么？
2. 鸟巢的建设利用 BOT 的好处在哪里？

案例分析二：　　　　　　　　　　**中国的飞机租赁**

在全球营运的 1.2 万架商用飞机中，租赁的飞机大约有 2 880 架。在飞机租赁市场上，我国自 20 世纪 80 年代通过租赁方式引进第一架 B747SP 飞机以来，目前全国航空公司的 800 余架飞机中，有 60% 以上是靠租赁引进的，比如南航的飞机，就是三分之一依靠购买，三分之一是经营性租赁，三分之一是融资租赁。

中国飞机租赁市场近 9 成被外资租赁公司垄断。通用电气金融航空服务部（GECAS）、美国国际集团（AIG）旗下的租赁机构国际金融租赁公司（ILFC）、美国波音公司等国际巨头将中国飞机租赁市场瓜分殆尽。

GE 曾有一个统计数据，GE 有 100 多架飞机租赁给了中国。目前，中国民航飞机总数达到 863 架，其中 60% ~ 80% 是采用租赁方式通过国外租赁企业引进，总租金约为 300 亿美元。每年支付的租金达 30 亿美元左右。

我国以租赁方式从国外引进的大型民用飞机，其租期基本上为 12 年，租期期满时，留有大约成本价 30% 的残值（尾款），可以续租、留购或退租。目前到期或接近到期的飞机有 100 多架。除了按年出租以外，也有按月出租的，一架波音 757 的月租费在 24.2 万美元上下。

请结合上述信息，思考并分组讨论以下问题：

1. 国际租赁的特点在哪里？
2. 我国以租赁方式从国外引进的大型民用飞机，其优势在哪里，又有哪些不足？

项目九　国际结算

任务一　国际结算工具

☞ 知识目标

1. 了解和掌握票据的基本含义、票据特性和票据种类。
2. 了解票据行为和各种票据间的联系与区别。

☞ 技能目标

能根据所给资料制作国际票据

☞ 导入案例

[案情] A 银行向 B 银行开出不可撤销信用证，受益人交单后 B 银行通过快递将单据寄交给 A 银行，A 银行审单后发现下述不符点，遂对外拒付。汇票上小写金额为 USD905 000.00，大写金额为 HONG KONG DOLLARS NINE HUNDRED AND FIVE THOUSAND ONLY，金额不一致。收到 A 银行的拒付电后，B 银行认为所述不符点仅是打字手误，非实质性不符点。

[分析] 1930 年 6 月 7 日日内瓦《统一汇票票法公约》第二章第一节第 6 条规定："汇票金额同时以文字及数字记载者，两者有差异时，文字记载之数额为付款数额。""汇票金额以文字或数字记载在一次以上，而先后有不符时，其较小数额为付款数额。"《国际汇票和国际本票公约（草案）》第二章第二节第 7 条（1）款规定："票据上以文字表明的金额与以数码表明的金额不符时，应以文字金额为准。"英国《1882 年票据法》第二章第一节第 9 条（2）款规定："票面所列数额，如用文字及数字并书时，若两者有不符时，应以文字金额为准。"本案例中，汇票票面金额同时以文字及数字记载，文字金额即大写金额为 HONG KONG DOLLARS NINE HUNDRED AND FIVE THOUSAND ONLY，数字金额即小写金额为 USD 905 000.00，两者不一致，根据上述规定，开证行只能按文字金额即大写金额照付。

[启示] 实际票据操作业务中，须严格按照大小写金额一致的原则处理票据事务。消除侥幸心理，避免不必要的麻烦。倘收受的票据确遇大小写金额不一致，则票据事务的处理应严格按照票据法执行。

资料来源：中国贸易金融网

一、票据的含义及特征

（一）票据的含义

广义的票据（Bills）是指所有商业上作为权利凭证的单据（Document of Title）和资金票据（Financial Document）。

狭义的票据是指资金票据，即依据票据法签发和流通的，以无条件支付一定金额为目的的有价证券，包括汇票、本票和支票。本书所讲的票据是指狭义的票据。

（二）票据的特征

1. 流通性（Negotiability）

可以流通转让是票据的基本共性。各国票据法都规定票据仅凭交付或经适当背书后交付给受让人即可合法完成转让手续，不需通知票据上的债务人。一张票据，尽管经过多次转让，几易其主，但最后的持票人仍有权要求票据上的债务人向其清偿，票据债务人不得以没有接到转让通知为理由拒绝清偿。

2. 无因性（Non－causative Nature）

票据受让人无须调查出票、转让原因，只要票据记载合格，他就能取得票据文义载明的权利，即票据本身与其基础关系相分离。所谓票据的基础关系包括出票人与付款人之间的权利义务关系和出票人与收款人、背书人与被背书人之间的对价关系。各国票据法都认为，票据上的权利义务关系一经成立，即与原因关系相脱离，不论其原因关系是否有效、是否存在，都不影响票据的效力。票据的无因性使票据得以流通。

3. 要式性（Requisite in Form）

所谓要式是指票据的做成必须符合法定的形式要求。票据上面记载的必要项目必须齐全，各项必要项目又必须符合规定，否则就不能产生票据的效力。各国法律对于票据所必须具备的形式条件都作了具体的规定，当事人不能随意加以变更。

4. 提示性（Presentment）

票据上的债权人请求债务人履行票据义务时，必须向付款人提示票据，才能请求付给票款。如果持票人不提示票据，付款人就没有履行付款的义务。因此，票据法规定了票据的提示期限，超过期限则丧失票据权利。

5. 返还性（Returnability）

票据的持票人领到支付的票款时，应将签收的票据交还给付款人，从而结束票据的流通。

二、汇票

（一）汇票的定义

根据《英国票据法》规定，汇票（Bills of Exchange or Draft）是一人向另一人签发的，要求即期或定期或在可以确定的将来的时间，对某人或其指定人或持票人支付一定金额的无条件的书面支付命令。

我国票据法规定，汇票是出票人签发的，委托付款人在见票时或者在指定的日期无条件支付确定的金额给收款人或者持票人的票据。

（二）汇票的必备项目

①“汇票”字样，如 Bill of Exghange，Exchange，Draft 等；

②无条件支付的命令（Pay to）；

③出票地点和日期；

④付款期限（Time of Payment），又称付款到期日（Tenor）；

⑤一定金额的货币，金额大小写应一致；

⑥付款人姓名（Drawee）和付款地点（Place of Payment）；

⑦收款人（Payee）或其指定人，通常称为“抬头”，是汇票第一次的债权人；

⑧出票人签名（Signature of Drawer）。

BILL OF EXCHANG
①

June 20，2011，CHENGDU
③

Exchange for USD 11 000. 00
⑤

At 90 days after sight of this First of Exchange（Second of the same tenor and date unpaid）.
④

Pay tothe Order of BANK OF CHINAthe sum of US DOLLARS ELEVEN THOUSAND ONLY
② ⑦ ⑤

Drawn under ISSUING BANK：UNION BANK OF CALIFORNIA

L/C NO：306M062682 DATE OF ISSUE：FEB，25，1999

To：UNION BANK OF CALIFORNIA，N. A.
⑥

MONTEREY PARK，CA
⑧
（Signature）

（三）汇票行为

汇票行为是围绕汇票所发生的、以确立一定权利义务关系为目的的行为。汇票行为包括：

（1）出票（Issue）。

出票是指出票人签发票据并将汇票交给收款人的票据行为。汇票的出票行为是各项票据行为的开端，是基本的汇票行为。相对地，其余的汇票行为则称为附属汇票行为。

（2）背书（Endorsement）。

背书是指持票人在汇票的背面签名和记载有关事项，并把汇票交付被背书人的行为。

背书的动作有二：写成背书和交付。经过背书，汇票的权利即由背书人转给被背书人。

（3）提示（Presentation）。

持票人将汇票提交给付款人要求其承兑或付款的行为叫做提示。即期汇票只需提示一次，即提示付款；远期付款有两次提示，即提示承兑和提示付款。

（4）承兑（Acceptance）。

承兑是指远期汇票的付款人明确表示同意按出票人的指示，于票据到期日付款给持票人的行为。承兑也包括两个动作：写成“承兑”字样外加签字并交付。承兑有普通承兑和限制承兑。

（5）付款（Payment）。

票据的最终目的是凭以付款。即期汇票提示日为付款到期日，见票后若干天内付款的远期汇票从承兑日推算到日期。

（6）退票（Dishonour）。

承兑提示时遭到拒绝承兑，或付款提示时遭到拒绝付款，都称退票或拒付。

（7）退票通知（Notice of Dishonour）。

退票通知的目的是要汇票债务人及早知道拒付，以便做好准备。

（8）拒绝证书（Protest）。

拒绝证书是由拒付地点的法定公证人作出证明拒付事实的文件。

《英国票据法》规定：外国汇票遇到付款人退票时持票人须在退票后一个营业日内做成拒绝证书。

（9）追索权（Right of Recourse）。

追索权指汇票遭到拒付，持票人对其前手背书人或出票人有请求其偿还汇票金额及费用的权利。

（10）参加承兑（Acceptance for Honour）。

参加承兑指汇票遭到拒绝承兑而退票时，非汇票债务人在征得持票人的同意下，加入到已遭拒绝承兑的汇票的承兑中去的一种附属票据行为。

（11）参加付款（Payment for Honour）。

含义同参加承兑。

（12）保证（Guarantee）。

保证是指非票据债务人对于出票、背书、承兑、付款等所发生的债务予以偿付担保的票据行为。保证人所负的票据上的责任与被保证人相同。保证使汇票的付款信誉增加，便于其流通。

三、本票

1. 含义

本票（Promissory Note）是一人向另一人签发的，承诺即期或在可以确定的将来时间无条件支付确定金额给收款人或者持票人的票据。

2. 签发本票的条件

①出票人必须具有可靠资金来源；

②出票人必须保证支付本票票款。

3. 本票的必要项目

①“本票”字样；

②无条件支付的承诺；

③确定的金额；

④收款人名称；

⑤出票日期；

⑥出票人签章。

4. 本票的行为

有出票、背书、保证、付款和追索等票据行为，其做法和规定与汇票基本相似。但在追索权的行使方面应注意本票的出票人必须保证付款，所以有关汇票拒绝承兑的一切情形不适用本票；本票在到期前不能进行追索。

四、支票

1. 含义

支票（Cheque）是一人向另一人签发的，委托其开户的银行在见票时无条件支付确定的金额给收款人或者持票人的票据。

2. 支票的必要项目

①“支票”字样；

②无条件支付的命令；

③确定的金额；

④收款人名称；

⑤出票日期；

⑥出票人签章。

五、汇票、本票、支票的异同

	汇 票	本 票	支 票
1. 性质	书面债据，载明一定金额，持票人可向出票人或指定付款人支取款项的凭证		
2. 作用	支付手段、流通手段、融资工具		
3. 无条件性	一人向另一人签发的要求后者付款给第三者的无条件支付命令	一人向另一人签发的，约定自己付款给后者的无条件的支付承诺	银行存款户对银行签发的，付给第三人或本人的无条件支付命令
4. 基本当事人	出票人、付款人、收款人	出票人（付款人）、收款人	出票人、付款人、收款人
5. 主债务人	远期汇票 承兑前：出票人 承兑后：承兑人	出票人	出票人，银行客户
6. 债权人	持票人（收款人、被背书人）		
7. 期限	即期、远期	即期、远期	见索即付
8. 张数	Sola or a set of	Sola	Sola
9. 持票人 的权利	要求有关当事方付款的权利及行使追索的权利		

任务二　国际结算方式

☞ 知识目标

1. 了解国际结算方式的含义和种类
2. 掌握各种结算方式的业务流程
3. 熟悉各种结算方式的特点及其运用

☞ 技能目标

1. 根据国际贸易实际情况选择合适的结算方式
2. 能熟练操作各种国际结算业务

☞ 导入案例

[案情] 某年某月，我国某地外贸公司与香港某商社首次达成一宗交易，规定以即期不可撤销信用证方式付款。成交后港商将货物转售给了加拿大一客商，故贸易合同规定由中方直接将货物装运至加拿大。但由于进口商借故拖延，经我方几番催促，最终于约定装运期前4天才收到港方开来的信用证，且信用证条款多处与合同不符。若不修改信用证，则我方不能安全收汇，但是由于去往加拿大收货地的航线每月只有一班船，若赶不上此次船期，出运货物的时间和收汇时间都将耽误。在中方坚持不修改信用证不能装船的情况下，港商提出使用电汇方式把货款汇过来。中方同意在收到对方汇款传真后再发货。我方第二天就收到了对方发来的汇款凭证传真件，经银行审核签证无误。同时由于我方港口及运输部门多次催促装箱装船，外贸公司有关人员认为货款既已汇出，就不必等款到再发货了，于是及时发运了货物并向港商发了装船电文。发货后一个月仍未见款项汇到，经财务人员查询才知，港商不过是在银行买了一张有银行签字的汇票传真给我方以作为汇款的凭证，但收到发货电文之后，便把本应寄给我外贸公司的汇票退回给了银行，撤销了这笔汇款。港商的欺诈行为致使我方损失惨重。

[分析] 本案中，尽管出口商接受汇款结算是迫不得已，但种种行为迹象表明进口商存在着欺诈的意图，出口商对此应当高度警惕。预付货款本来是对卖方有利的结算方式。但卖方必须注意应在买卖合同中约定选取何种汇付方式并明确汇款到达的时限，注意须与交货期衔接。如使用票汇，应待收妥票据款项后方可发货，至少是要收到有效的银行即期汇票之后才发货。防止由于伪造票据或其他原因而蒙受汇款不到的损失。

[启示] 在国际贸易中，如果贸易双方是初次交易，对对方的资信状况不尽了解，一般不应使用商业信用，且货物与款项交接风险负担不平衡的汇款方式来结算货款。如果决定使用汇款结算方式，必须作好相应的防范，避免钱货两空。

资料来源：中国贸易金融网

一、汇款

（一）汇款的含义

汇款（Remittance）是指某一银行（汇出行）应其客户的委托，将一定货币额转移至其海外分行或代理行（解付行），指示其付款给某一指定人或公司（收款人或受益人）的结算方式。

（二）汇款的当事人（Parties）

1．汇款人

汇款人（Remitter）指的是委托银行办理汇款的人。汇款人在委托银行办理汇款时，应出具汇款申请书并签字盖章，银行即可凭此办理汇款业务。

2．收款人或受益人

收款人或受益人（Payee or Beneficiary）指的是接受汇款的人。收款人凭电汇或信汇通知书向汇入行领取款项。

3．汇出银行

汇出银行又称汇款行（Remitting Bank），指的是受汇款人委托汇出款项的银行。汇出行根据汇款人出具的汇款申请书办理汇款业务，它有义务按汇款人的委托指示发出付款委托书，通过其代理银行（汇入行）解付汇款。汇出行所办理的汇款业务叫做“汇出汇款”（Outward Remittance）。

4．汇入银行

汇入银行或称解付行（Paying Bank），是指受汇出行委托解付汇款的银行。它是汇款业务的主要当事人之一。汇入行按照汇出行发生的付款委托书承担向收款人解付汇款的义务。解付行所办理的汇款业务叫做“汇入汇款”（Inword Remittance）。

（三）汇款结算方式的种类

1．信汇

信汇（Mail Transfer，简称 M/T）是进口人（即债务人或称汇款人）将汇款及手续费交付给汇款地的一家银行（汇出行），委托该银行利用信件通知收款人所在地的银行（汇入行），将货款付给出口人（即债权人或称收款人）的一种汇付方法。这种汇付方法，需要一个地区间的邮程的时间，一般航邮为 7 ~ 15 天，视地区远近而异，如用快递（Express）可以加速 3 ~ 5 天。

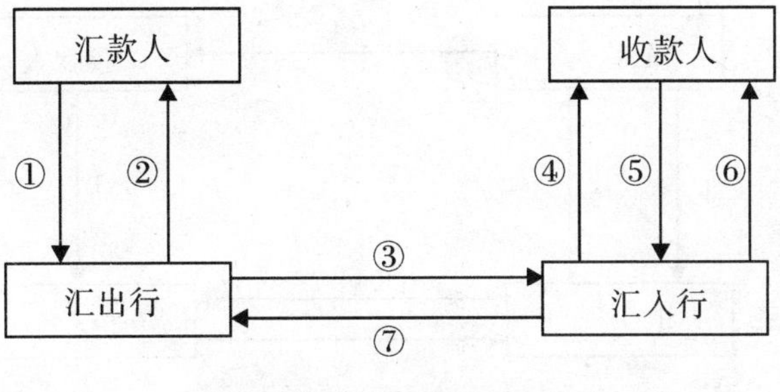

信汇结算业务流程图（M/T）

①汇款人填写信汇汇款申请书，交款付费给汇出行。

②汇款人取回电汇回执。

③汇出行制作信汇委托书或支付委托书经过两人双签，邮寄汇入行。

④汇入行收到信汇委托书或支付委托书，核对签字无误后，将信汇委托书的第二联及第三、四联收据正副本一并通知收款人。

⑤收款人凭收据取款。

⑥汇入行借记汇出行账户，取出头寸，解付汇款给收款人。

⑦汇入行将借记付讫通知书寄给汇出行，通知它汇款解付完毕。

2. 电汇

电汇（Telegraphic Transfer，简称 T/T）是汇款人将一定金额的汇款及汇付手续费付给当地一家银行（汇出行），要求该银行用电传或电报通知其国外收款人所在地的分支行或代理行（汇入行）将汇款付给受款人。

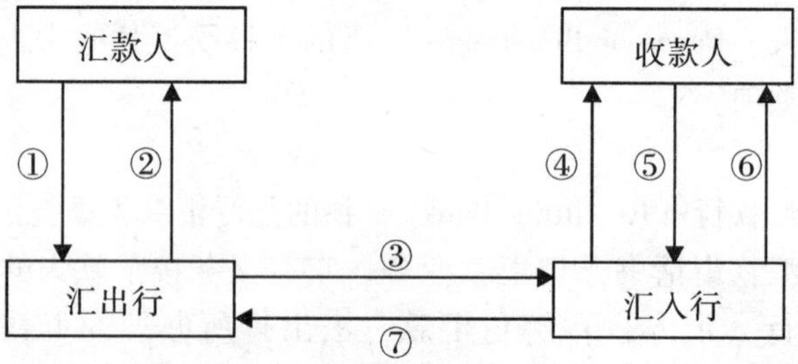

电汇结算业务流程图（D/D）

①汇款人填写电汇汇款申请书，交款付费给汇出行。

②汇款人取回电汇回执。

③汇出行发出加押电报给汇入行，委托汇入行解付汇款给收款人。

④汇入行收到电报，核对密押无误后，缮制电汇通知书，通知收款人收款。

⑤收款人收到通知书后，在收款联上盖章，交汇入行。

⑥汇入行借记汇出行账户，取出头寸，解付汇款给收款人。

⑦汇入行将借记付讫通知书寄给汇出行，通知它汇款解付完毕。

3. 票汇

票汇（Demand Draft，简称 D/D）是汇款人向其当地银行（汇出行）购买银行即期汇票，并直接寄给收款人，收款人收到该汇票即可凭此到指定的付款银行取款。

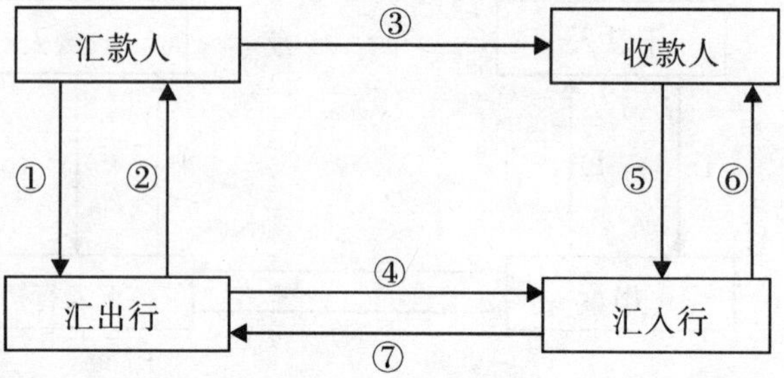

票汇结算业务流程图（D/D）

①汇款人填写票汇汇款申请书，交款付费给汇出行。

②汇出行开立一张以汇入行为付款人的银行即期汇票交给汇款人。

③汇款人将汇票寄给收款人。

④汇出行将汇票通知书寄汇入行。

⑤收款人提示银行即期汇票给汇入行要求付款。

⑥汇入行借记汇出行账户，取出头寸，解付汇款给收款人。

⑦汇入行将借记付讫通知书寄给汇出行，通知它汇款解付完毕。

4. 三种汇付方式的异同及其运用

（1）共同点：汇款人在委托汇出行办理汇款时，均要出具汇款申请书，这就形成汇款人和汇出行之间的一种契约。三者的传送方向与资金流向相同，均属顺汇。

（2）不同点：电汇是以电报或电传作为结算工具；信汇是以信汇委托书或支付委托书作为结算工具；票汇是以银行即期汇票作为结算工具。票汇与电汇、信汇的不同在于票汇的汇入行无须通知收款人取款，而由收款人持票登门取款，汇票除有限制转让和流通外，经受款人背书，可以转让流通，而电汇、信汇委托书则不能转让流通。

（3）运用：电汇是收款较快、费用较高的一种汇款方式，汇款人必须负担电报费用，所以通常金额较大或有急用的汇款使用电汇方式。信汇、票汇都不需发电，以邮递方式传送，所以费用较电汇低廉，但因邮递关系，收款时间较晚。票汇与信汇一样，由于通过航邮汇票或自带出国，周期长，收费较低。票汇具有取款灵活、可代替现金流通、收款人方便、银行手续简单等特点。但是汇票是一张独立的票据，可以通过背书流通转让，其遗失或被窃，需要挂失止付。因此，一些金额较小，收款时间不急的汇款可使用票汇。

（四）汇款的特点

1. 风险大

预付货款或货到付款依据的都是商业信用。对于预付货款的买方及货到付款的卖方来说，一旦付了款或发了货就失去了制约对方的手段，他们能否收货或收款，完全依赖于对方的信用，如果对方信用不好，很可能钱货两空，因而汇款只在国际贸易结算的一些特殊场合和情况下使用。

2. 资金负担不平衡

对于预付货款的买方及货到付款的卖方来说，资金负担较重，整个交易过程中需要的资金，几乎全部由他们来提供。对于出口商来说，货到付款弄不好还会出现钱货两空的情况。

3. 手续简便，费用少

汇款支付方式的手续是最简单的，就像一笔没有相对给付的非贸易业务，银行的手续费也最少，只有一笔数额很少的汇款手续费。因此在交易双方相互信任的情况下，或者在跨国公司的不同子公司之间，用汇款支付方式是最理想的。所以，汇款方式尽管有不足之处，但在国际贸易结算中还是时有运用。

二、托收

（一）托收的含义

托收（Collection）是出口方在货物装运后，开具以进口方为付款人的汇票（随附或不随附货运单据），委托出口地银行通过它在进口地的分行或代理行代出口人收取货款的一种结算方式。托收属于商业信用，采用的是逆汇法。

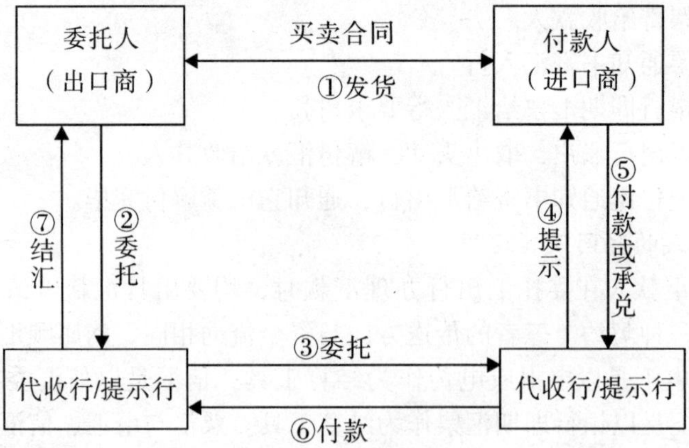

托收业务流程图

（二）托收的当事人

1．出票人

出票人（Drawer）也称委托人（Consignor），是开立汇票委托银行向国外付款方收款的人。

2．托收行

托收行（Remitting Bank）又称出口方银行（Exporter's Bank），是接受委托人的委托，代向付款方收款的银行。

3．代收行

代收行（Collecting Bank）又称进口方银行（Importer's Bank），是接受托收行的委托，代向付款方收款的银行。

4．付款人

付款人（Drawee）是汇票指定的付款方。

（三）托收的种类

1．光票托收

光票托收（Clean Bill For Collection）是指卖方仅开立汇票而不附带任何货运单据，委托银行收取款项的一种托收结算方式。光票托收一般用于收取货款尾数、代垫费、佣金、样品费、寄售费或其他贸易从属费用。

2．跟单托收

跟单托收（Documentary Bills For Collection）是由卖方开立跟单汇票（即汇票连同一整套货运单据一起）交给银行，委托银行代收货款。其中也有以发票代替汇票，连同货运单据一起交银行托收，以避免进口方印花税的负担。

跟单托收按其货运单据的货款交付是否同时进行，又可分为两种交单方式：

（1）付款交单（Documents Against Payment，简称 D/P），是指代收行必须在进口商付清票款后，才能将货运单据交给进口商的一种交单方式。

（2）承兑交单（Documents Against Acceptance，简称 D/A），是指代收行在付款人承兑远期汇票后，把货运单据交给付款人；汇票到期时，由付款人履行付款义务的一种交单方式。

（四）托收的特点

1. 托收属于商业信用

银行办理托收业务时，既没有检查货运单据正确与否或是否完整的义务，也没有承担付款人必须付款的责任。托收虽然是通过银行办理，但银行只是作为出口人的受托人行事，并没有承担付款的责任，进口人是否付款与银行无关。出口人向进口人收取货款靠的仍是进口人的商业信用。如果遭到进口人拒绝付款，除非另外有规定，银行没有代管货物的义务，出口人仍然应该关心货物的安全，直到对方付清货款为止。

2. 托收对进口人比较有利，手续简单，费用较低

按托收的结算方式，进口商可以免去开证的手续以及预付押金，还有可以预借货物的便利。当然托收对进口人也不是没有一点风险。如进口人付款后才取得货运单据，领取货物，如果发现货物与合同规定不符，或者根本就是假的，也会因此而蒙受损失，但总的来说，托收对进口人比较有利。

3. 相对来说，对出口商较为不利

出口商能否按期收回货款，完全取决于进口商的资信。如果进口商因商情变化而拒不付款或者拒不承兑，或者承兑后拒不付款，或者故意拖延付款，出口商就有可能迟收货款甚至收不到货款。遇到这种情况，托收银行和代收银行是没有责任的，这也就是人们通常所说的“商业信用”。托收对出口人的风险较大，D/A 比 D/P 的风险更大，跟单托收方式是出口人先发货，后收取货款，因此对出口人来说风险较大。进口人付款靠的是他的商业信誉，如果进口人破产倒闭，丧失付款能力，或货物发运后进口地货物价格下跌，进口人借故拒不付款，或进口人事先没有领到进口许可证，或没有申请到外汇，被禁止进口或无力支付外汇等，出口人不但无法按时收回货款，还可能造成货款两空的损失。如果货物已经到达进口地，进口人借故不付款，出口人还要承担货物在目的地的提货、存仓、保险费用和可能变质、短量、短重的风险，如果货物转售他地，会产生数量与价格上的损失，如果货物转售不出去，出口人就要承担货物运回本国的费用以及承担可能因为存储时间过长被当地政府贱卖的损失等。虽然，上述出口人有权向进口人索赔，但在实践中，在进口人已经破产或逃之夭夭的情况下，出口人即使可以追回一些赔偿，也难以弥补全部损失。尽管如此，在当今国际市场出口竞争日益激烈的情况下，出口人为了推销商品占领市场，有时也不得不采用托收方式。如果对方进口人信誉较好，出口人在国外又有自己的办事机构，则风险相对小一些。

（五）托收结算方式风险防范

1. 出口商对风险的防范

（1）了解进口商的资信和进口国的管制情况以及银行对托收的习惯做法。

首先，出口商交易前必须选择好可靠的交易伙伴，对不同进口人按其具体情况确定不同的授信额度，并根据情况的变化，及时调整授信额度。此外，出口商在出口实务操作中，还应重视在日常业务往来中了解和考察客户。对进行过交易的主要客户应建立信用档案，以期据以评估客户的资信。

其次，熟悉进口国的贸易管制和外汇管制条例，避免货到目的地后，由于收不到外汇或不准进口甚至可能被没收处罚而造成损失的风险。应力争由外商预付部分货款或者一定金额的押金，这样既可减少风险，也可达到约束对方的目的。

最后，了解进口国的商业惯例和海关及卫生当局的各种有关规定，以免违反进口地的习惯或规定，影响安全迅速收汇，甚至使货物遭没收、罚款或销毁。

（2）选择合适的贸易术语。

尽量选用 CIF 或 CIP 贸易术语。首先，在 CIF 条件下，由于由出口商安排货物的运输，指定运输公司，买方与船方或货运代理勾结的可能性较小；其次，因为 CIF 价格条件是由出口商投保并掌握保险单据，这样货物运输途中一旦发生损失，出口商可利用索赔权从保险公司获得货款赔偿。如果报价用了 FOB（离岸价）或 CFR（成本加运费）价格条件，则由进口商来办理货物保险，那么出口商掌握的货物权益将是不完整的。

（3）委托“需要时的代理”。

在托收出口业务中，卖方须关心货物的安全，直到对方付清货款为止。当买方拒绝赎单付款时，必须尽快委托目的港方面的代理人、客户或代收行代为提货、存仓、保管或处理货物，对易腐变质的货物尤需如此。出口商可预先在委托书中指定代收行作为“需要时的代理”，即在托收委托书中除了列明付款人及其相关人的名称和地址、交单条件、拒付证书以及利息与费用处理等内容外，还提请代收行对拒付后的货物的处理作出适当的安排，以便拒付发生后，及时将货物存仓或妥善处理。

（4）投保相关保险，防范和转移风险。

卖方利益险（Contingecy Insruance Cause—Cover Seller's Interest Only）是中国人民保险公司设立的一种特殊险别。它可以单独投保，负责赔偿保险货物遭受保险单载明的承保险别的条款责任范围内的卖方损失。但该险别仅在买方不付款赎单而且货物也在运输途中发生损失时才予赔偿。投保这种险别，主要是为了在以上贸易条件下，货物一旦在运输途中受损而进口商又不付款赎单时，出口商不致遭受太大损失而采取的保护措施。

出口信用保险（ Export Credit Insurance），又称出口保险。这种保险是一国政府为鼓励和扩大出口而以财政资金作后盾，由专门保险机构向出口商提供的保证其收汇安全的一种政策性风险保障制度。凡是以信用证、托收和赊销作为结算方式的出口合同，出口方均可投保此项保险。

2. 进口商对风险的防范

在托收业务中进口商面临的风险主要是指付款交单 D/P 项下进口商凭单提取货物的风险。为防范出口商以虚假单据或发运残次货物的形式蒙骗进口商货款，进口商可以规定出口商必须提交商品质量检验证书，而且这些证书须由进口商在出口地的提交人或派出机构签发或由出口地的公证检验机构签发或由出口地的国际公认的权威检验机构签发，如瑞士的 SGS 检验机构等。只有这样，才能有效地避免来自出口商的信用欺诈，有利于进口商安全收货。

3. 代收行对风险的防范

代收行面临的风险主要是由于对进口商给予融资所造成的。代收行可采取以下措施：

（1）加强对进口商的资信调查。

由于信息非对称的因素存在，代收行在对进口商融资时，同样面临进口商的道德风险问题。对资信欠佳或不了解的进口商，代收行不可以凭进口商提交的信托收据而给予融资，也不可以接受其要求而修改原有的远期交单付款条件。

（2）代收行提供融资时，应要求进口商提供第三方出具的担保。

在进口商凭 T/R 借单融资时，尽管信托收据中已注明进口商所提取货物的所有权以及出售这些货物的所得收入依然归代收行所有，但代收行应要求进口商在提交信托收据的同时，还应提交第三方出具的担保，以备日后进口商无力支付时还可由担保人承担还款，从而避免因进口商无力还款而造成的风险。

（3）代收行融资时，应要求进口商提供一定数量的资金作保证。

在"远期 D/P，即期付款"的条件下，由于代收行预先将资金支付给了出口商，而且是代替进口商事先垫付的，因此，代收行在以上述条件向进口商交付单据时，应要求进口商预先支付一定比例的资金，当作押金。这样，可在一定程度上降低代收行承担的进口商日后拒付的风险。此外，代收行只有在充分了解进口商资信达到信息基本对称的前提下，才可以允许使用"远期 D/P，即期付款"方式对进口商融资。

三、信用证结算方式

（一）信用证结算方式的含义与特点

1. 信用证的含义

信用证（Letter of Credit）是由进口方的开证行，根据进口商的申请，向出口商开出的，授权出口商按照信用证规定的条款，签发以该银行或进口商为付款人的汇票，并保证在交来符合信用证条款规定的汇票和单据时，该行必定承兑或付款的保证文件。

2. 信用证的特点

（1）开证行负有第一性的付款责任。

信用证结算方式是以银行信用为基础的，开证行以自己的信用作出付款保证，开证行是第一性付款人。出口商（一般即信用证的受益人）可凭信用证，及符合信用证条款的单据，向开证行凭单取款，而无须先找进口商（一般即信用证的开证申请人）。开证行的付款不是以进口商的付款作为前提条件。

（2）信用证是一项自足文件。

虽然信用证的开立是以买卖合同为基础的，买卖双方要受买卖合同的约束，但是信用证一经开出，在信用证业务处理过程中，各方当事人的责任与权利都必须以信用证为准，信用证是一项与买卖合同分离的独立文件。

（3）信用证是一项单据业务。

在信用证方式下，银行凭相符单据付款，而非凭与单据有关的货物、服务或其他行为。受益人要保证收款，就一定要提供与信用证条款相符的单据，开证行拒付，也必须以单据上的不符点为由，因此信用证结算方式是一项单据业务。

（二）信用证的业务流程

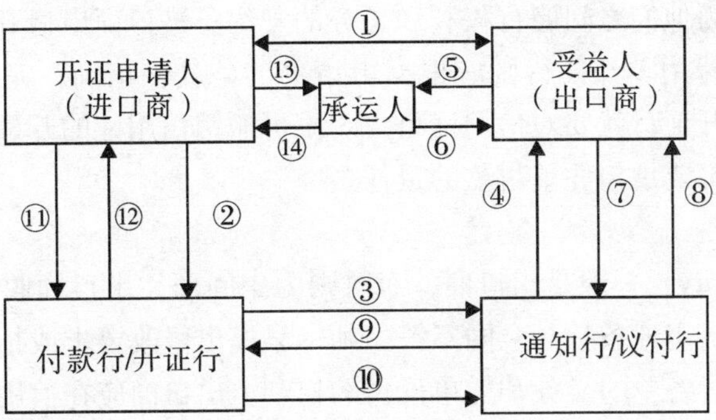

信用证业务流程图

①买卖双方经过磋商，约定以信用证方式进行结算。

②进口方向开证行递交开证申请书，约定信用证内容，并支付押金或提供保证人。

③开证行接受开证申请书后，根据申请开立信用证，正本寄给通知行，指示其转递或通知出口方。

④由通知行转递信用证或通知出口方信用证已到。通知行在开证行要求或授权下对信用证加以保兑。

⑤出口方认真核对信用证是否与合同相符，如果不符，可要求进口商通过开证行进行修改；待确认信用证无误后，出口商根据信用证备货、装运。

⑥承运人收到货物后，将装船的提单交予出口商。

⑦出口商将单据和信用证在信用证有效期内交予议付行。

⑧议付行审查单据符合信用证条款后接受单据并付款，若单证不付，可以拒付。

⑨议付行将单据寄送开证行或指定的付款行，向其索偿。

⑩开证行收到单据后，应核对单据是否符合信用证，如正确无误，即应偿付议付行代垫款项，同时通知开证申请人备款赎单。

⑪进口方付款赎单，如发现不符，可拒付款项并退单。进口方发现单证不符，也可拒绝赎单。

⑫开证行将单据交予进口商。

⑬进口商将提单交给承运人。

⑭承运人将货物交给进口商。

（三）信用证的关系人及其权利和义务

信用证结算方式的基本关系人有四个：开证申请人、开证行、受益人和通知行。此外还有其他关系人，如保兑行、议付行、付款行或偿付行等。现就它们之间的相互关系及其权利分述如下：

1. 开证申请人

开证申请人（Applicant For The Credit）一般是进口商。进口商和出口商之间的权利义务通常是以签订的合同为依据的，双方严格履行合同条款。如合同规定以信用证方式结算时，则进口商应在合同规定的期限内，通过进口方银行开出符合合同条款规定的信用证。

2. 开证行

开证行（The Issuing Bank）是开立信用证的银行。开证行接受进口商的开证申请书之后，这个申请书就成为他们之间履行权利和义务的契约。进口商申请开证时，应根据开证行的规定，交纳押金和费用。开证行则应根据申请书的条款，正确、完善、及时地开出信用证。信用证开出后，开证行就要对信用证负责。不可撤销信用证的开证行，对出口商和汇票背书人、善意持票人都要承担凭单付款的责任。

3. 受益人

受益人（Beneficiary）一般是出口商，有时则为中间商。出口商收到信用证后，应及时与合同核对。如发现信用证条款与合同不符，须尽早提出修改要求或拒绝接受。信用证一旦接受，出口商就有装货备单的义务和凭单议付的权利。出口商应在信用证规定的装船期限内装运货物，并在信用证的有效期内交单取款。出口商不但要对单据的正确性负责，并且要对货物的合格性负责。

4. 通知行

通知行（Advising Bank）是开证行的代理人。通知行收到开证行发来的信用证后，经认真核对印押后，必须根据开证行的要求缮制通知书，及时、正确地通知受益人，并证明信用证的表面真实性。若印押不符则不应将信用证通知受益人，待查明核对无误后再行通知。通知行对开证行和受益人都不承担必定议付或代为付款的责任。

5. 保兑行

如果受益人对开证行的资信不明或者有疑问，认为有风险，可以要求开证行另找一家受益人满意的银行为该信用证加具保兑。在信用证上加具保兑的银行称为保兑行（Confirming Bank）。保兑行通常是出口地的通知行或第三家信誉卓著的银行。有时开证行在委托通知信用证的同时，主动要求通知行加保兑，通知行或其他银行根据开证行的请求，可以在信用证上加具保兑，也可以不加具保兑。保兑行与开证行一样承担第一性付款责任。

6. 议付行

议付行（Negotiating Bank）凭信用证议付票款后，即把单据寄出，并向开证行、保兑行、付款行或偿付行索回垫款。开证行收到议付行寄来的单据，如发现单据不符合信用证条款，可以拒绝付款，议付行可以据以向出口商追索票款，除非出口商按信用证的特殊规定，如开立对出票人“无追权”（Without Recourse To Drawer）的汇票，才可免除被追索的可能。

7. 付款行

付款行（Paying Bank）是信用证规定的汇票付款人。信用证以进口地货币开出时，付款行就是开证行。开证行审单无误后，付款给议付行，一经付款，就无权向议付行追索票款。

（四）信用证的内容

1. 信用证的当事人

开证申请人（买方）：Applicant

开证行：Opening Bank，Issuing Bank

通知行：Advising Bank

受益人（卖方）：Beneficiary

议付行：Negotiation Bank

2. 信用证的性质、种类

一般为不可撤销的跟单信用证，如 Irrevocable Documentary Credit

3. 信用证号码、开证日期与地点

如 L/C NO：E－02－L－02969

Date and Place of Issue：2010/09/28 Hong Kong

4. 信用证的有效期及到期地点

常见的条款有：

例 1. Expiry date：May 20，2011 in the country of the beneficiary for negotiation.

有效期：2011 年 5 月 20 日前，在受益人国家议付有效。

例 2. This credit remains valid/force/good for negotiation in China until the 15th day after the date of shipment.

本信用证为装运期后 15 天在中国议付有效。

例 3. Draft must be negotiated in China within 15 days from the date of Bill of Lading but not later than 15th July 2011.

汇票需自提单日期起 15 天内在中国议付，但不得超过 2011 年 7 月 15 日。

5. 金额、币种

金额条款是信用证的核心内容之一。其表达方式有：

例 1. Amount：USD...

金额：……美元

例 2. For an amount/a such not exceeding total of ... /up to an aggregate amount of ...

总金额不超过……

6. 汇票条款

汇票条款主要注明汇票的金额、付款人、付款期限、出票依据等。

例 1. Credit available with any bank by negotiation, against presentation of beneficiary's draft (s) at sight, drawn on us in duplicate.

本信用证可由任何一家银行议付，议付时需提供由受益人向开证行开出的即期汇票一式两份。

例 2. All drafts must be marked "Drawn under the Merita Bank Ltd. Helsinki L/C No SRT9502422 dated Aug 24, 2011".

所有汇票上必须注明：根据赫尔辛基 Merita 银行在 2011 年 8 月 24 日开出的第 SRT9502422 号信用证开出本汇票。

7. 货物说明

内容一般包括货名、品质、数量、单价、贸易术语等。常见的贸易术语有：FOB、CFR、CIF、FCA、CPT、CIP 等。

例 1. Description of Goods:

100% Cotton Apron as PER S/C NO. AH107

货物说明：纯棉围裙，合同号 AH107

ART NO.	QUANTITY	UNIT PRICE
49394 (014)	2,000PIECES	USD 1.00
49395 (014)	2,000PIECES	USD 1.00
49396 (014)	3,500PIECES	USD 1.25
49397 (015)	4,000PIECES	USD 1.25

CIFSINGAPORE

例 2. COVERING SHIPMENT OF:

4 ITEMS OF CHINESE CERAMIC DINNERWARE INCLUDING: HX1115 200SETS, HX2012 300SETS, HX4055 500SETS AND HX4510 250SETS

DETAILS IN ACCORDANCE WITH SALES CONFIRMATION NO AHHX0121 DATED APR. 15, 2011

CIF TORONTO CANADA

以下货物：4 种中国陶瓷餐具包括：HX1115 号 200 套、HX2012 号 300 套、HX4055 号 500 套和 HX4510 号 250 套；细节与 2011 年 4 月 15 日所签合同第 AHHX0121 一致，CIF 多伦多，加拿大。

8. 单据条款

信用证项下所需要的单据除汇票外，通常还有：商业发票、装箱单、海运提单、保险单、普通（普惠制）原产地证书、各种受益人证明及各种其他证明等全套单据条款。

例：CREDIT AVAILABLE WITH BANK OF CHINA BY NEGOTIATION AGAINST PRESENTATION OF THE DOCUMENTS HEREIN AND BENEFICIARY'S DRAFT（S）AT SIGHT DRAWN ON ISSUING BANK FOR 100 PCT OF THE INVOICE AMOUNT MARKED "DRAWN UNDER THE KWANGTUNG PROVINCIAL BANK, SINGAPORE, L/C NO. 211LC2626"

DOCUMENTS REQUIRED:

(INTRIPLICATE UNLESS OTHERWISE STIPULATED)

SIGNED COMMERCIAL INVOICE

SIGNED PACKING LIST

CERTIFICATE OF CHINESE ORIGIN

MARINE INSURANCE POLICY...

FULL SET OF CLEAN "ON BOARD" MARINE BILLS OF LADING...

本信用证受益人根据新加坡广东银行所开第211LC2626号信用证开出即期的以开证行为付款人，按100%发票金额的汇票，由中国银行议付。

需要的单据：(除非另有规定，每份单据一式三份)

签字的商业发票

签字的装箱单

中国原产地证书

海运保险单……

全套清洁“已装船”海运提单……

9. 商业发票条款

COMMERCIAL INVOICE CERTIFYING AT THE SAME TIME ORIGIN OF GOODS, CONTENTS ARE TRUE, PRICES CORRECT AND CURRENT, THAT IT IS THE ONLY INVOICE ISSUED FOR THE GOODS DESCRIBED HEREIN AND MENTIONING THAT IT IS THEIR EXACT VALUE WITHOUT ANY DEDUCTION OF PAYMENT IN ADVANCE. ONE ORIGINAL COPY MUST BE CERTIFIED BY CCPIT.

商业发票上同时证明：货物的产地、发票的内容是真实的；价格是正确的；它是为所述货物签发的唯一的发票；所列为实价并未扣除任何预收款项；发票的一份正本须由中国国际贸易促进委员会证明。

10. 装箱单据条款

PACKING LIST MUST SHOW GROSS WEIGHT, NET WEIGHT AND MEASUREMENT PER CARTON SEPARATELY

装箱单上需分别表明每箱的毛重、净重和尺码。

11. 运输单据条款

FULL SET OF CLEAN ON BOARD OCEAN BILLS OF LADING MADE OUT TO ORDER OF BANK OF COMMUNICATIONS, HONGKONG MARKED FREIGHT PREPAID AND NOTIFY APPLICANT OR FULL SET OF CLEAN ORIGINAL RAILWAY CARGO RECEIPT CONSIGNED TO BANK OF COMMUNICATIONS, HONGKONG MARKED FREIGHT PREPAID AND NOTIFY

APPLICANT.

全套清洁已装船海运提单抬头作成凭香港交通银行指示，注明运费预付并通知开证申请人或全套清洁正本铁路货物收据收货人为香港交通银行，注明运费预付并通知开证申请人。

12. 保险单据条款

附：信用证样本

ISSUE OF A DOCUMENTARY CREDIT　　　　　PAGE 00001

CHIYU BANKING CORPORATION LTD.

BRITISH COLUMBIA OF CANADA

1055 WEST GEORGIA STREET, TORONTO. C. V6E 3P3

TORONTO, CANADA

TELEX：8348897　CHIYU HX

CABLE ADDRESS："CHIYU"

57 A　BANK OF CHINA, SHENZHEN BRANCH

658 QUEEN ROAD, SHENZHEN, GUANGDONG, CHINA

40A　FORM OF L/C：　　IRREVOCABLE DOCUMENTARY

20　L/C NO.：　　K－08－100678

31C　DATE OF ISSUE：　　APRIL 2, 2011　IN TORONTO, CANADA

31D　DATE AND PLACE OF EXPIRY：　APRIL 30, 2011 IN CHINA

50　APPLICANT：　　JAMES BROWN & SONS

#304－310 JALAN STREET,

TORONTO, CANADA

TEL：　01 7709910　　FAX：01 7701100

59　BENEFICIARY SHENZHEN ZHONGTIAN IMP. & EXP. COMPANY988, ZHONGSHAN ROAD, SHENZHEN, GUANGDONG, CHINA

TEL：0086－755－33648558；　FAX：　0086－755－33648559

E－MAIL：　szzt@ ec_ train. com

32B　L/C AMOUNT：　　USD 19, 300. 00（SAY U. S. DOLLARS NINETEEN THOUSAND THREE HUNDRED ONLY）.

41D　AVAILABLE BY：　　ANY BANK IN CHINA BY NEGOTIATION

42C　DRAFT（S）AT：　　SIGHT

42D　DRAWEE：　　APPLICANT FOR FULL INVOICE VALUE

43P　PARTIAL SHIPMENTS：　　PROHIBITED

43T　TRANSHIPMENT：　　PROHIBITED

44A　SHIPMENT FROM：　　SHENZHEN, CHINA

44B　FOR SHIPMENT TO：　　TORONTO, CANADA

45C　LATEST DATE OF SHIPMENT：APRIL 30, 2011

ISSUE OF A DOCUMENTARY CREDIT　　　　　PAGE 00002

45A　GOODS：　"CHUNLE" BRAND ARTIFICIAL FLOWER　CIFC3 TORONTO

ART. NO. LWY81　　1, 312DZ　　USD 6. 58/DZ

ART. NO. SSY57　　1, 312DZ　　USD 8. 17/DZ

DETAILS AS PER S/C NO. SZTT988

EACH ITEM IN ONE 20' CONTAINER

46B　DOCUMENTS REQUIRED：

——SIGNED COMMERCIAL INVOICE IN TRIPLICATE.

——FULL SET OF CLEAN ON BOARD OCEAN BILLS OF LADING MADE OUT TO OUR ORDER MARKED FREIGHT TO COLLECT NOTIFYING APPLICANT AND BEARING THIS DOCUMENTARY CREDIT NUMBER.

——INSURANCE POLICY OR CERTIFICATE IN DUPLICATE ENDORSED IN BLANK FOR 110 PCT. OF C. I. F. VALUE COVERING ALL RISKS AND WAR RISK AS PER CIC DATED 1/1/1981 WITH CLAIMS PAYABLE AT DESTINATION.

——PAKING LIST IN IRIPLICATE

——BENEFICIARY'S CERTIFIED CABLE/TELEX COPY ADVISING APPLICANT

SHIPMENT DETAILS BEFORE SHIPMENT EFFECTED.

——CERTIFICATE OF ORIGIN GSP FORM A IN ONE ORIGINAL AND ONE COPY

71B ALL BANKING CHARGES OUTSIDE TORONTO AND REIMBURSEMENT CHARGES ARE FOR ACCOUNT OF BENEFICIARY

78 INSTRUCTIONS：　DOCUMENTS MUST BE DESPATCHED TO：

CHIYU BANKING CORPORATION LTD.，

BRITISH COLUMBIA OF CANADA，1055 WEST GEORGIA STREET，TORONTO. C. V6E 3P3，TORONTO，CANADA

+ + + +

PLEASE FOLLOW INSTRUCTIONS STATED IN THE CREDIT

PLEASE DEBIT OUR ACCOUNT WITH YOU UPON RECEIPT OF DOCUMENTS. WE WILL REMIT COVER AS PER YOUR INSTRUCTIONS；WE WILL CREDIT YOUR BEIJING H. O. USD A/C WITH US；WE WILL CREDIT YOUR A/C WITH US AT MATURITY

53　REIMBURSING BANK：

47B　A DISCREPANCY FEE OF USD 25.00 OR EQUIVALENT WILL BE DEDUCTED FROM THE PROCEEDS OF EACH PRESENTATION OF DOCUMENTS WITH DISCREPANCY（IES）.

（五）信用证结算方式的特点

1. 安全性高

由于信用证结算是一种银行信用，开证银行以自己的信用作为付款保证，因而对于出口商来说收汇有较高保障。有的国家存在着外汇管制，该国的一切进出口业务都必须报请外汇当局的批准，如果是信用证结算，则有可能有效地解决这一问题。因为银行在开出信用证之前，必须征得外汇当局的批准。只要他们开得出信用证，也就意味着该项外汇管制政策已不复存在了。

2. 手续繁、费用多

采用信用证结算方式，必须履行开证、通知、审证、交单、审单、垫付、偿付、赎单等一系列手续，手续较为复杂，而且对于进口商来说，需要支付较高的费用，还需交纳一定的押金等。由于信用证结算周期比较长，该资金被银行长期占用。费用比汇款、托收高得多。

3. 资金负担比较均衡

对于进口商来说，开证时只需付出部分押金或者提供保证人作担保，收单时才支付全部货款，这比预付货款资金负担要轻得多。对于出口商来说，由于信用证作保证，装运货物后可以把单据卖给出口地银行以提前获得款项，其资金负担自然比托收和货到付款轻得多。

4. 采用信用证结算容易产生欺诈

由于银行只管单据，不问事实，如果受益人不根据实际货物而伪造符合信用证条款的单据甚至制作根本没有货物的假单据照样取得货款，那么进口商就成为欺诈行为的受害人。

四、银行保函

（一）银行保函含义与特点

1. 银行保函的含义

银行保函（Banker's Letter of Guarantee，简称 L/G）是指银行应委托人的申请而开立的有担保性质的书面承诺文件，一旦委托人未按其与受益人签订的合同的约定偿还债务或履行约定义务时，由银行履行担保责任。

2. 银行保函的特点

（1）保函依据商务合同开出，但又不依附于商务合同，具有独立法律效力。当受益人在保函项下合理索赔时，担保行就必须承担付款责任，而不论委托人是否同意付款，也不管合同履行的实际事实。即保函是独立的承诺并且基本上是单证化的交易业务。

（2）银行信用作为保证，易于为合同双方接受。

国际贸易中，跟单信用证为买方向卖方提供了银行信用作为付款保证，但不适用于需要卖方向买方作担保的场合，也不适用于国际经济合作中货物买卖以外的其他各种交易方式。然而在国际经济交易中，合同当事人为了维护自己的经济利益，往往需要对可能发生的风险采取相应的保障措施，银行保函就是以银行信用的形式提供的保障措施。

（二）银行保函的当事人及其法律关系

银行保函业务中涉及的主要当事人有三个：委托人（Principal）、受益人（Beneficiary）和担保人（Guarantor）。此外，往往还有反担保人、通知行及保兑行等。

这些当事人之间形成了一环扣一环的合同关系，它们之间的法律关系如下：

（1）委托人与受益人之间基于彼此签订的合同而产生的债权债务关系或其他权利义务关系。此合同是它们之间权利和义务的依据，相对于保函协议书和保函而言是主合同，它是其他两个合同产生和存在的前提。如果此合同的内容不全面，会给银行的担保带来风险。因而银行在接受担保申请时，应要求委托人提供他与受益人之间签订的合同。

（2）委托人与银行之间的法律关系是基于双方签订的《保函委托书》而产生的委托担保关系。《保函委托书》中应对担保债务的内容、数额、担保种类、保证金的交存、手续费的收取、银行开立保函的条件、时间、担保期间、双方违约责任、合同的变更、合同的解除等内容予以详细约定，以明确委托人与银行的权利义务。《保函委托书》是银行向委托人收取手续费及履行保证责任后向其追偿的凭证。因此，银行在接到委托人的担保申请后，要对委托人的资信、债务及担保的内容和经营风险进行认真的评估审查，以最大限度降低自身风险。

（3）担保银行和受益人之间的法律关系是基于保函而产生的保证关系。保函是一种义务合同，受益人可以以此享有要求银行偿付债务的权利。在大多数情况下，保函一经开立，银行就要直接承担保证责任。

五、国际保理

（一）国际保理的含义

国际保理（Factoring）又称托收保付，是出口商将其现在或将来的基于其与买方订立的货物销售/服务合同所产生的应收账款转让给保理商（提供保理服务的金融机构），由保理商向其提供资金融通、进口商资信评估、销售账户管理、信用风险担保、账款催收等一系列服务的综合金融服务方式。它是国际贸易中以托收、赊账方式结算货款时，出口方为了避免收汇风险而采用的一种请求第三者（保理商）承担风险责任的做法。

（二）国际保理的作用

1. 信用风险控制与坏账担保

卖方与保理商签订保理协议后，保理商会为债务人核定一个信用额度，并且在协议执行过程中，根据债务人资信情况的变化对信用额度进行调整。对于卖方在核准信用额度内的发货所产生的应收账款，保理商提供100%的坏账担保。

2. 收取应收账款

保理商一般有专业人员和专职律师进行账款追收。保理商会根据应收账款逾期的时间采取信函通知、打电话、上门催款甚至法律手段。

3. 销售账务处理

在卖方叙做保理业务后，保理商会根据卖方的要求，定期/不定期向其提供关于应收账款的回收情况、逾期账款情况、信用额度变化情况、对账单等各种财务和统计报表，协助卖方进行销售管理。

4. 出口贸易融资

出口贸易融资是无追索权的融资。

（三）保理对出口商和进口商的益处

项目	进口商	出口商
增加营业额	利用O/A、D/A优惠付款条件，以有限的资本，购进更多货物，加快资金流动，扩大营业额	对于新的或现有的客户提供更有竞争力的O/A、D/A付款条件，以拓展海外市场，增加营业额
风险保障	纯因公司的信誉和良好的财务表现而获得进口商的信贷，无须抵押	进口商的信用风险转由保理商承担，出口商可以得到100%的收汇保障
节约成本	省却了开立信用证和处理繁杂文件的费用	资信调查、账务管理和账款追收都由保理商负责，减轻业务负担，节约管理成本
简化手续	在批准信用额度后，购买手续简化，进货快捷	免除了一般信用证交易的烦琐手续
扩大利润	由于加快了资金和货物的流动，生意更发达，从而增加了利润	由于出口额扩大、降低了管理成本、排除了信用风险和坏账损失，利润随之增加

六、福费廷

（一）含义

福费廷（Forfaiting）又称为包买票据，是指为了改善出口商现金流和财务报表的无追索权融资方式，包买商从出口商那里无追索地购买已经承兑的，并通常由进口商所在地银行担保的远期汇票或本票的业务。

（二）福费廷对出口商的好处

1. 终局性融资便利

福费廷是一种无追索权的贸易融资便利，出口商一旦取得融资款项，就不必再对债务人偿债与否负责，同时不占用银行授信额度。

2. 改善现金流量，节约管理费用

将远期收款变为当期现金流入，有利于出口商改善财务状况和清偿能力，从而避免资金占压，进一步提高筹资能力；出口商不再承担资产管理和应收账款回收的工作及费用，从而大大降低管理费用。

3. 提前办理退税，规避各类风险

办理福费廷业务后客户可立即办理外汇核销及出口退税手续；办理福费廷业务后，出口商不再承担远期收款可能产生的利率、汇率、信用以及国家等方面的风险。

4. 增加贸易机会

出口商能以延期付款的条件促成与进口商的交易，避免了因进口商资金紧缺无法开展贸易的局面。

5. 实现价格转移

可以提前了解包买商的报价并将相应的成本转移到价格中去，从而规避融资成本。

（三）福费廷的适用情况

①为改善财务报表，需将出口应收账款从资产负债表中彻底剔除；

②应收账款收回前遇到其他投资机会，且预期收益高于福费廷全部收费；

③应收账款收回前遇到资金周转困难，且不愿接受带追索权的融资形式或占用宝贵的银行授信额度。

七、国际贸易实务中结算方式的选择

在国际贸易业务中，一笔交易的货款结算，可以只使用一种结算方式（通常如此），也可根据需要，例如不同的交易商品、不同的交易对象、不同的交易做法，将两种以上的结算方式结合使用，或有利于促成交易，或有利于安全及时收汇，或有利于妥善处理付汇。常见的不同结算使用的形式有：信用证与汇付结合、信用证与托收结合、汇付与银行保函或信用证结合。

1. 信用证与汇付结合

信用证与汇付结合是指一笔交易的货款，部分用信用证方式支付，余额用汇付方式结算。这种结算方式的结合形式常用于允许其交货数量有一定机动幅度的某些初级产品的交易。对此，经双方同意，信用证规定凭装运单据先付发票金额或在货物发运前预付金额若干成，余额待货到目的地（港）后或经再检验的实际数量用汇付方式支付。使用这种结合形式，必须首先订明采用的是何种信用证和何种汇付方式以及按信用证支付金额的比例。

2. 信用证与托收结合

信用证与托收结合是指一笔交易的货款，部分用信用证方式支付，余额用托收方式结算。这种结合形式的具体做法通常是：信用证规定受益人（出口人）开立两张汇票，属于信用证项下的部分货款凭光票支付，而其余额则将货运单据附在托收的汇票项下，按即期或远期付款交单方式托收。这种做法，对于出口人收汇较为安全，对进口人来说可减少垫金，易为双方接受。但信用证必须订明信用证的种类和支付金额以及托收方式的种类，也必须订明“在全部付清发票金额后方可交单”的条款。

3. 汇付与银行保函或信用证结合

汇付与银行保函或信用证结合使用的形式常用于成套设备、大型机械和大型交通运输工具（飞机、船舶等）等货款的结算。这类产品，交易金额大，生产周期长，往往要求买方以汇付方式预付部分货款或定金，其余大部分货款则由买方按信用证规定或加开保函分期付款或延期付款。

此外，还有汇付与托收结合、托收与备用信用证或银行保函结合等形式。在开展对外经济贸易业务时，究竟选择哪一种结合形式，可酌情而定。

任务三　国际结算单据

☞ 知识目标

1. 了解国际结算单据的种类
2. 掌握主要的国际结算单据的主要内容及其制作

☞ 技能目标

根据所给资料制作商业发票、提单、保单

☞ 导入案例

［案情］某年4月国内某公司与美国一代理商签订了一份金额约USD155 000的纺织品出口合同，6月初收到直接由买家开出的不可撤销信用证，信用证要求出具记名某公司的提单，并指定货物由美国某船公司装运。货物装运后全套单据经通知行寄到开证行索汇。正常的偿付结汇时间已过而货款却一直未到账，此时收到开证行的不符点电报，称单据有一处不符点，申请人拒绝赎单，全套单据由开证行保留。与此同时，我公司向船公司查询货物下落，被告知货物已被收货人提走。鉴于全套正本提单仍在开证行处，我方亦未有任何放货指令，我公司要求船公司对此作出解释。船公司答复说，托运人要求出具的是记名提单，记名提单项下可以不需正本提单，仅凭收货人的身份证明即可放货，船公司并无责任。我公司要求申请人赎单及船公司赔偿都未果，不久全套索汇单据被退回。出于无奈，我公司将美国船公司告上法庭。被告以此案适用美国1936年海上运输法作为辩护依据，提出提单背面条款中已约定，记名提单项下承运人可以不凭正本提单放货，只要收货人提供证明自己合法身份

的有关文件即可。国内海事法院一审认定，由于被告未能提供完整的美国法律文本，故本案适用中国海商法，提单无论记名与否都是物权凭证，裁定承运人必须凭作为物权凭证的正本提单放货，被告无单放货已严重侵权，应赔偿原告全部货款和利息损失。被告不服，提出上诉。在法庭的严正要求下，被告方提供了完整的美国1936年海上运输法文本。经仔细研读，此法只适用于往来美国港口的运输业务，本案恰恰未涉及美国港口。终审判决驳回上诉维持原判。终审判决书下达七天内，我公司即收到了被告赔偿的全部货款与利息。

[**分析**] 本案涉及的核心问题是信用证项下货物运输单据的物权凭证属性。尽管一般说来海运提单具有物权凭证的作用，但是在某些国家和地区，按照当地的法律规定和某种业界惯例，往往把记名提单和不可转让海运单等同对待，记名提单项下承运人可以不凭正本提单放货，只要收货人提供证明自己合法身份的有关文件即可。由此可能导致信用证项下凭单提货出现纠纷。本案中，如果货物是运往美国港口，我方就可能难以胜诉，进口商和承运人的阴谋就可能得逞。

[**启示**] 在信用证项下，使用记名提单须十分谨慎。一般来说提单宜制作成指示式抬头，若进口方坚持使用记名式抬头，则有必要弄清原委，并了解运输业务所涉及国家对记名提单物权凭证属性的法律规定，设法确保我出口企业对货物的控制权，保证贸易的安全性，避免欺诈的产生和损失。

资料来源：中国贸易金融网

国际贸易是国与国之间的商品买卖，但是在实际业务当中主要表现为单据的买卖。根据单据的性质，单据可以分为金融单据和商业单据。金融单据指汇票、本票、支票、或其他用于获得货币付款的相似票据；商业单据主要指非金融单据的其他所有单据，包括运输单据、物权单据或其他相似单据等。本部分主要介绍商业单据。

一、商业发票

商业发票（Commercial Invoice）是出口方向进口方开列的发货价目清单，是买卖双方记账的依据，也是进出口报关交税的总说明。商业发票是一笔业务的全面反映，内容包括商品的名称、规格、价格、数量、金额、包装等，同时也是进口商办理进口报关不可缺少的文件，因此商业发票是全套出口单据的核心，在单据制作过程中，其余单据均需参照商业发票缮制。

（一）商业发票的内容

①商业发票须载明“发票”（INVOICE）字样；

②发票编号和签发日期（NUMBER AND DATE OF ISSUE）；

③合同或订单号码（CONTRACT NUMBER OR ORDER NUMBER）；

④收货人名址（CONSIGNEE's NAME AND ADDRESS）；

⑤出口商名址（EXPORTER's NAME AND ADDRESS）；

⑥装运工具及起讫地点（MEANS OF TRANSPORT AND ROUTE）；

⑦商品名称、规格、数量、重量（毛重、净重）等（COMMODITY，SPECIFICATIONS，QUANTITY，GROSS WEIGHT，NET WEIGHT，ETC.）；

⑧包装及尺码（PACKING AND MEASUREMENT）；

⑨唛头及件数（MARKS AND NUMBERS）；

⑩价格及价格条件（UNIT PRICE AND PRICE TERM）；

⑪总金额（TOTAL AMOUNT）；

⑫出票人签字（SIGNATURE OF MAKER）等。

<table>
<tr><td>ISSUER</td><td colspan="2" rowspan="4">商业发票
COMMERCIAL INVOICE</td></tr>
<tr><td>XXXXXX CO.，LTD.
Room 2901，HuaRong Mansion，GuanJiaQiao 85#，Shanghai 200005，P. R. China
TEL：021 －4711363　FAX：021 －4691619</td></tr>
<tr><td>TO</td></tr>
<tr><td rowspan="3">SAMAN AL－ABDUL KARIM AND PARTNERS CO.
POB 13552，RIYADH 44166，KSA
TEL：4577301/4577312/4577313　FAX：4577461</td></tr>
<tr><td>NO.</td><td>DATE</td></tr>
<tr><td>DS2001INV205</td><td>May 22，2011</td></tr>
<tr><td>TRANSPORT DETAILS</td><td>S/C NO.</td><td>L/C NO.</td></tr>
<tr><td rowspan="3">SHIPMENT FROM TIANJIN PORT TO DAMMAM PORT BY SEA</td><td>DS2011SC205</td><td>LC010986</td></tr>
<tr><td colspan="2">TERMS OF PAYMENT</td></tr>
<tr><td colspan="2">L/C AT SIGHT</td></tr>
</table>

Marks and Number	Numbers and Kind of Package Description of Goods	Quantity	Unit Price USD	Amount
	CFR DAMMAM PORT，SAUDI ARABIA			
N/M	CANNED APPLE JAM 24 TINS X 340 GMS	2200CARTONS	USD 6. 80	USD 14 960. 00
	CANNED STRAWBERRY JAM24 TINS X 340 GMS	2200CARTONS	USD 6. 80	USD 14 960. 00
	Total：	4400CARTONS	USD 29 920. 00	
SAY TOTAL：U. S. DOLLAR TWENTY NINE THOUSAND NINE HUNDRED AND TWENTY ONLY.				

商业发票样本

（二）发票的作用

商业发票是全套单据的中心。其他单据如运输单据、保险单据、包装单等都是为支持商业发票的货物而开立的。

①是出口商装运货物并表明是否履约的总说明；

②便于进口商核对已发货物是否符合合同条款的规定；

③发票可以作为出口商和进口商记账的依据；

④在出口地和进口地发票作为报关缴税的计算依据；

⑤在不用汇票的情况下，发票可以替代汇票作为付款的依据。

二、海运提单

海洋运输提单（Marine/Ocean Bill of Lading）或港至港运输提单（Port to Port B/L），简称海运提单。海运提单是证明海上运输合同的货物由承运人接管或装船以及承运人保证凭以交货的单据。

（一）海运提单的作用

1. 货物收据

提单是承运人签发给托运人的收据，确认承运人已收到提单所列货物并已装船，或者承运人已接管了货物，已经装船。

2. 运输契约证明

海运提单是托运人与承运人的运输契约证明。承运人之所以为托运人承运有关货物，是因为承运人和托运人之间存在一定的权利义务关系，双方权利义务关系以提单作为运输契约的凭证。

3. 货权凭证

提单是货物所有权的凭证。谁持有提单，谁就有权要求承运人交付货物，并且享有占有和处理货物的权利，提单代表了其所载明的货物。

（二）海运提单的基本内容

①提单的号码：（B/L. NO. ___________）。

②提单的名称：必须注明“提单”（Marine/Ocean Bill of Lading）字样。

③托运人（Shipper）的名称和营业场所：此栏填写出口商或信用证没有特殊规定时应填写信用证受益人的名称和地址，如果信用证要求以第三者为托运人，必须按信用证的要求予以缮制。

④收货人或指示（Consignee or Order）的名称：收货人的名称必须按信用证的规定填写。

⑤通知地址（Notify Address）：被通知人即进口方或进口方的代理人，如信用证有具体规定，要严格按照信用证规定缮制。

⑥海运船只（Ocean Vessel）：本栏按实际情况填写承担本次运输货物的船舶的名称和航次。

⑦装货港（Port of Lading）：本栏填写货物的实际装船的港口名称，即起运港。

⑧卸货港（Port of Discharge）：本栏填写海运承运人终止承运责任的港口名称。

⑨交货地点（Place of Delivery）：本栏只有在转船运输时填写。

⑩收货地点（Place of Receipt）：本栏只有在转船运输时填写。

⑪标志和号码（Marks and Nos）：又称唛头，必须按信用证或合同的规定填写。

⑫包装种类和件数，货名（Number and Kind of Packages，Description of Goods）。

⑬毛重和尺码（Gross Weight and Measurement）：此栏填写货物的毛重总数和体积总数。

⑭运费和其他费用（Freight and Charges）：此栏填写运费及额外的附加费用。

⑮运费支付地点（Freight Payable at）：此栏按信用证的规定填写。

⑯签单地点和日期（Place and Date of Issue）：提单签发地为装运港所在城市的名称，签发日期为货物交付承运人或装船完毕的日期。

⑰正本提单份数（Number of Original B/Ls）：正本提单签发的份数必须符合信用证规定的份数。

⑱代表承运人签字（Signed for or on behalf or the Carrier）：提单必须由船长或承运人或其代理人签字盖章。

INTERNATIONAL BILL OF LADING

SEA – LAND SERVICE, INC. NOT NEGOTIABLE UNLESS CONSIGNED "TO ORDER"

（SPACES IMMEDIATELY BELOW FOR SHIPPER'S MEMORANDA）

SHIPPER/EXPORTER（COMPLETE NAME AND ADDRESS） DELING TRADE BV P. O. BOX 100 3700 GC BUNSEN HOLLAND	BOOKING NO. HLS410700	BILL OF LADING NO. SEAU871107100
	EXPORT REFERENCES	
CONSIGNEE（COMPLETE NAME AND ADDRESS） TO ORDER	FORWARDING AGENT/F M C NO. ESPOO FINLAND	
	POINT AND COUNTRY OF ORIGIN FINLAND	
NOTIFY PARTY（COMPLETE NAME AND ADDRESS）	ALSO NOTIFY – ROUTING & INSTRUCTIONS	
	FINAL DESTINATION（OF THE GOODS NOT THE SHIP）	

VESSEL VOY FLAG LINDOE MAERSK 711E DE	PORT OF TRAN SHIP-MENT ROTTERDAM, HOLLAND	LOADING PIER/TERMINAL	ORIGINAL（S）TO BE RE-LEASED AT HELSINKI, FINLAND
PORT OF DISCHARGE DALIAN	PLACE OF DELIVERY BY ON – CARRIER	TYPE OF MOVE（IF MIXED, USE BLOCK 20 AS APPROPRIATE） CONTAINER YARD TO CONTAINER YARD	

PERTICULARS FURNISHED BY SHIPPER

MKS. & NOS/ CONT. NOS	NO. OF PKGS.	DESCRIPTION OF PACKAGES AND GOODS	GROSS WEIGHT	MEASURE-MENT
CH/ 99/66. 908 – – – – – – – – – – – – DALIAN CHINA	4760	7 X 20′DC CONTAINERS S. T. C. BAGS DEMINERALIZED WHEY POWDER AS PER CONTRACT NO. CH/99/66. 908 AS PER SPECIFICATION SHIPPER ON BOARD SEA NORDICA 15. 09. 1999 FROM HELSINKI SHIPPER LOAD STOWAGE & COUNT FREIGHT PREPAID	121380. 00K	

（续上表）

<table>
<tr><td>DECLARED VALUE</td><td colspan="3">IF SHIPPER ENTERS A VALUE. CARRIERS " PACKAGE LIMITATIONS OF LIABILITY DOES NOT APPLY AND THE AD VALOREM RATE WILL BE CHARGED"</td><td colspan="3">FREIGHT PAYABLE AT/BY</td></tr>
<tr><td>FREIGHT CHARGES</td><td>RATED AS PER</td><td>RATE</td><td>PREPAID</td><td>COLLECT</td><td>CURRENCY</td><td>RATE OF EXCHANGE</td></tr>
<tr><td></td><td></td><td></td><td></td><td></td><td></td><td></td></tr>
<tr><td colspan="3">TOTALS</td><td></td><td></td><td></td><td></td></tr>
<tr><td colspan="4">THE RECEIPT CUSTODY, CARRIAGE AND DELIVERY OF THE GOODS ARE SUBJECT TO THE TERMS APPEARING ON THE FACE AND BACK HEREOF AND TO CARRIER's APPLICABLE TARIFF</td><td colspan="3" rowspan="2">* APPLICABLE ONLY WHEN USED FOR MULTIMODEL OR THROUGH TRANSPORTATION
* INDICATE WHETHER ANY OF THE CARGO IS HAZARDOUS MATERIAL UNDER DOT. IMCO OF OTHER REGULATIONS AND INDICATE CORRECT COMMODITY NUMBER IN BOX 20.</td></tr>
<tr><td colspan="4">In witness where of 3 original bills of lading all the same tenor and date one of which being accomplished the others to stand void, have been issued by Sea-land Service. Inc. or its designated agent on behald of itself, other participating carriers, the vessel, her master and owners or charters</td></tr>
<tr><td colspan="2">SEAU871107110</td><td colspan="2">15/09/09</td><td colspan="3" rowspan="2">AT................
HELSINKI..........................
BY..
FOR SEA – LAND SERVICE, INC</td></tr>
<tr><td></td><td></td><td></td><td></td></tr>
</table>

海运提单样本

三、保险单

保险单（Insurance Policy）记载和印定的内容包括正面和反面两部分。正面是有关保险人、被保险货物保险险别等有关情况的记载，背面是印定条款。银行主要审核正面记载内容，包括保险人名称、单据名称、被保险人名称、保险单据的编号、唛头、投保金额、费率、运输工具、开航日期、运输起讫地、承保险别、赔款地点、签发日期、检验理赔代理人和签章等。

（一）保险单的内容

①正本保险单的份数：全套保险单包括三份正本和两份副本。在正本保险单上写有

"The First Original"、"The Second Original" 和 " The Third Original"。

②发票号码：填写"As Per Invoice"或实际的发票号码。

③保单号次：填写由保险公司编制的保单号码。

④根据被保险人的要求：通常为出口商。如果信用证规定被保险人为凭指示抬头，填写"To Order"。

⑤标记：填写唛头或"As Per Invoice No. ××××"，如无唛头，填写"N/M"。

⑥数量：填写最大包装的总件数。

⑦被保险货物项目：填写商品名称，如果所有的单据要求指明信用证号码，应在此栏中标明。

⑧保险金额：可小写，一般按发票金额的110%投保。

⑨总保险金额：用大写的英语字母填写，用 only 结尾。

⑩保费/费率：通常不注明具体数字而分别印就"As Arranged"（按协商）。有时保费栏可按信用证要求填写"Paid"、"Prepaid"

⑪装载运输工具：填写"As Per B/L"。海运方式下填写船名，最好再加航次。例如："FENG NING" V.9103；如中各运输有两次运输完成时，应分别填写一程船名及二程船名，中间用"/"隔开。此处可参考提单内容填制。例如：提单中一程船名为"Mayflower"，二程船名为"Dongfeng"，则填写"Mayflower/ Dongfeng"。

⑫开航日期：填写"As Per B/L"，如果需要转船，填写" Via ×××"。也可根据提单签发日具体填写。按照跟单信用证 600 号出版物规定，也允许填写提单签发前 5 天之内的任何一天的日期。也可暂时不填，待签发提单后再填。

⑬承保险别：至少填写一种基本险，如有附加险也应填明。投保的险别除注明险别名称外，还应注明险别适用的文本和日期。

⑭勘查理赔代理人：由保险公司选定，代理人的地址应详细填写。发生损失时，收货人通知其代理人进行勘查和赔款事宜。

⑮赔款偿付地点：根据合同或信用证填写，应标明偿付货币名称。如：At London in USD。如发生货损，赔款付给×××公司（Loss If any, Pay to ... Co），则在保险单赔款偿付地点栏后加注"Pay to... Co"。

⑯日期和地点：保险单签发的日期应早于提单日期。签发地点一般在受益人所在地点。

中保财产保险有限公司

The People Insurance (Property) Company of China. Ltd

发票号码	保险单号次
Invoice No. SH – 25757	Policy No. PIC20017814

海 洋 货 物 运 输 保 险 单

MARINE CARGO TRANSPORTATION INSURANCE POLITY

被保险人：GUANGDONG TEXTILES IMP. AND EXP. WOOLEN KNITWEARS COMPANY LTD.

Insurred:

中保财产保险有限公司（以下简称本公司）根据被保险人的要求，及其所缴付约定的保险费，按照本保险单承担险别和背面所载条款与下列特别条款承保下列货物运输保险，特签发本保险单。

This policy of insurance withnesses that the people insurance (property) company of china, Ltd. (hereinafter called "The Company"), at the request of the insured and in consideration of the agreed premium paid by the insured. underakes to insur the undementioned goods in transpoatin subject to the conditions of the Policy as per the Clauses printy overleaf and other special clauses attached hereon.

保险货物项目 Discripition of Goods	包装 单位 数量 Packing Unit Quantity	保险金额 Amount Insured
LADIES GARMENTS	600CTNS	USD 60 555.00

承保险别
Condition
OVERING THE INSTTUTE CARGO CLAUSES (A),
HE INXTTUTE WAR CLAUSES. INSURANCE
CLAIMS TO BE PAYANLE IN JAPAN
IN THE CURRENCY OF THE DEAFTS.

货物标记
Marks of Goods
ITOCHU
OSAKA
NO. 1 - 600

总保险金额：US DOLLARS SIXTY THOUS AND FIVE HUNDRED AND FIFTY FIVE ONLY
Total Amount insured:

保费 As agrranged 载运输工具 DIEK335 V. 007 开航日期 MAY 15, 2011
Premium Per conveyance S. S Sig. on or abt

起运港 GUANGZHOU 目的港 OSAKA
From To

所保货物，如发生本保险单项下可能引起索赔的情况，应立即通知本公司下述代理人查勘。如有索赔，应向本公司提交保险单正本（本保险单共有2份正本）及有关文件。如一份正本已用于索赔，其余正本则自动失效。

In the event of loss or damage which may result in a claim under this Policy, immediate notice must be givento the company agent as mentioned hereunder. Claims, if any, one of the Originnal Policy wich has been issued in 2 Original (s) together with the relevant documents shall be surrendered to the company. If one of the Original Policy has been accomplished, the others to be void.

中保财产保险有限公司
THE PEOPLE INSURANC (PROPERTY) COMPANY OF CHINA

赔款偿付地点 OSAKA
Claim payable at

日期 在
Date MAY 15, 2011 at GUANGZHOU

地址：
Address:

保险单背书：GUANGZHOU TEXTILE IMP AND EXP. WOOLEN KNITWEARS COMPANY LTD.

168 XIAOBEI ROAD，GUANGZHOU 510045，CHINA

（签名）

保单样本

（二）保险单的种类

1. 保险单

保险单（Insurance Policy）也称大保单，是一种正规保险合同，除载明投保人名称、被保险货物名称、数量或重量、唛头、保险起讫地点、承保险别、总保险金额等项目外，还列有保险人的责任范围，以及保险合同双方权利和义务等方面的详细条款。这是实务中用得最多的一种。

2. 保险凭证

保险凭证（Insurance Certificate）也称小保单，是简化了的保险合同，除了背面没有印定条款外，其余内容和大保单相同，与大保单具有相同的效力。由于单据的规范化要求，小保单逐渐被大保单所取代。

3. 联合凭证

联合凭证（Combined Certificate）是一种更为简化了的保险凭证，保险公司只在出口公司的商业发票上加注保险编号、险别和金额，并加盖保险公司印戳。联合凭证虽然与保险单有相同的效力，但因为不可转让，使用受到限制，仅适用于对港、澳地区的部分交易。

4. 预约保险单

预约保险单（Open Policy or Open Cover）又称预保合同，是一种长期的、概括性的保险合同。合同中规定承保货物的范围、险别、责任、费率、赔偿处理等项目，凡属于预约保险合同中约定的运输货物，被保险人在每批货物出运后，要向保险人申报，保险人再签发保险凭证。

5. 暂保单

暂保单（Cover Note）是保险人证明承诺保险责任的一种临时性文件。保险人在收到被保险人的装船通知后才出立正式保险单，但在 FOB 或 CFR 条件下由进口商投保时，若进口商收到出口商的装运通知后再投保，则货物已经在运输途中，对投保前的这段航程内的风险损失保险人不负责任。为了分散风险，进口商预先与保险人订立合同，这时保险人就签发暂保单。

6. 保险通知书或保险声明书

在 FOB 或 CFR 交易中，保险由进口商办理。有些进口商与本国保险公司订有预保合同，他们往往在信用证中规定，要求在出口商发运货物时，向进口商指定的国外保险公司发出保险通知书或声明书（Insurance Declaration）。通知书的内容除出运货物的具体品名、数量或重量、金额、运输工具、运输日期以外，还要列明进口商名称和预保合同号码。通知书副本作为依附单据之一。除非信用证另有规定，银行将接受由保险公司或承保人或他们的代理人预签的预保单项下的保险证明或保险声明。

四、检验证书

检验证书（Inspection Certificate）又称商品检验证书、商检证书、公证鉴定证书等，是由官方或职业检验机构签发的，对被检验商品的品质、数量、卫生、尺码及其他需要检验的性质或状况给予检验后出具的检验报告书。

检验证书的目的是以书面形式说明货物符合某一标准，可以是合同中规定的标准，也可以是进口国或出口国政府规定的标准。检验证书一方面是作为出口商履约的证明和作为报关验收的必要文件，另一方面是作为定价或计算金额的依据和作为仲裁或诉讼的佐证文件。

出口商品的商检证书签证日期必须在提单之前。在信用证项下，商检证书的内容要与信用证中完全相同。商检证书在签发并已经寄往国外后，如果需要补充或更正内容，经同意后可签发更正和补充证书。更正、补充证书仍用原发证书编号，但在号码前加“R”（Revision）和“S”（Supplement），并在证书中注明“本证书系第××号证书的更正（补充）”。商检证书的内容还须与发票、提单等单据内容一致。

中华人民共和国×××进出口商品检验局

×××IMPORT &EXPORT COMMODITY INSPECTION

BUREAU OF THE PEOPLE's REPUBLIC OF CHINA

地址：

Address：

电报：

Cable：

电话：

Tel：

发货人：

Consignor：

受货人：

Consignor：

品名：　　　　　　　　　　　　标记及号码：

Commodity：　　　　　　　　　　Mark & No. ：

报验数量/重量：

Quantity/Weight Declared：

检验结果：

RESULTS OF INSPECTION：

主任检验员：

Chief　Inspector：

检验证书样本

五、原产地证书

原产地证书（Certificate of Origin）是出口商应进口商要求而提供的、由公证机构或政府或出口商出具的证明货物原产地或制造地的一种证明文件。原产地证书是贸易关系人交接货物、结算货款、索赔理赔、进口国通关验收、征收关税的有效凭证。它还是出口国享受配额待遇、进口国对不同出口国实行不同贸易政策的凭证。

（一）一般原产地证书

一般原产地证书可以由进口国驻出口国的使领馆签发或认证，也可以由出口国的官方鉴定机构或商会团体签发。

（二）普惠制原产地证书

普惠制原产地证书简称普惠制产地证，是普惠制的主要单据，凡是对给惠国出口的一般货物，必须提供这种产地证。目前普惠制产地证基本采用 A（FORM A）原产地证书。

六、包装单据

（一）包装单据的含义与作用

出口单据中的包装单据是指一切记载或描述商品包装情况及数量等的单据，主要目的是用于补充商业发票的不足。通过单据内的包装件数、规格、唛头等项目的填制，明确了商品的包装情况，便于买方对进口商品包装及数量的了解和掌握，也便于国外买方在货物到达目的港时，供海关检查和核对货物。

（二）包装单据的类别和要求

出口业务中使用的包装单据有以下几种：装箱单、包装说明、详细包装单、重量单、重量证书、磅码单、花色搭配单等。出口商应根据信用证的规定提供各种适当的包装单据，但从国外来证规定看，大多数要求卖方提供装箱单和重量单，或只提供其中的一种。

1. 装箱单

装箱单（Packing List）主要标明出口货物的包装形式、规格数量、毛重、净重、体积等有关事项。装箱单一式几份，由买方提出，卖方按要求填制。装箱单的内容一般包括合同号码、发票号码、唛头、货名及品质、容积及重量、进口商或收货人的名称、地址、船名、目的地等。

装箱单的内容应与实际货物包装一致，必须严格符合信用证的规定。虽然包装说明（Packing Specification）、详细包装单（Detailed Packing List）等与装箱单内容基本一致，但必须按信用证要求办理，不得擅自变动。并且，装箱单的内容还必须与商业发票、领事发票、运输单据等结汇单据所列内容绝对一致，否则就会被视为“单单之间表面不符”而被银行拒收。

2. 重量单

重量单（Weight Certificate or List）一般列明每件货物的毛重、净重，是对按装货重量（Shipping Weight）成交的货物在装运时由出口商向进口商提供的重量证明，它是出口方结汇、船公司计算运费，并证明出口商履约的依据。该单据一般由商检机构、公证行、重量鉴定人或丈量公司出具。其内容必须与信用证、发票、运输单据等相一致。

项目小结

本项目主要由三个任务组成，任务一主要介绍了国际结算中常用的结算工具汇票、本票、本票的必要项目及其制作；任务二主要介绍国际结算表常用的结算方式：汇款、托收、信用证、银行保函、国际保理和福费廷等的含义及其运用；任务三主要介绍了国际结算单据商业发票、保单、提单等的内容及其制作。

基本概念

汇票　本票　支票　背书　承兑　电汇　信汇　票汇　托收　D/P　D/A　信用证　银行保函　国际保理　福费廷　商业发票　海运提单　保单

项目练习与实训

知识练习：

一、填空题

1. 国际结算中使用的票据是________、________和________。
2. 票据的特性有________、________、________、________、________。
3. 本票有两个基本当事人________、________。
4. 汇款方式可分为________、________、________三种。
5. 托收的当事人有________、________、________、________。

二、单项选择题

1. 哪种行为是票据的主票据行为（　）。
   A. 付款　B. 提示　C. 出票　D. 承兑
2. 下列票据中属于流通转让的票据是（　）。
   A. 汇票　B. 提单　C. 商业发票　D. 股票
3. 属于汇款业务当事人的是（　）。
   A. 委托人　B. 汇出行　C. 解付行　D. 索偿行
4. 在汇款业务中，英文 PAYING BANK 是指（　）。
   A. 汇入行　B. 汇出行　C. 解付行　D. 付款行
5. D/P 是（　）。
   A. 承兑交单　B. 远期付款交单　C. 付款交单　D. 即期承兑交单

三、多项选择题

1. 汇款方式的当事人是（　　）。
   A. 汇入行　B. 汇款人　C. 收款人　D. 汇出行
2. 一张汇票是否有效，按照有关票据法的规定，它必须具备的基本内容是（　　）。
   A. 无条件支付命令　B. 汇票的受票人
   C. 付款期限　D. 一定金额
3. 信用证结算方式所涉及的当事人有（　　）。
   A. 受益人　B. 开证行　C. 通知行　D. 汇出行
4. 信用证结算方式的特点是（　　）。
   A. 信用证是银行信用　B. 信用证是独立自足文件
   C. 信用证是单据买卖　D. 开证行处于第一付款人的地位
5. （　　）属于商业附属单据。
   A. 保单　B. 提单　C. 商检证书　D. 尺码单

四、判断题

1. 在一般情况下汇票一经付款，出票人对汇票的责任即告解除。（　）
2. 在票汇方式下买方购买银行汇票寄给卖方因此是银行信用。（　）

3. T/T 是信汇的缩写。 (　　)

4. 汇款是逆汇的一种。 (　　)

5. 提单的正面必须注明承运人的名称。 (　　)

五、简答题

1. 试画出托收的业务流程图。

2. 试述 L/C 结算方式的特点。

技能实训：

请根据下列资料制作一张汇票。

出口商：C 公司

进口商：北京 A 公司

金额：5 000 英镑

付款行：欧洲银行

期限：见票后 90 天

出票日期：2011 年 3 月 11

职业拓展实训：

托收指示书记载不详受损案

A 公司出口一批大麻籽货物，其总价值共 985 000 美元。合同规定付款条件为："The buyers shall duly accept the documentary draft drawn by the seller at 20 days sight upon fist presentation and make payment on its maturity. The shipping documents are to be delivered against acceptance."该公司依合同规定按时将货物装运完毕，有关人员将单据备齐，于 3 月 15 日向托收行办理 D/A 20 天到期的托收手续。4 月 25 日，买方来电称，至今未收到有关该货的托收单据。A 公司经调查得知，是因单据及托收指示书上的付款人地址不详。5 月 15 日接到代收行的拒付通知书。由于单据的延误致使进口商未能按时提取货物，货物因雨淋受潮，付款人故拒绝承兑付款。该农产品公司损失惨重。

请分析思考：

1. 试分析该案例。

2. 这个案例给我们什么启示？

参考答案

项目一

知识练习：

一、单项选择题

1. C　2. A　3. C　4. D　5. C　6. A　7. B　8. B　9. B　10. B

二、多项选择题

1. ABCDE　2. ABC　3. ABC　4. ABDE　5. BCDE　6. BCE　7. ABCD　8. BD　9. ABC　10. ABCD

三、简答题

1. 国际储备是指一国政府所持有的可用于弥补国际收支赤字并维持本币汇率的国际上可以普遍接受的一切资产。各国政府之所以需要拥有一定量的国际储备，是因为国际储备可以在一国发生国际收支困难时起缓冲作用；可用于干预外汇市场，以稳定本国货币的汇率；可作为外债还本付息的最后信用保证；可以保证国家间贸易的正常进行。这也是持有国际储备所获得的收益。但是并不能因此而认为国际储备多多益善，因为持有国际储备也要付出代价。这种代价主要表现在，如果货币当局不持有储备，则此储备就可以被用于商品劳务进口，为国内经济增长和消费增添新的实际资源，增加国内就业和国民收入。这就是持有储备的机会成本。因此，一国持有的国际储备并非越多越好，而应权衡收益和成本，持有一个合理而适度的国际储备量。

2. 欧洲货币市场又称“离岸金融市场”，是指同市场所在国的国内金融体系相分离，既不受所使用货币发行国政府法令管制，又不受市场所在国政府法令管制的金融市场。它是一种新型的国际金融市场，形成于 50 年代，于 60 年代中期以后迅速发展起来。目前，欧洲货币市场已成为国际金融市场的核心。在对欧洲货币市场的理解中我们应注意，“欧洲”一词不是一个一般的地理概念，它指的是不受或较少受到货币发行国的法规限制，经常由非货币发行国居民在这些货币发行国之外进行以这些货币为计值单位的资金借贷的状况。例如，欧洲美元是指在美国之外其他国家或地区流通、借贷的美元；欧洲马克则是指在德国之外其他国家或地区流通、借贷的马克。

作为新型的国际金融市场，欧洲货币市场具有一些与传统国际金融市场不同的特点。(1) 参加欧洲货币市场交易的都是非本国居民，即交易在非居民之间进行。而传统国际金融市场的交易通常在居民和非居民之间进行。(2) 欧洲货币市场上的业务活动基本不受市场所在国的法规、税制管制。而传统国际金融市场则不然。(3) 欧洲货币市场经常使用市场所在国以外的货币进行交易。而传统的国际金融市场则主要从事的是市场所在国货币的交易。(4) 欧洲货币市场上利率的制定以伦敦银行同业拆借利率为标准。一般来说，其存款利率略高于国内金融市场，而放款利率又略低于国内金融市场，利差很小，并且借贷手续简便，低税或免税，资金使用效率更高。

3. 贷款数额与成员国的份额密切相关；根据不同的调节目的，将贷款分为不同种类，不同种类的贷款使用条件不同；贷款基本都附加使用条件，目的是使贷款与可维持的国际收支前景及还款前景相结合，保证贷款的使用不损害国际货币基金组织资金的流动性，并有助于调整受贷国的经济状况。

根据不同的调节目的，将贷款分为不同种类，不同种类的贷款使用条件不同。国际货币基金组织的贷款主要分为四类：为了应付国际收支短期波动的短期贷款，带有结构性调整性质的中长期贷款，帮助前中央计划经济国家向市场经济转轨的制度转型贷款，以及应付突发性危机的紧急贷款。

技能实训：

答题要点：(1) 银行资金来源由零星转为大宗，由零存整放转为整存整放。欧洲货币市场的资金来源逐渐由吸收短期资金到发行大额可转让的存单来吸收资金。在资金运用上，中长期贷款、买方信贷及欧洲债券的业务量急剧增加。

(2) 中长期贷款额度不完全以存款及营运资金大小为依据，常常先贷放后借入，贷款利率也随借入利率的变化而定期调整。经常是先与借方签订贷款合同，以后再从其他地方设法借入资金。

(3) 金融创新及其活跃，有自己独特的利率结构，存贷利差小，同时吸引借款人和贷款人。

职业拓展实训：

答题要点：1. 贷款目的：多为项目贷款，用于工业、农业、能源、运输、教育等诸多领域；贷款对象：针对农村、城市和民营部门。

2. 确定项目的背景、必要性、范围、规模、投资额与贷款额等基本情况来体现。

3. 银行只提供项目建设总投资的 20% ~50%，其余部分由借款国自己筹措，即银行借款必须专款专用，借款国必须接受银行监督。

4. 三种方式：一是具体投资贷款；二是技术援助贷款；三是紧急复兴贷款。

项目二

知识练习：

一、单项选择题

1. B　2. B　3. A　4. A　5. C　6. B　7. C　8. D　9. D　10. B

二、多项选择题

1. ABCDE　2. CDE　3. BCE　4. ABCDE　5. ABCDE　6. ABCD　7. ABCD　8. ABCD　9. ADE　10. ADE

三、简答题

1. 答案要点：国际借贷是指一国在一定日期对外债权债务的综合情况。它表示一国对外债权债务在一定时点的余额，即最终结果，是一种存量概念。

国际收支是在一定时期内，一个经济实体的居民同非居民之间所进行的全部经济交易的系统记录。它表示一国在一定时段内对外收付的累计结果，是一种流量概念。

两者存在因果差异，国际借贷是产生国际收支的原因，国际借贷发生必然会形成国际收支。而且国际收支的范围比国际借贷的范围更加宽泛。

2. 答案要点：国际收支平衡表按交易性质分为经常项目、资本项目和平衡或结算项目三大项。

(1) 经常项目又分为贸易收支、劳务收支和转移收支。

（2）资本项目分为长期资本和短期资本两大类。

（3）平衡或结算项目包括误差与遗漏和官方储备。

3. 答案要点：考察国际收支不平衡的口径主要有：

（1）贸易差额。在国际收支中，只有贸易差额才能在总体上反映一国自主性交易的状况。

（2）经常项目差额。随着服务贸易的迅速发展，其在整个国际收支中的地位呈上升趋势，以经常项目差额来考察一国的国际收支是否达到性质上的平衡更为全面。

（3）基本差额。这是许多国家特别是那些长期资本流动规模较大的国家判断和考察其国际收支状况的重要指标。

（4）官方结算差额。对自主性交易性质的尺度持最为宽松态度的学者的观点。认为私人短期资本的差额也必须通过官方的短期借贷或官方储备的相应变动才能平衡国际收支。

技能实训：

①属于贸易进口；②资本项目输出；③贸易出口；④资本项目输入；⑤资本项目输出；⑥资本项目输出；⑦资本项目输出；⑧资本输入；⑨什么都不是；⑩资本项目输入

贸易差额 = +190、经常项目差额 = -8、资本项目差额 = -198

职业拓展实训

1. -100　2. -100　3. +50　4. +30　5. +20

项目三

知识练习：

一、单项选择题

1. C　2. C　3. C　4. A　5. D　6. C　7. B　8. A　9. B　10. A

二、多项选择题

1. CDE　2. CDE　3. AC　4. ABCE　5. ABDE　6. AC　7. ABCD　8. ABCD　9. ABCD　10. BC

三、判断题

1. √　2. ×　3. √　4. ×　5. ×　6. ×　7. ×　8. √　9. √　10. √

四、简答题（略）

技能实训：

一、计算

1. USD 160. 10 万

2. USD/CHF 1. 500 0；GBP/USD 1. 650 0

3. USD/CHF 1. 659 0—10

二、读懂下表（略）

职业拓展实训：

1.（略）

2. 48.77 加元、389. 165 港元

项目四

知识练习：

一、单项选择题

1. B　2. D　3. A　4. B　5. C　6. A　7. B　8. B

二、多项选择题

1. ABCD　2. ADE　3. AC　4. ACE　5. ABC　6. BC

三、简答题

1. 答案要点：远期外汇交易的作用主要表现在三个方面：第一，利用远期外汇交易进行保值以防范汇率风险；第二，利用远期外汇交易保持银行外汇头寸平衡；第三，利用远期外汇交易进行投机。

2. 答案要点：导致远期汇率与即期汇率出现差异的主要原因是相交换的两种货币同期利率水平不同。利率高的货币远期汇率表现为贴水，利率低的货币远期汇率表现为升水。此外，两国货币远期外汇市场的供求关系状况也影响着远期外汇市场的升水、贴水数。远期汇价升水或贴水的计算公式为：升（贴）水 = 即期汇率 ×（A 货币利率 − B 货币利率）× 天数 ÷ 360。

3. 对于三点或多点套汇机会的判断，可以依据下述原则：将三个或更多个市场上的汇率转换用同一种标价法（间接或直接标价法）表示，并将被表示货币的单位都统一为 1，然后将得到的各个汇率值相乘。如果乘积为 1，说明没有套汇机会，如果乘积不为 1，则存在套汇机会。

4. 抵补套利是指投资者将套利交易与掉期交易结合进行。交易者的主要目的是进行套利交易，即利用两国短期利率出现的差异，将资金从低利率的国家调往高利率的国家，以赚取利差收益。在此过程中进行掉期交易是为了防止资金在投放期间汇率变动的风险。掉期交易也称时间套汇，是指套汇者利用不同期限外汇汇率的差异，在买入或卖出即期外汇的同时，卖出或买入远期外汇，或者在买入或卖出近期外汇的同时，卖出或买入远期外汇，借以利用时间差以盈利的套汇方式。因此，两者交易的方法和获利途径不一样。

技能实训：

1. （1）银行买入即期美元的价格：1. 633 5；

（2）客户卖出一月期美元的价格：1. 635 0；

（3）客户卖出三月期英镑的价格：1. 630 0。

2. 中国广东 A 公司担心 3 个月后美元持续贬值。为了避免损失，中国广东 A 公司可以在签订出口合同后，尽快与中国银行广州分行签订 3 个月后交割的出售美元远期交易合同，这样如果美元汇率持续下跌，它也不至于遭受损失。假设到交割日，市场汇率为 1 美元 = 7. 912 779 179 元人民币，那么出口商将出口收入的 100 万美元按远期合约汇率 1 美元 = 8. 024 6—8. 028 6 元人民币卖给银行可得到 802. 46 万元人民币（使用买入价进行结算），而不是 791. 27 万元人民币，可以减少 11. 19 万元人民币（802. 46 万元 − 791. 27 万元 = 11. 19 万元人民币）的损失。

3. 因为同一时间，香港的外汇市场报价为 1 美元 = 7. 734 6—7. 736 8 港元，纽约外汇市场的报价为 1 美元 = 7. 752 8—7. 757 8 港元，由上面的汇率可看出纽约外汇市场上的美元价格高于香港市场的美元价格。按这样的汇率，可以在两个市场高卖低买进行套汇，步骤如下：

（1）套汇者在纽约外汇市场上卖出100万美元（间接标价法中前卖后买，客户买入港元外汇，银行用卖出价计算，1美元=7.752 8港元），能买到775.28万港元。

（2）套汇者再在香港市场卖出773.68万港元，可买回100万美元（直接标价法中前买后卖，客户买入美元外汇，银行用卖出价计算，1美元=7.736 8港元）。

（3）若不算套汇的费用，套汇者所能赚取的利润为：775.28万－773.68万=1.6万港元。

项目五

知识练习：

一、单项选择题

1. A　2. C　3. C　4. D　5. B　6. B　7. C　8. B

二、多项选择题

1. AB　2. AC　3. AC　4. CD　5. ABCD　6. AD　7. CD　8. AC　9. BCE　10. ABDE

三、简答题

1. 期权交易与期货交易的区别体现在：

（1）性质：期权和期货的交易目的都是转移金融工具或商品价格变动的风险，但期货可在到期日前以对冲方式结束交易，否则就得在到期日进行实物交割；期权买卖合同的内容是买卖标的商品或金融工具的权利，买方可行使权利或放弃权利。

（2）权利和义务：期货交易合同是双向合同，交易双方各有其权利和义务；期权交易合同是单向合约，只赋予买方权利，卖方则无任何权利，只尽在对方履约时进行对应买卖的义务。

（3）保证金和期权费：期货交易买卖双方都必须交保证金；期权交易中的买方不交保证金，卖方则要交保证金，买方中期权费，是买方购买期权支付的成本，也是卖方卖出期权的利润。

（4）盈亏和风险：期货交易中，买卖双方的盈亏风险都是无限的。在看涨期权中，买方的盈利是无限的，亏损以期权费为限。卖方的亏损是无限的，盈利以期权费为限。在看跌期权中，价格上涨，买方的亏损以期权费为限，卖方的盈利以期权费为限；若价格下跌，买方的盈利增加但有限，卖方的亏损也增加，也有限，盈利和亏损以价格降到零为限。

（5）期权交易转变为期货交易：一旦期权交易中的买方履行了合同，行使购买或卖出的权利，期权合同中的买卖双方职能就转换成期货交易中的职能；看涨期权中买方付款，卖方交货；在看跌期权中，买方交货，卖方付款。

2.（1）表现形式不同：互换以合约形式表现，是一种衍生工具。掉期是一种交易方法，并没有实质的合约，更不是一种衍生工具。

（2）交易场所不同：互换在专门的互换市场上交易，掉期是在外汇市场上进行的，本身并没有专门的交易场所。

（3）期限不同：互换是一年以上的中、长期货币或利率的互换交易，掉期是一年以内的货币交易。

（4）业务操作不同：货币互换是包括利率一起交换的互换交易，前后交割的汇率是一致的，掉期交易其间不包括利率的交换，且前后两个方向相反的交易的汇率是不一致的。

（5）目的不同：互换是管理资产和负债及筹措外资时运用的金融工具，掉期交易一般用于管理资金头寸。

3. 外汇期权交易的主要特点包括以下三方面：

（1）外汇期权的保险费不能收回。无论是执行或放弃期权合同，外汇期权交易的保费都不能收回。

（2）期权交易的保险费率是不固定的。期权交易中的保险费反映同期要求外汇升水或贴水的水平，所支付的保险费率的高低受许多因素的影响。

（3）具有执行或不执行合同的选择权，灵活性较强。

技能实训：

1. 为防止3个月后英镑升值，3月份买入3个月100万英镑期货合约，需要支付100×1.95＝195万美元。

6月份卖出6月份交割的期货合约100万英镑，收到100×2.15＝215万美元。

买卖期货合约获取的利润为：215－195＝20万美元。

在英镑现货市场，3个月后英镑升值，支付100万英镑，需要198万美元，比3月份多支付18万美元。所以通过套期保值，该公司净利润为2万美元。

2. 为防止英镑兑美元汇价下跌，买入卖出欧式期权进行保值。

（1）3个月后，在英镑兑美元汇价GBP1＝USD 1.600 0情况下，不执行期权，净利润为－5 000×1.486 5－21 200＝－28 632.50美元；

（2）3个月后，在英镑兑美元汇价分别是GBP1＝USD 1.400 0，执行期权　1 000 000（1.495 0－1.400 0）－5 000×1.486 5－21 200＝66 367.5美元，不执行期权成本：－5 000×1.486 5－21 200＝－28 632.50美元。

职业拓展实训：

案例解析：

对于供应商而言，应收的欧元总量相当于11.87个NYBOT合约（1 187 750欧元/100 000欧元＝11.877 5）和9.5个CME合约（1 187 750欧元/125 000欧元＝9.502）。将该结果分别四舍五入，得到12个NYBOT合约和10个CME合约。对于NYBOT合约，司库计算其保值比例是1.01∶1（1 200 000欧元/1 187 750欧元＝1.01）；对于CME合约，计算的保值比例为1.05∶1（1 250 000欧元/1 187 750欧元＝1.05）。因此他选择NYBOT合约来进行期货套期保值。

在英国公司得知其供货被收到的消息当天，司库通知公司的经纪商卖掉12份6月到期的NYBOT欧元/英镑交叉汇率货币期货合约。在当天的晚些时候，经纪商通知委托以0.607 20的价格成交。司库需要卖出欧元/英镑的期货合约，因为公司在现汇市场上做多欧元，同时做空英镑。

当飞机零部件在6月份上半月交货时，英国公司以信用证的形式收到1 187 750欧元。司库马上在现汇市场按照即期汇率将欧元转换成英镑。同时，他通知公司的经纪商在市场上买进12份6月到期的NYBOT欧元/英镑交叉汇率货币期货合约。

如前面一样，会产生两种可能的结果。要么欧元相对于英镑升值，要么欧元贬值。如果欧元相对于英镑贬值，公司用欧元换得的英镑数量减少。但如果欧元升值，公司得到的英镑将比预算的多。

因为英国公司担心的是欧元贬值，因此我们将首先分析这种情况可能带来的结果。

当英国公司持有空头期货时，没有使用12月15日的即期价格。它使用的是公司报价时使用的即期价格，因为正是这一价格决定它们是处于汇率变动的有利方还是不利方。该保值是空头期货保值，基差扩大，因此保值可能产生利润。记住，下表只考虑了价格基差，定量基差并没有考虑在内。尽管如此，我们可以肯定地预测，套期保值将产生利润。这是因为现金敞口被过度保值，多出的期货头寸能够产生利润。

我们已经知道，实际亏损不超出在外汇远期交易中的远期汇率升水。在本例中，保值所产生的利润等于远期升水的一个折扣值。这是因为最大的利润等于基差，而基差又等于远期升水。和案例分析中的情况不同的是，在实践中，当套期保值取消后，基差一般不等于0。

尽管如此，我们可以得出这样的结论：在使用空头期货进行货币保值，基差为负数时，在保值中将得到远期交换升水的大部分。就价格基差而言，这句话是正确的，但没有考虑定量基差，后者可能为保值带来净亏损。尽管如此，保值的净亏损会被扩大的价格基差所带来的利润所中和。

标的物贬值后，用期货来空头保值外汇应收款的结果

采取行动的日期	现汇市场		NYBOT		基差
2000 年 10 月 15 日	买进欧元同时卖出英镑	0.598 21	卖出欧元/英镑期货	0.607 2	-0.008 99
2001 年 6 月 15 日	支付欧元同时买进英镑	0.538 39	买进欧元/英镑	0.538 4	0
	亏损：	-0.059 82	利润：	0.068 8	基差变化：
	保值后的净利润：	0.008 99	?	?	0.008 99

下表证实了套期保值将带来净利润的预测。套期保值带来的净利润等于基差的扩大。如下表中所示，需要对现汇市场上的亏损进行解释。“买进欧元同时卖出英镑”一项是710 523.93英镑，实际上指的是英国公司将要得到的欧元的英镑价值。公司按照交货当天的汇率，计算出来这一数值，因此它反映了英国公司在合约上的预算收入。“支付欧元同时买进英镑”一项总量为639 469.15英镑，是英国公司按照6月15日当天的汇率将欧元换成的英镑数量。

如下表所示，公司真正得到的英镑数量比最初的预算少了近10%，这能够轻易抵消交易所带来的所有利润。但事实是，用期货合约进行套期保值所产生的利润，弥补了这一差别。英国公司得到的英镑的实际数额是722 041.15英镑，比预期收入多出11 517.22英镑。

标的物贬值后，用期货来空头保值外汇应收款的定量结果

采取行动的日期	现汇市场		NYBOT		基差
2000 年 10 月 15 日	买进欧元同时卖出英镑	710 523.93 英镑	卖出欧元/英镑期货	728 640.00 英镑	-18 116.07 英镑
2001 年 6 月 15 日	支付欧元同时买进英镑	639 469.15 英镑	买进欧元/英镑	646 068.00 英镑	6 598.85 英镑
	亏损：	-71 054.98 英镑	利润：	82 572.00 英镑	基差变化：
	保值后的净利润：	11 517.22 英镑			11 517.22 英镑

项目六

知识练习：

一、单项选择题

1. B　2. A　3. B　4. C　5. B　6. C　7. A　8. D　9. C　10. C

二、多项选择题

1. DE　2. ABD　3. ABC　4. AC　5. AB　6. AE　7. ABCD　8. ACD　9. CD　10. ABD

三、简答题

1. 企业面临的外汇风险：交易风险、会计风险以及经济风险；银行面临的外汇风险：一方面来源于银行的自营外汇交易和代客外汇交易，另一方面来源于银行经营的外汇存贷款业务和投资业务。国家面临的外汇风险：国际储备风险和外债风险。

2. 交易风险的管理方法：①贸易策略法；②金融市场操作法；③其他管理法。

会计风险的管理方法：①资本金管理法；②资产负债表保值法。

经济风险的管理方法：①经营多样化和财务多样化；②分析和预测外汇汇率变动趋势，重视外汇的操作；③借助银行的金融产品。

3. 外汇管制的作用：①促进国际收支平衡或改善国际收支状况；②稳定本币汇率，减少涉外经济活动中的外汇风险；③防止资本外逃或大规模的投机性资本流动，维护本国金融市场的稳定；④增强金融安全。

外汇管制的弊端：①汇率扭曲，不利于资源合理配置；②在一定程度上影响国际贸易的发展和对外开放的进程；③出现外汇黑市，而且外汇官价和黑市并存可能带来权钱交易。

技能实训：

（1）投机（目前什么都不做）：

①若到期汇率为 1.45 美元/英镑，则

汇率上升，得到收益：375 000 ×（1.45 − 1.40）＝18 750 美元

②若到期汇率为 1.43 美元/英镑，则

汇率上升，得到收益：375 000 ×（1.43 − 1.40）＝11 250 美元

③若到期汇率为 1.37 美元/英镑，则

汇率下跌，遭受损失：375 000 ×（1.37 − 1.40）＝ −11 250 美元

评价：采用这种方法可能获取风险收益，亦可能蒙受风险损失。

（2）远期外汇市场进行套期保值：

现在与银行签订一份远期合同，远期汇率为 1.417 5 美元/英镑，三个月后出售英镑得美元 375 000 ×1.417 5 ＝531 562.5 美元。

①如到期汇率为 1.45 美元/英镑，则应得美元 375 000 ×1.45 ＝543 750 美元；

亏损：531 562.5 −543 750 ＝ −12 187.5 美元。

②如到期汇率为 1.43 美元/英镑，则应得美元 375 000 ×1.43 ＝536 250 美元；

亏损：531 562.5 −536 250 ＝ −4 687.5 美元。

③如到期汇率为 1.37 美元/英镑，则应得美元 375 000 ×1.37 ＝513 750 美元；

盈利：531 562.5 −513 750 ＝17 812.5 美元。

评价：这是一种保守的交易方式，既放弃了风险收益，也回避了风险损失。

（3）货币市场的套期保值：

①借英镑、换美元、购买美元国债。

1 月份借入英镑 375 000/（1 +4%/4） =371 287.13 英镑，将英镑换成美元 371 287.13 × 1.40 =519 801.98 美元，投资美元国债。

4 月份收回 375 000 英镑，刚好还清 1 月份所借英镑本利之和 375 000。再从银行取出它 1 月份存入的美元本金和利息，即为它的总收益。

本金：371 287.13 ×1.40 =519 801.98 美元

利息收益：519 807.98 ×9.05%/4 =11 760.52 美元。

本利合计：531 562.50 美元

该套期保值收益为：利息收益 11 760.52 美元。

评价：由于 531 562.50 ÷375 000 =1.417 5 英镑/美元，相当于三个月期远期汇率。因此这种套期保值的方式与签订三个月远期外汇合约的方式具有相同的保值功能。

②借英镑、换美元、用于企业本身投资。

1 月份借入英镑 375 000/（1 + 4%/4） = 371 287.13 英镑，将英镑换成美元 371 287.13 ×1.40 =519 801.98 美元，用于企业本身投资。

4 月份收回 375 000 英镑，刚好还清 1 月份所借本利之和 375 000 英镑。而用于企业投资，可节省企业资本成本 10%。

本金：371 287.13 ×1.40 =519 801.98 美元

利息收益：519 801.98 ×10%/4 =12 995.05 美元

本利合计：532 797.03 美元

该套期保值收益为：利息收益 12 995.05 美元。

评价：由于用于企业本身投资，可节省 10% 的资本成本。

（4）利用期权市场进行套期保值：

根据题意，得知：

费城证券交易所的期权费为：375 000 ×2.5 美分 =9 375 美元

场外交易的期权费为：375 000 ×1.4 ×2.00% =10 500 美元

①由于费城证券交易所的期权费较低，故可选择向费城证券交易所做一笔买方看跌期权交易，买进 4 月份卖出英镑的期权合约 15 份。

交易条件：交易数量：15 份合同，每份 2.5 万英镑

协议价格：£ 1 = $ 1.400 0

期权费用：2.5 美分 =0.025 $

到 4 月份，当汇率为 $ 1.450 0/£ 1 时，不执行合同，按市场价卖出英镑，其损益：375 000 ×（1.450 0 -1.400 0 -0.025） = $ 9 375 当汇率为 $ 1.430 0/£ 1 时，不执行合同，按市场价卖出英镑，其损益：375 000 ×（1.430 0 -1.400 0 -0.025） = $ 1 875

当汇率为 $ 1.370 0/£ 时，执行合同，按协议价卖出英镑，以 9 375 美元的期权费，回避了按 1.370 0 卖出英镑的风险损失，

其损益：375 000 ×0.025 = $ 9 375

评价：利用买方期权交易可在获得风险收益的同时，回避风险损失，其最大的代价是期权费。

②由于场外交易的期权费较高，故可选择在场外做一笔卖方看跌期权交易，卖出 4 月份

买入英镑的期权合约 15 份。

交易条件：交易数量：15 份合同，每份 2.5 万英镑

协议价格：£ 1 = $ 1.400 0

期权费用：375 000 × 1.4 × 2.00% = 10 500 美元

到 4 月份，

当汇率为 $ 1.450 0/£ 时，买方不执行合同，按市场价卖出英镑，其损益：375 000 ×（1.450 0 – 1.400 0） + 10 500 = $ 29 250

当汇率为 $ 1.430 0/£ 1 时，买方不执行合同，按市场价卖出英镑，其损益：375 000 ×（1.430 0 – 1.400 0） + 10 500 = $ 21 750

当汇率为 $ 1.370 0/£ 1 时，买方执行合同，按协议价买入英镑，并按市场价卖出货款和执行期权协议所得的英镑头寸，其损益：

375 000 × 2 ×（1.370 0 – 1.400 0） + 10 500 = $ –12 000

评价：利用卖方期权交易有风险收益也有风险损失，而且收益无限、风险也无限。

（5）期货交易：

在期货市场做一笔卖出对冲。按 1.40 美元的价格卖出 15 份合约（每份 2.5 万英镑），到期日收回英镑时，在现货市场上将英镑兑换成美元，并同时在期货市场上买进 15 份合约以轧平期货头寸，则现货市场的买卖损益将被期货市场的反向损益所抵消。其交易分析流程如下：

现货市场：1 月汇率 1.40 美元/英镑

卖出合约 15 份，每份 2.5 万英镑

收进 375 000 × 1.4 = 525 000 美元

期货市场：4 月 ① 汇率为 1.45 美元/英镑，买入合约 15 份：

得到 375 000 × 1.45 = 543 750 美元，付出 375 000 × 1.45 = 543 750 美元

损益：盈 543 750 – 525 000 = 18 750 美元，亏 525 000 – 543 750 = –18 750 美元

现货市场：1 月汇率 1.40 美元/英镑

卖出合约 15 份，每份 2.5 万英镑

收进 375 000 × 1.4 = 525 000 美元

期货市场：4 月 ② 汇率为 1.43 美元/英镑，买入合约 15 份：

得到 375 000 × 1.43 = 536 250 美元，付出 375 000 × 1.43 = 536 250 美元

损益：盈 536 250 – 525 000 = 11 250 美元，亏 525 000 – 536 250 = –11 250 美元

现货市场：1 月汇率 1.40 美元/英镑

卖出合约 15 份，每份 2.5 万英镑

收进 375 000 × 1.4 = 525 000 美元

期货市场：4 月 ③ 汇率为 1.37 美元/英镑，买入合约 15 份：

得到 375 000 × 1.37 = 513 750 美元，付出 375 000 × 1.37 = 513 750 美元

损益：亏 513 750 – 525 000 = –11 250 美元，盈 525 000 – 513 750 = 11 250 美元

评价：由于假设四月份期货市场交易价格与现货市场一致，故现货市场与期货市场盈亏两平。但实际情况往往是两者不相等，故通过期货市场的交易将使现货市场或少亏，或平，或略盈。既回避了风险损失，也回避了风险收益。

职业拓展实训：

1. 假设2010年12月10日加元对人民币的汇率为1:6.665 4，欧元对人民币的汇率为1:8.671 8，2011年5月1日加元对人民币的汇率为1:6.698 8，欧元对人民币的汇率为1:9.295 8，由汇率可知两种货币都升水了，加元的升水率为（6.698 8 - 6.665 4）/6.665 4 = 5.01%；欧元的升水率为（9.295 8 - 8.671 8）/8.671 8 = 7.20%，欧元升水幅度比加元要大，进口付汇应该选择升值幅度少的货币，所以应该选择加拿大公司。

2. （1）直接标价法。

（2）交易风险。

（3）总经理陈某：有关外汇风险管理重点的观点不恰当。

理由：对于一个企业来说，经济风险比折算风险和交易风险更为重要，因为其影响是长期性的，而折算风险和交易风险的影响是一次性的。

常务副总经理吴某：①对所有的外汇资产和外汇负债采取保值措施的观点不恰当。

理由：外汇资产和负债由于汇率变动可能出现增值或减值，这种增值或减值可能自然抵消，因此不需要对所有外汇资产和外汇负债采取保值措施。

②对于折算风险进行套期保值的观点不恰当。

理由：减少折算风险的同时可能会增加交易风险，因此，如果折算风险不对现金流量产生影响，就不必对折算风险进行套期保值。

总会计师李某：①“采取任何一种金融工具进行避险的同时，也就失去了汇率向有利方面变动带来的收益”的观点不恰当。

理由：采取远期外汇交易、外汇期货等金融工具避险，通过锁定汇率，可以回避汇率不利变化带来的损失，但同时也失去了汇率有利变化带来的收益，而采取外汇期权金融工具避险，既可以回避汇率不利变化带来的损失，又可以享受汇率有利变化带来的收益。

②“外汇的损失和收益主要取决于汇率变动的时间和幅度”的观点不恰当。

理由：外汇的损失和收益取决于三个因素：受汇率变动影响的外汇敞口；汇率变动对外汇资产和负债的影响程度；汇率变动时间和幅度。

董事长张某：“建议财务部成立外汇风险管理的小组，由财务部经理担任组长，具体负责外汇风险管理的日常工作”的观点不恰当。

理由：外汇风险包括经济风险、交易风险和折算风险，其中经济风险涉及生产、销售、原材料供应以及区位等经营管理的各方面，因此，经济风险的管理超出了财务部门的职责，需要各部门共同努力，通过调整企业经营策略和采取内部管理办法来达到管理经济风险的目的。

项目七

知识练习：

一、单项选择题

1. D　2. D

二、填空题

1. 直接投资　证券投资　国际信贷

2. 贸易资金流动　银行资金调拨　安全性流动

3. 合格的境外机构投资者　合格的境内机构投资者

三、简答题

1. 国际资本流动的类型主要分为两种：一种是长期资本的流动；一种是短期资本的流动。长期资本流动是指一年以上到期或未定期限的直接投资，长期资本流动方式主要有国际直接投资、国际证券投资和国际信贷。短期资本流动是指一年或一年以下的货币资金、财务资金和信贷资金的流动。短期资本流动的主要方式有贸易资金流动、银行资金调拨、安全性流动和投机性流动。

2. 希腊债务危机的原因是综合的。其直接原因是：该国长期存在财政赤字，不遵守欧盟的财政纪律。而根本原因是：该国经济竞争力相对不强，经济发展水平在欧元区国家中相对较低，经济主要靠旅游业支撑。金融危机爆发后，世界各国出游人数大幅减少，对希腊造成很大冲击。此外，希腊出口少进口多，在欧元区内长期存在贸易逆差，导致资金外流，从而举债度日。希腊的债务危机不仅导致国内经济衰退，失业率上升，还导致欧盟的金融体系出现危机，甚至导致国际股市下跌的现象。

职业拓展实训：

1. QFII 的开放会导致国际资本的流入，而 QDII 的开放会导致国际资本的流出。QDII 和 QFII 的开放使得国际资本在中国形成了双向的流动。之所以如此谨慎，是因为 QDII 的开放存在着一定的金融风险，QDII 的开放给资本的流出提供条件。特别是较为隐秘的“热钱”的短期大量流出，会造成一国国际储备的流失，该国汇率的动荡，导致给该国经济的发展带来较为严重的负面影响。

2. 建立健全的立法和执法体系，加强执法检查，加大对违规资本流动打击力度，打击“地下钱庄”、外汇黑市交易、现钞非法携带出入境等破坏外汇金融秩序的违法行为，全面梳理现行外汇管理政策法规。同时建立系统全面的外汇资金跨境监测预警体系，实现对异常资金流动的全方位监控。

项目八

知识练习：

一、单项选择题

1. A　2. B

二、填空题

1. 国际项目融资　国际证券融资　国际租赁

2. 买方信贷　卖方信贷

3. 建设　经营　移交

三、简答题

1. 出口信贷（Export Credit）是出口国政府为了支持和扩大本国大型设备的出口，加强本国商品的国际竞争能力，以利息补贴和提供信贷担保的方式，鼓励本国银行向本国出口商或外国进口商（或进口方银行）提供优惠性中长期贷款的一种融资方式。出口信贷主要有两种形式：买方信贷和卖方信贷。

2. 间接买方信贷的一般程序是：

①进出口商洽谈签订贸易合约。

②出口商将进口商的情况及有关资料提供给银行，以获得其贷款承诺。

③经进口商提出书面申请并签订正式贷款协议，出口方银行向进口方银行或通过进口方

银行担保向进口商提供贷款。

④进口方银行向进口商提供贷款。

⑤进口商在签约后至出口商出口前以现汇预付15%的货款，其余款项一次或分期支付。

⑥出口商收到预付货款后，按贸易合约一次或分次办理出口。

⑦进口商分期偿还贷款本息。

⑧进口方银行向出口方银行偿还贷款本息。

职业拓展实训：

案例分析一：

1. BOT项目的运作过程大都经过以下几个阶段：

①项目的确定；②招标；③选标；④授权；⑤项目建设— B；⑥项目运营—O；⑦项目的移交— T。

2. BOT方式的优点主要是既可以高效率地完成基础设施和公益项目的建设目标，满足公众的需要，又可以减轻北京市政府财政负担和外债负担，避免政府的债务风险；同时，由于项目成功与否直接关系到投资商的利益，投资商必然会对项目建设质量严格把关，这不仅有利于提高项目的经营管理水平和效率，而且有利于中国获得国外先进的技术设备和管理经验。

案例分析二：

1. 国际租赁的特点有：①当事人分属不同的国家。国际租赁中出租人、承租人和供货人可分别属于三个不同的国家或地区。②所涉及的合同中至少有一个涉外合同。国际租赁往往涉及两个以上的合同，包括租赁合同、设备供应合同、金融机构的贷款合同等，其中至少有一个为涉外合同。③租赁风险比较大。除了经营风险、信用风险和利率风险等外，国际租赁还包括政治风险和外汇风险。④可享受有关国家免税优惠。国际租赁一般有减税优惠，但各国税法不同，必须充分掌握各国税法，遵循其规定，才能享受减税优惠。

2. 国际租赁对我国民航公司而言，其优势在于：企业利用中长期国际信贷或延期付款方式购入设备，将记录在企业的资产负债表内。而租赁的设备，则不作为企业的负债记录，不影响企业的举债能力。即使企业能以自有资金购入设备，若改用租赁方式，则可增强流动资金的周转能力，改善企业的资产质量。可按自身需要选择生产厂商和所需设备，确定技术指标。而国际租赁公司作为市场中的大买家，往往拥有优越的谈判地位，能以相对优惠的价格购进设备，从而降低承租人支付的租金。以租赁方式引进设备，承租人只需和国际租赁公司达成协议，而落实资金和采购设备均由国际租赁公司负责，因此业务环节减少，设备到位所需时间较短，可以节省很多业务费用；可以分享国际租赁公司所享受的减免税优惠以及所具有的资金运作优势，从而降低租金支出。承租人所支付的租金，包括设备价款、利息和租赁手续费。租金在租赁期内一般固定不变，而中长期贷款的利率往往是浮动的，有上升的趋势。

其不足之处在于：由于我国自行生产民用飞机的技术和资金有限，所以绝大多数的民航飞机依靠国际租赁的方式引进，加大了民航运营的成本。同时使机票的价格不具竞争优势。“中国的航空公司没有其他途径，虽然国外租赁公司租金利率高，但是需要飞机时也只能找它们租。”一位航空业内人士说。中国南方航空股份有限公司的一位总经理甚至直接这样比喻：“我们这么多年在民航业厮打，每年赚的钱都给了国外租赁公司，等于我们一直在给国外的租赁公司打工。”

项目九

知识练习：

一、填空题

1. 汇票　本票　支票

2. 流通性　无因性　要式性　提示性　返还性

3. 出票人　收款人

4. 电汇　信汇　票汇

5. 委托人　付款人　托收行　代收行

二、单项选择题

1. C　2. A　3. C　4. A　5. C

三、多项选择题

1. ABCD　2. ABCD　3. ABC　4. BCD　5. ABCD

四、判断题

1. √　2. ×　3. ×　4. × 5. √

五、问答题

1. （略）

2. ①安全性高；②手续繁、费用多；③资金负担比较均衡；④采用信用证结算容易产生欺诈。

技能实训：（略）

职业拓展实训：

1. 分析：本案例中，该农产品进出口公司由于单据及托收指示书上的付款人地址不详导致损失惨重。托收业务中，委托人委托银行办理托收，须向托收行提交托收申请书；托收行委托代收行代收票款要签发托收指示书，代收行按照托收行在托收指示书中的指示行事。所以托收申请书和托收指示书的内容必须齐全、清楚。若因托收申请书指示有误或指示不完全、不明确等造成托收延误或损失将由委托人承担。若因托收指示书指示有误或指示不完全、不明确等造成托收延误或损失将由托收行承担。本案中指示书提供的付款人地址不详，造成代收行无法向付款人承兑交单，使付款人不能及时提货造成的损失，代收行是不负任何责任的。此外，本案例中委托人 3 月 15 日向托收行办理 D/A 20 天到期的托收手续，一直到 4 月 25 日买方来电称未收到有关托收单据才发现问题，很显然在出口业务和应收账款管理上存在严重的问题。

2. 启示：（1）作为托收业务的委托人，出口商在制作单据和填写托收申请书时必须严格谨慎，保证内容完整、明确。这是顺利收取托收款项的基本前提。

（2）作为托收行，尽管按照托收申请书来缮制托收指示书本身不存在过错。但是，从专业银行的角度出发，在接受托收申请时，应该严格为客户把关，及时发现问题并向客户提出。只有通过提供更专业和周到的服务来避免客户不必要的损失，银行才能赢得客户的信任。

（3）作为出口商，必须建立严格的出口业务和应收账款管理制度。办理托收业务寄出单据后及时与进口商沟通，使对方了解托收进度，以便及时发现问题。此外，及时了解应收账款到期和回收情况，发现问题应及时和银行及进口商沟通。

参考文献

1. 姜波克. 国际金融新编（第四版）［M］. 上海：复旦大学出版社，2008.
2. 刘巍. 宏观金融理论解析［M］. 广州：中山大学出版社，2003.
3. 卞志村，吴洁. 国际金融学［M］. 北京：人民出版社，2009.
4. 邵新力. 外汇交易分析与实验［M］. 北京：中国金融出版社，2005.
5. 胡日东，赵林海. 新编国际金融理论与实务［M］. 北京：清华大学出版社，2006.
6. 刘舒年，温晓芳. 国际金融（第四版）［M］. 北京：对外经济贸易大学出版社，2010.
7. 买建国. 外汇理论与实务［M］. 上海：立信会计出版社，2008.
8. 王汝梅. 银行外汇业务［M］. 北京：机械工业出版社，2008.
9. 梁军. 外汇交易理论与实务［M］. 北京：中国物资出版社，2002.
10. 陈长民. 国际金融［M］. 北京：中国人民大学出版社，2010.
11. 朱孟楠. 国际金融学［M］. 厦门：厦门大学出版社，1999.
12. 王灵华，谢朝阳，李洪梅等. 国际金融学［M］. 北京：清华大学出版社，北京交通大学出版社，2007.
13. 郭晓晶. 国际金融学［M］. 北京：清华大学出版社，2005.
14. 鲁丹萍，诸葛理县. 国际金融学［M］. 北京：清华大学出版社，2007.
15. 陈彪如. 国际金融概论［M］. 上海：华东师范大学出版社，2001.
16. 陈雨露. 国际金融［M］. 北京：中国人民大学出版社，2005.
17. 贺瑛. 国际金融概论［M］. 上海：上海财经大学出版社，2001.
18. 中国人民银行：www. pbc. gov. cn
19. 国家外汇管理局：www. safe. gov. cn
20. 中国银监会：www. cbrc. gov. cn
21. 香港金融管理局：www. info. gov. hk
22. 世界银行：www. worldbank. org. cn
23. 国际货币基金组织（IMF）：www. imf. org
24. 美国联邦储备局：www. bog. frb. fed. us
25. 美联储：www. bog. frb. fed. us
26. 国家开发银行：www. cdb. com. cn
27. 中国进出口银行：www. eximbank. gov. cn
28. 中国工商银行：www. icbc. com. cn
29. 中国农业银行：www. abchina. com
30. 中国银行：www. bank－of－china. com

31. 中国建设银行：www. ccb. com. cn
32. 欧洲中央银行：www. ecb. int
33. 日本银行：www. boj. or. jp
34. 英格兰银行：www. bankofengland. co. uk
35. 花旗银行：www. citibank. com

图书在版编目（CIP）数据

国际金融实务/王冬吾，陈雪主编．—广州：暨南大学出版社，2011.8（2015.6 重印）
（高职高专财经类职业实践型系列规划教材）
ISBN 978-7-81135-946-6

Ⅰ.①国…　Ⅱ.①王…②陈…　Ⅲ.①国际金融　Ⅳ.①F831

中国版本图书馆 CIP 数据核字（2011）第 160776 号

出版发行：暨南大学出版社

地　址：中国广州暨南大学
电　话：总编室（8620）85221601
营销部（8620）85225284　85228291　85228292（邮购）
传　真：（8620）85221583（办公室）　85223774（营销部）
邮　编：510630
网　址：http：//www.jnupress.com　http：//press.jnu.edu.cn

排　版：广州市天河星辰文化发展部照排中心
印　刷：广东省农垦总局印刷厂

开　本：787mm×1092mm　1/16
印　张：15.75
字　数：390 千
版　次：2011 年 8 月第 1 版
印　次：2015 年 6 月第 2 次
印　数：3001—4000 册

定　价：29.80 元
